KB232729

새 시대를 위한

大學·中庸·禮運

새 시대를 위한
大學 · 中庸 · 禮運

徐正淇 譯註

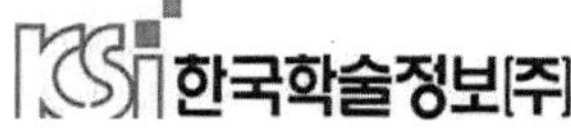
한국학술정보㈜

대학·중용·예운 합본을 출간하면서

　대학(大學)·중용(中庸)·예운(禮運)은 모두 지치(至治: 완벽한 정치)를 이룩하는 정치 강령으로 대학은 국체(國體)의 대통(大統)을 밝혔고 중용은 정체(政體)의 도통(道統)을 밝혔으며 예운은 사체(事體)의 정통(正統)을 밝혔으니 이상세계를 건설하는 국가체제와 정치도덕과 정책 사업이 여기에 모두 갖추어져 있다.

　이리하여 대학·중용에다가 내가 처음으로 예운을 더해서 3서를 합본으로 출간하여 읽기 편하고 비교, 연구하기 쉽게 하였으니 문명국가의 국체를 바로 세우고, 도덕 정부의 정체를 확립하여 억조만민의 사체를 뚜렷하게 밝혀서 이 시대에 인문학이 다시 일어나 우주가 쾌활하고 사회가 명랑한 대동태평시대를 활짝 열기 바란다.

2006년 9월10일

동양문화연구소 소장 서정기

차 례

새 시대를 위한 대학

새 시대를 위한 중용

새 시대를 위한 예운

새 시대를 위한 대학(大學)

역주자의 말

『대학』은 천하의 대통(大統)을 세워서 문명세계를 건설하는 도덕정치의 이념서이다. 정치의 대통사상(大統思想)은 요(堯)로부터 비롯한다. 『상서(尙書)』의 요전(堯典)에 보면 "옛 요임금을 살피건대 이르기를 훈공(勳功)을 본받을 만하나니 공경하시고 밝으시고 문채 나시고 생각이 자연스러우시며 진실로 공손하시며 잘 사양하사 광명을 사방의 지역에 미치시며 위아래에 이르시니라. 큰 덕을 잘 밝히시어 아홉 겨레가 친하게 하신대 아홉 겨레가 이미 친하거늘 백성을 평등하고 자유롭게 하신대 백성이 밝고 명랑하므로 세계만방을 협력하고 화합하게 하신대 민중이 아! 변화하여 이에 화락하도다."라고 하였다.

이것은 인(仁) 사상으로 효제(孝悌)의 윤리를 밝혀서 공론(公論)을 받드는 정치사상인데 순(舜)이 이어받아서 하나라의 우(禹)에게 전하고 또 은나라의 탕(湯)과 주나라의 문왕, 무왕이 계승함으로써 아름다운 도덕정치의 위대한 전통이 확립되었으니, 이것이 바로 2제(帝) 3왕(王)이 대통을 계승한 역사이다.

주(周)나라의 말기에 도덕정치가 무너지고 제후가 분열하여 패권을 다투는 춘추시대의 혼란은 천하의 대통이 단절되는 위기에 처하므로 공자가 분연히 일어나서 도덕정치를 설파하고 대통의 확립을 주장하면서 대인(大人) 군자가 천하를 경영하는 대원칙과 추진요령

14

을 뚜렷이 제시하였으니 "밝은 덕을 밝히고, 인민을 새롭게 하며, 지극히 착함에 멈추는 것"은 3강령이고, "사물을 연구함과 지식을 넓힘과 생각을 성실하게 함과 마음을 바르게 함과 몸을 수양함과 가정을 가지런히 함과 나라를 잘 다스림과 천하를 평화롭게 함"은 8조목이다.

그러나 공자의 대통정치강령은 당시에 쓰이지 못하였으므로 제자인 증자(曾子)가 이에 3강령과 8조목은 대통을 계승하는 학문이요 사업임을 논증하면서 요·순·우·탕·문무의 정치사적 실례를 인용하여 차례로 해설하고 증명해서 이 책의 편제를 완성하였으니, 그 내용은 큰 사람의 학문과정은 요·순과 같은 큰 덕을 밝히고, 탕임금과 같이 혁명을 하여 세상을 새롭게 진작하며, 문왕과 같이 인민이 잊지 못하는 정치를 하는 것이라고 하였다.

이러한 왕도정치사상은 증자의 문인인 자사에게 전해서 다시 맹자에게 전하니, 맹자는 천하는 천하 사람의 것이요 한 사람의 것이 아니라는 민본정치사상을 정립하고 서민대중의 신임을 얻어야만 천하왕(天下王)이 될 수 있고, 천하왕은 마땅히 사람에게 차마 못하는 마음으로 사람에게 차마 못하는 정치를 해야 하며, 그러한 인정(仁政)의 체제는 요순의 대통법을 따라야 된다는 대통사상을 고취하여 인민이 가장 고귀하고 국가사직이 그 다음이며 임금이 가장 가벼운 것임을 역설했다.

그 뒤 진(奏)나라가 왕권신성화를 꾀하면서 대통정치의 이념서를 불태우고 유림을 생매장함으로써 이 책은 널리 유행하지 못했다. 그러나 이 책이 『예기(禮記)』 가운데 하나의 편으로 전해 와서 당(唐)나라의 한퇴지(韓退之)가 도통(道統)계승의 핵심사상으로 다시 높이어 숭상하니 세상에 널리 알려지게 되었다. 송(宋)나라에 이르러서는 사마군실(司馬君實)이 「예기」에서 뽑아내어 단행본으로 만들고, 정자(程子)가 초학자들이 덕으로 들어가는 문이라고 표창하여 『논어』·『중용』·『맹자』와 함께 사서(四書)의 반열에 올려 유교인의 필독서로 삼았고, 주자가 「사서장구집주(四書章句集註)」를 엮어서 그 깊은 뜻을 남김없이 밝히고 이에 이치를 연구하고 마음을 바로잡아 몸을 닦아서 사람을 다스리는 도로써 학문을 하는 강목이라고 하여 「소학」과 대칭하니 이후 유교사상연구의 좌표가 되었다.

이 『새 시대를 위한 대학』의 특징은 기존의 개인수양론의 범주를 완전히 벗어나서 문치(文治)의 본질과 구조를 규명하여 천하문명을 담보하는 대통(大統)의 이념서로 보았다는 사실이다. 한퇴지는 대통과 도통을 분별하지 못했고, 정자는 대인군자가 도덕세계를 건설하는 정치행정보다는 초학자가 덕으로 들어가는 문이라고 하여 수양서로 규정하였으며, 주자는 태학의 교과서로 한정해서 화평천하를 건설하는 사업보다는 교육의 이념서로 머물게 하였다.

기타 개인의 학설이나 학파의 피상적 견해와 무리한 강변을 과감히 배격하고 당당하게 천하학(天下學)으로 복원하였다. 그러므로 오늘날 다분히 관념적이고 사변적인 수양론 중심의 해설서와는 달리 실용적이고 실천적인 정치사업 중심의 해설을 하였다.

『대학』은 본래 천하를 경영하여 다스리는 논리와 체계를 연구하는 정치철학이다. 오늘날 개방화·세계화 시대에 이 책은 인류가 나아갈 지침을 제시하고 있으며 바야흐로 세계만방이 협력화합해서 화평세계를 건설하는 설계도면이 여기에 있다. 그러므로 이 한 권의 책에 인류사회의 미래가 달려 있다고 해도 과언이 아닐 것이다.

오늘날 과학의 잔인성과 양심의 상실 및 인격의 파탄은 모두 『대학』을 읽지 않은 결과라고 하겠고, 가정이 해체되고, 나라가 어지럽고, 세계가 불안한 것은 모두 『대학』을 연구하지 않은 소치라고 할 것이다. 개인이기주의의 순간적 쾌락에 탐닉함과 집단사회주의의 기약 없는 안일에 심취함이 모두 사람을 왜소할 대로 왜소하게 만들고 말았다.

부지런히 인격을 수양하여 가정을 가지런히 하고, 나라를 잘 다스리고, 천하를 평화롭게 하는 큰 인물이 없기 때문에 개인주의는 가정을 망각하고, 가족주의는 나라를 배반하고, 국가주의는 세계를 어지럽히고, 세계주의는 민족을 해체하게 되어 지상에서 도덕이 사라지고 20세기의 암흑시대가 혼돈 속에서 방황하게 되었던 것이다.

『대학』의 정치사상은 철저한 인본주의, 인도주의, 인문주의에 기초한다. 그러므로 합리적 인간의 사회적 실용성이 대통계승의 조건이 된다. 과학이 발달한 민주산업사회에 있어서 인간의 존엄성을 되찾고 사람답게 살면서 아름다운 문화를 창조하여 인류역사의 무궁한 발전을 확실히 보장할 수 있는 사상은 오로지 대통사상뿐이라고 단언한다.

대통사상은 대단히 합리적이고 실용적인 문치(文治)사상이다. 그것은 자연의 물리와 인간의 성리와 사회의 윤리를 모두 명료하게 밝히는 복합적 합리주의이고, 전체 인민의 정치적 자각을 통하여 삶의 현실적 의미를 스스로 찾는 공동분수(共同分數)의 의리를 실천하는 도덕이다. 그러므로 처음부터 끝까지 지혜와 사랑과 용기를 갖추어 개인윤리에 철저한 독립인격을 존중하면서도 가정윤리에 철저한 역할을 중시하고 가정을 소중히 여기면서도 국가윤리에 철저한 의무를 먼저 완수하고, 국가를 위하여 충성을 하면서도 세계윤리에 철저한 평화적 노력을 보람으로 여기는 것이다.

대통의 논리는 이와 같이 각계각층의 벽을 허물고 제반 인간의 활동영역을 종합 통일하는 위대한 진리로서 인류의 높은 희망을 담고 있는 것이다. 그러므로 21세기 새 시대 자주, 민주, 통일사회 건설과 개방화·세계화 과정에서 이 책은 인류의 지남(指南)이 될 것이고 또한 인류의 지혜가 발달하면 발달할수록 이 책의 진가는 더욱 빛날 것이다.

1995. 8. 23.
동양문화연구소 소장 서정기(徐正淇)

일러두기

1. 이 책은 조선조에 간행한 내각판 「대학장구대전(大學章句大全)」을 대본으로 하였기 때문에 영조대왕의 어제서문이 있다.

2. 원문 앞에 고유번호를 넣었는데 경1장은 공자의 말을 증자가 기술한 것이고, 전10장은 증자의 해설을 그 문인이 기록한 것이므로 이를 분별하기 위하여 경(經)과 전(傳)을 분리하여 장(章)과 절(節)의 번호를 붙였으니 모두 주자의 장구에 따랐다.

3. 현토(懸吐)와 구두법은 율곡 선생의 「사서언해(四書諺解)」와 관본으로 내려온 「대학언해」를 참고하여 문법을 존중하면서 현대말로 달았다.

4. 원문의 한글번역은 『 』표 안에 넣어 간명하게 직역하였으며 성인의 말씀이므로 옛 말투를 그대로 살려두었다.

5. 주해는 ☯표를 넣어 필자의 『새 시대를 위한 대학』 주해임을 밝히고, 원칙적으로 한글로만 설명하고 고유명사나 꼭 필요한 곳에만 괄호 안에 한자를 넣어서 한글세대도 알기 쉽게 하였다.

6. 오늘날 경전을 읽는 법이 무너져서 한두 번 읽고 마는데 이것은 경전을 읽는 자세가 아니다. 경전이란 성인이 실제로 겪고 실천한 진리의 결정체이므로 그 깊은 뜻을 탐구하는 자세도 응당 실천의 문제를 풀어내는 정력적 노력이 있어야 한다. 그러므로 옛사람이 경서를 곁에 두고 평생 읽어서 천독, 만독하는 독서풍이

아름다운 학풍으로 전했던 것이다.

7. 각 장에 새로 제목을 붙였으니 독자의 이해를 돕고자 함이다. 영조대왕어제서와 주자의 서문을 번역해서 넣은 것도 독자의 연구에 도움을 주고자 함이다.

8. 끝으로 이 책을 읽음에 있어서 교양서로만 대하지 말고 안으로 자주, 민주, 통일의 과제와 밖으로 개방화, 세계화의 현실 문제를 해결하는 방향에 초점을 두고 연구하기 바란다.

9. 경서원문 위에 한글로 음을 달았으니 한글세대가 읽기 쉽도록 배려한 것이다.

영조대왕어제서(英祖大王御製序)

　무릇 3대의 융성한 시대에 상(庠), 서(序), 학교를 설립하여 사람을 교육했으니 이것은 바로 『예기(禮記)』에서 말하는 바 집에는 숙(塾)이 있고 마을에는 상(庠)이 있고 주(州)에는 서(序)가 있고 나라에는 학(學)이 있다는 것이다.

　그러므로 사람이 태어나서 8세가 되거든 모두 소학(小學)에 들어가고, 태학에는 천자의 원자(元子)와 중자(衆子)로부터 공(公), 경(卿), 대부(大夫), 원사(元士)의 큰 아들과 모든 백성의 준수한 사람에 이르기까지 15세 이상이 되면 모두 입학 하였던 것이니 가히 중대하게 여기지 않으리오!

　『대학』의 글에는 세 가지 강령이 있으니 "밝은 덕을 밝히고" "백성을 새롭게 하고" "지극히 착함에 멈추는 것"이요, 여덟 가지 조목이 있으니 "사물을 연구하고" "지식을 이루고" "뜻을 성실히 하고" "마음을 바르게 하고" "몸을 닦고" "가정을 가지런히 하고" "나라를 잘 다스리고" "천하를 평화롭게 하는 것"으로 차례가 정연하고 조리가 반듯하다.

　그 학문의 방법은 자양 주부자(紫陽 朱夫子)의 서문에 자세히 갖추었으니 나의 작은 학문으로 어찌 감히 한 마디의 말씀을 더하겠는가? 그러나 이 책은 『중용(中庸)』과 더불어 서로 안팎이 되고 차례와 조리가 이와 같이 명백한데도 학자들이 오히려 책은 책대로,

나는 나대로 하니 진정 탄식이로다!

아! 밝은 덕은 어디에 있는가? 곧 나의 한 마음에 있도다. 밝은 덕을 밝히는 공부는 어디에서 하는가? 또한 나의 한 마음에서 하도다. 만약에 공부를 충실히 잘 하려면 바로 안자(顔子)가 '순(舜)은 어떤 사람이며 나는 어떤 사람인가?'라고 말한 것처럼 해야 될 것이다.

그러나 3대 이후에는 사도(師道)가 초야에 있어서 학교가 일어나지 아니하므로 물 뿌리고 청소하는 소학교육을 시행할 수 없는 까닭에 육체가 이미 건강하게 자랐으면서도 마음속에는 사리사욕이 뒤섞여 있어서 나에게 있는 밝은 덕도 스스로 밝힐 수 없게 되었다.

이미 사물을 연구하여 지식을 넓히지 못한다면 또한 어떻게 뜻을 성실히 하며, 이미 마음을 바르게 하지 못한다면 또한 어떻게 몸을 닦겠는가? 사물을 연구하여 지식을 넓히지도 아니하고, 뜻을 성실히 하여 마음을 바르게 하지도 아니하면 가정이 가지런하고 나라가 잘 다스려지기를 어찌 바라리오! 어찌 바라리오!

나는 19세에 처음으로 『대학』을 읽고, 29세에 태학에 들어가서 또다시 이 책을 강독하였으나 스스로 그 행실을 돌아보니 또한 책은 책대로요, 나는 나대로인즉 마음에 항상 부끄러웠다.

63세에 명륜당에서 태학을 순시함에 먼저 서문을 읽고 이어 시강관(侍講官)과 유생으로 하여금 차례로 강독하게 했으니 그날이 바로 갑자(甲子)일이라 주부자가 서문을 지은 날과 우연히 서로 부합했다. 일진은 비록 부합했지만 공부의 성과는 더욱 아득하니 더없이 무안하도다.

70을 바라보는 나이에 추모감으로 인하여 세 번 강독을 행하면서 자신에게 돌이켜 집약하기 위하여 『중용』을 순환해서 강독함에 경연관(經筵官)의 청으로 이 책도 이어서 강독한다. 이로부터 앞으로는 『중용』과 『대학』을 장차 돌아가면서 강독하리라.

젊은 시절에 이 책을 강독했지만 효과를 보지 못했거늘 늙은 나이에 다시 강독한들 어찌 효과를 바라리오!

더욱 감개한 것은 자양의 서문에 '하나라도 그 본성을 다 밝힌 사람이 있으면 하늘이 반드시 그를 억조 백성의 임금이나 스승으로 삼는다'라고 말하지 않았던가? 나의 늦은 배움과 얇은 덕으로 이미 뜻을 성실히 하여 마음을 바르게 하는 공부가 없어서 또한 몸을 닦고 가정을 가지런히 하는 효과도 없는데 흰 머리에 노쇠하여 이 책을 세 번 강독하노니 어찌 스스로 부끄럽지 않으리오!

그러나 공성(孔聖)은 '옛것을 익혀 새로운 것을 안다'고 말했으니 만약 이로 인하여 새로운 것을 안다면 나에게 크게 유익하지 않겠는가? 이어 서문을 지어서 스스로 마음공부에 힘쓰노라.

무인년 10월 갑인에 쓰다.

대학장구서(**大學章句序**)

『대학』의 글은 옛날에 태학에서 사람을 가르쳤던 교육의 이념이다. 대개 하늘이 백성을 냄으로부터 곧 모두 인의예지(仁義禮智)의 인간성을 부여하지 않음이 없건마는 그러나 그 기질의 타고남이 경우에 따라 가지런할 수 없으니 이래서 모두 그 본성이 있는 바를 알아서 온전히 함이 있지 못한 것이다.

하나라도 총명예지함이 있어서 그 인간성을 다 밝히는 사람이 그 사이에서 나오면 하늘이 반드시 그를 명하여 억조 만민의 임금과 스승으로 삼아 그로 하여금 인류를 다스리고 가르쳐서 그 본성을 회복하게 하나니 이것은 복희·신농·요·순이 하늘을 이어 지극한 인격을 확립하고 교육부의 직책과 음악장관의 제도를 최초로 설치하게 된 이념이었다.

3대[夏·殷·周의 三代]의 융성한 시기에 그 법제가 차츰 갖추어진 다음에는 천자국의 서울과 제후국의 수도로부터 시가지와 마을에 이르기까지 학교가 있지 않은 곳이 없었고, 사람이 출생하여 8세가 되면 천자나 제후 이하로부터 서민에게 이르기까지 모든 자제들이 다 소학교에 입학해서 물 뿌리고 청소하고 말하고 대답하고 나가고 물러오는 절도와 예법과 음악과 활쏘기와 말타기와 글쓰기와 셈하기의 글월로써 가르쳤다.

15세가 되면 천자의 원자(元子)와 중자(衆子)로부터 공(公) 경

(卿) 대부(大夫) 원사(元士)의 큰아들과 모든 백성의 준수한 인재들이 모두 태학에 들어가서 이론을 연구하고 마음을 바르게 하여 자기의 몸을 닦고 사람을 다스리는 진리로써 가르쳤으니 이는 또한 학교의 가르침에 태학과 소학의 절차가 나누어지는 이유이다.

대저 학교를 설립하는 지역이 이와 같이 광대하고, 교육과정의 차례와 과목의 자세함이 또한 이와 같았는데 그 교육의 원리는 곧 또한 모두 사람의 임금이 몸소 실천하고 마음으로 깨달은 경험을 근본으로 하였으니 민생문제에 있어서 일상적 윤리의 밖에서 추구하기를 기대하지 않았다.

이리하여 당시의 사람은 배우지 않은 이가 없었고 배운 사람은 그 인간성분의 고유한 바와 직분의 당연히 해야 될 바를 알아서 각각 힘써서 그 노력을 다함이 있지 않은 이가 없었다.

이것이 그 옛날 번성한 시대에 정치가 위에서 융평하고 풍속이 아래에서 아름다운 까닭이었으니 후세에 능히 미칠 바가 아니다.

주(周)나라가 쇠미하여 어질고 성스러운 임금이 나오지 않아 학교의 정책이 다듬어지지 않고 교육문화가 쇠퇴하여 풍속이 무너지게 되니 때인즉 공자와 같은 성인이 있어도 임금과 스승의 자리를 얻어서 정치와 교육을 행하지 못하므로 이에 홀로 옛날 훌륭한 임금의 법을 취하여 그것을 외워서 전하여 후세를 가르치게 했으니 곡례(曲禮)와 소의(少儀)와 내칙(內則)과 제자직(弟子職)의 여러 편은 참으로 『소학』의 일부분이 남아 있는 과목이요, 이 편은 곧 소학과정의 성공으로 인하여 태학교육의 밝은 법도를 지은 것이니 밖으로 규모의 거대함을 다함이 있고 안으로 절차와 조목의 자상함을 다함이 있다.

3000의 학도들이 대개 그 학설을 듣지 아니함이 없건마는 증씨

(曾氏)의 해설이 홀로 그 종지(宗旨)를 얻어서 이에 뜻을 해설하여 그 의미를 밝히고, 맹자(孟子)가 돌아감에 그 전통이 끊어진즉, 그 글은 비록 남아 있었지만 아는 사람이 드물었다.

이로부터 이래로 속유(俗儒)가 글월만을 기술하고 외우며 시와 문장의 학습만 하여 그 공부의 노력은 『소학』보다 배나 더하여도 쓸모가 없고, 이단(異端)의 허무주의와 적멸(寂滅)을 추구하는 종교가 그 논리는 『대학』보다 높아도 진실이 없으며 기타 권모술수가 모두 공명(功名)을 추구하는 학설로 나가므로 저 제자백가와 뭇 기예(技藝)의 말류와 더불어 세상을 오도하고 인민을 속이는 까닭에 사랑과 정의를 꽉 막아버리는 것도 또한 그 사이에 섞여 나와서 그 군자로 하여금 불행하게도 큰 진리의 요체를 얻어 들을 수 없게 하고, 그 소시민으로 하여금 불행하게도 지극한 정치적 혜택을 입지 못하게 되었다. 암흑시대의 비색한 운명이 반복되어 사회가 깊이 병들어서 *5계[5季: 唐과 宋 사이 54년간 後梁·後唐·後晋·後

---

* 5계(五季)의 난(亂)은 당나라 이후로부터 송나라 이전까지 53년간의 다섯 왕조가 무인(武人) 반란에 의하여 부침을 거듭했던 혼란기로서 춘추·전국 이래로 가장 어지러웠던 난세였다.
　서기 907년에 주전충(朱全忠)이 당(唐)나라를 멸하고 후량(後梁)을 세웠는데 주전충은 본래 황소(黃巢)의 난에 가담하여 장군이 되었으나 뒤에 당나라에 붙어 절도사(節度使)가 되어서 내란을 평정한 공으로 양왕(梁王)에 봉해지자 당나라 소종(昭宗)을 시해하고 애제(哀帝)를 폐위하여 스스로 황제의 자리에 올랐다.
　서기 923년에 이존욱(李存勖)은 그 아버지 이극용(李克用)이 죽자 당나라가 봉했던 진왕(晋王)의 직위를 계승하고 글안(契丹)과 수교하여 후량을 공격해서 멸하고 후당(後唐)을 세웠다. 서기 936년에 석경당(石敬塘)이 글안(契丹)의 군대를 끌어들여서 후당을 멸망시키고 후진(後晋)을 세워 스스로 황제가 되었는데 석경당은 처음 후당의 명종(明宗)을 섬기고 그의 즉위를 도와 절도사를 역임하며 금군(禁軍)을 통솔하였으나 사이가 나쁜 폐제(廢帝)가 즉위하자 글안에 세폐(歲幣)를 보내고, 글안국왕을 아버지라고 부르며, 연운 16주(燕雲十六州)를 할양하기로 하고 글안군을 끌어들여 후당을

漢·後周의 흥망교체기]의 쇠퇴함에는 도덕이 무너져 혼란이 극도에 다다랐다.

하늘의 운행은 돌고돌아 가서 돌아오지 않음이 없나니 송(宋)나라의 덕이 융성해서 정치와 교육이 밝고 아름다운지라 이에 하남정씨 양부자(河南程氏兩夫子)가 나와서 맹씨(孟氏)의 전통에 접붙임이 있어서 진실로 처음 이 편을 높이고 믿어서 표창하고 이미 또한 이 책을 위하여 그 글월에 목차를 나누고 그 근본취지를 밝혔다.

그런 다음에야 옛날 태학에서 사람을 교육하던 법제와 성인의 경(經)과 현인의 해설[傳]에 대한 의미가 찬연하게 세상에 다시 밝혀졌으니 희(熹)의 영민하지 못함으로도 또한 다행히 사숙(私淑)하여 참여해서 들음이 있었다.

돌아보건대 그 글월의 내용이 오히려 자못 흐트러지고 잃어버린지라 이래서 그 고루함을 무릅쓰고 채록하여 엮으면서 사이에다가

멸했다.

　서기 947년에 유지원(劉知遠)이 후진을 멸하고 후한(後漢)을 세웠는데 유지원은 후당의 명종을 섬기다가 석경당을 도와 후진의 건국에 큰 공을 세웠으나 중용되지 못했다. 그것 때문에 세폐를 문제로 삼아 글안군이 침입했을 때에도 방위군을 출동시키지 않고 있다가 글안군의 퇴각 시에 그 뒤를 따라 태원(太原)에서부터 도읍인 개봉(開封)까지 쳐들어가 점령하고 후한을 세워 스스로 황제가 되었다. 서기 950년에 곽위(郭威)가 후한을 멸하고 후주(後周)를 세웠는데 곽위는 비천한 출신으로 유지원에게 발탁되어 후한의 건국을 돕고 추밀부사(樞密副使)가 되었다가 은제(隱帝) 때에 추밀사가 되어 군사(軍師)를 장악하였다. 그리하여 내란과 글안의 침입을 막은 공로로 인민의 신망을 얻어 후한의 은제가 죽자 황제로 추대되어 후주를 건국하였다.

　서기 960년에 조광윤(趙匡胤)이 후주를 멸하고 송(宋)나라를 세웠다. 조광윤은 본래 곽위의 부장(副將)으로 그를 도와 후주를 세운 사람이므로 군벌(軍閥)의 폐해를 익히 알기 때문에 국시(國是)를 무치(武治)에서 문치(文治)로 개정함으로써 5대의 난세를 종식하고 유교(儒敎)를 숭상하며 교육을 장려한 까닭에 도학(道學)이 일어났으니 정주학(程朱學)의 충효절의(忠孝節義) 사상이 출현하는 역사적 배경이라고 할 것이다.

또한 가만히 나의 생각을 부쳐서 그 빠지고 생략된 부분을 보충하여 뒷날의 군자를 기다리노니 참람하고 분수를 넘은 죄를 피할 곳 없는 줄을 지극히 알고 있지만 국가가 백성을 교화하고 풍속을 이룩하는 진의와 학자가 몸을 닦고 사람을 다스리는 방법에는 곧 조그마한 보탬이 없다고는 반드시 못하리라.

순희(淳熙) 기유(己酉)년 2월 갑자일에 신안(新安) 주희(朱熹) 쓰다.

대학장구대전(**大學章句大全**) 전문(**前文**)

　자정자(子程子)가 말하기를 『대학』은 공씨(孔氏)의 유서(遺書)로 초학자가 덕으로 들어가는 문이다. 오늘날 옛사람이 학문을 하던 차례를 볼 수 있는 것은 오직 이 편이 남아 있는 데 힘입고, 『논어』와 『맹자』가 그 다음이니 학자는 반드시 이 책을 통하여 배우면 거의 어그러지지 아니하리라.

1. 경(經) 1장 대학의 3강령 8조목

[경(經)은 성인의 글을 높인 말이다. 여기에서의 경1장은 공자의 말씀을 증자가 기술하여 논리전개의 근본체계로 삼은 부분이므로 특별히 경으로 높여 『대학』의 근본사상을 담고 있는 장임을 나타내기 위하여 장절표시 앞에 1을 더하여 표시했다.]

1-1-1 —————————————————— 大學之道는 在明明德하며

在親民하며 在止於至善이니라.

『대학의 도는 밝은 덕을 밝힘에 있으며, 인민을 새롭게 함에 있으며, 지극히 착한 데 멈춤에 있느니라.』

◐ 주자(朱子)는 대학이란 대인(大人)의 학문이라고 했다. 이것은 곧 큰 사람이란 뜻으로 소인(小人)과 대칭된다. 소인은 세속적인 가치에 집착하고 대인은 도덕적인 가치에 충실한 사람이다. 그러므로 소인은 개인적 삶에 열중하고 대인은 전체를 위하여 헌신 봉사하는 공동체의식에 투철하다. 따라서 대학은 천하문명을 건설하는 지도자의 학문이다.

도(道)는 길, 진리, 순서의 뜻이니 과정이나 이념 또는 방법이라는 복합적 개념으로 대학의 학과와 진학순서를 포괄적으로 나타낸 말이다. 앞에 있는 명(明)은 타동사이고 뒤에 있는 명은 덕을 수식하는 형용사이다.

명덕(明德)은 투명한 인간성이다. 만인이 공유, 공감할 수 있는 성실하고 정직한 품성을 구비한 사람의 마음씨이다. 그러므로 주자는 명덕을 인간의 성리(性理)로 규정하여 다음과 같이 해설하였다.

"명덕은 사람이 하늘에서 얻은 바 아무것도 없이 비운 것으로 신령하고 어둡지 아니하여[虛靈不昧] 모든 이치를 다 구비하고 만사에 감응하는 실체이다. 다만 타고난 기질에 구애받거나 인간의 욕심에 가리우게 되면 때로 혼미해진다. 그러나 그 본체의 밝음은 곧 일찍이 멸식되지 아니함이 있는 것이니 그러므로 학자는 마땅히 그 발로하는 바를 인연하여 모두 밝혀서 그 처음의 상태를 회복해야 한다."

친(親)은 정자가 신(新) 자로 보아야 된다고 했다. 왜냐하면 증자가 모두 신 자로 해설하였을 뿐만 아니라 신민(新民)은 정책적 참신성과 민주적 자발성에 기초하여 인민을 새롭게 하는 것이요, 친민(親民)은 인정적 친화감과 최고통치자의 지도력에 의지하여 인민의 유대를 강화하는 것이므로 유교의 도덕적 민주정치의 이념으로 볼 때 신민으로 해석함이 옳다.

지(止)는 멈추어서 흔들림이 없다는 뜻이요, 지선(至善)은 조금도 악함이 없는 지극히 순수한 선(善)으로 이상적 경지이다.

대인이 대통(大統: 大道의 傳統)을 계승하는 학문 과정은 천부적인 인(仁)의 인간성을 밝혀서 훌륭한 품격을 갖추고, 인민을 새롭게 떨쳐 일어나게 해서 이상적인 완전선의 경지를 튼튼하게 건설하는 것에 있음을 말했다. 이것은 물론 대학의 3강령으로 영원불후한 교육의 이념이요, 정치의 원칙이며, 사회의 희망이다.

1-1-2 ────────────────────────── 知止而后에 有定이니
定而后에 能靜하며 靜而后에 能安하며.
安而后에 能慮하며 慮而后에 能得이니라.

『멈출 데를 안 뒤에 정함이 있나니 정한 다음에 능히 고요하며, 고요한 다음에 능히 편안하며, 편안한 다음에 능히 생각하며, 생각한 다음에 능히 얻느니라.』

◉ 이것은 대학을 공부함에 있어 자기의 내면에 소유하고 있는 밝은 덕성을 발견하는 반관내조(反觀內照)의 인식방법이다.

온갖 감각기관의 활동을 정지하여 흔들림이 없도록 할 줄을 알아야 뜻이 정해지고, 뜻이 정해진 다음에야 마음이 고요하며, 마음이 고요해야 몸이 편안하며, 몸이 편안해야 생각을 깊이 하며, 생각을 깊이 해야 밝은 덕성을 깨달아 얻는다. 후(后)는 후(後) 자와 같으니 인식과정의 순서를 밝힌 말이다.

인간의 깊은 내면에 잠재해 있는 지각(知覺)은 표피적인 감각활동을 중지하고 정밀하게 성찰해야만 찾을 수 있고 지각을 통해서 밝은 덕의 실체가 인식되는 까닭에 대학공부는 먼저 자기성찰의 노력과 자기발견으로부터 시작한다. 그리하여 밝은 덕을 찾아 길러서 크게 밝히면 대인의 뚜렷한 인격체가 확립된다.

1-1-3 ——————————————————— 物有本末하고 事有終始하니
知所先後면 則近道矣니라.

『만물에는 뿌리와 끝이 있고 일에는 종결과 시작이 있나니 먼저 하고 나중에 할 바를 알면 도에 가까우니라.』

☯ 이것은 대학을 공부함에 있어서 백성을 새롭게 하는 합리적 경영능력을 배양하는 방법이다. 천하국가를 경영함에는 사물의 진리를 통달해야만 사업을 성공할 수 있다. 따라서 대학공부는 인문과학에 달통하여 인생의 본의를 알고, 자연과학에 정통하여 사물의 이치를 알며 사회과학에 능통하여 변화발전의 법칙을 아는 것이다.

물(物)은 하늘땅의 만물이요, 본(本)은 형이상의 본체이며, 말(末)은 형이하의 작용이다. 만물은 모두 본래적인 이치와 현상적인 기질이 있으므로 정확히 분류해야 된다. 사(事)는 천하국가의 사업이요, 종(終)은 결산하여 끝냄이며, 시(始)는 설계하여 착수함이다.

선후(先後)는 사물을 처리하고 사업을 경영함에 있어서 본말, 종시의 체계와 질서를 찾아 합리적인 절도가 있음이요, 근도(近道)는 도덕적 정당성에 접근하여 조그마한 시행착오도 없어서 확실히 성공한다는 뜻이다.

대학의 3강령을 공부함에 있어 앞 절에서는 주관적 요건을 갖추는 방법을 지적했고, 이 절에서는 객관적 조건을 구비하는 방법을 지적했으니 능득(能得)과 근도(近道)는 다 같이 지선(至善)에 접근하는 관문이다.

1-1-4 ─────────── 古之欲明明德於天下者는 先治其國하고
欲治其國者는 先齊其家하고 欲齊其家者는
先修其身하고 欲修其身者는 先正其心하고
欲正其心者는 先誠其意하고 欲誠其意者는
先致其知하니 致知는 在格物하니라.

『옛날에 밝은 덕을 천하에 밝히고자 하는 사람은 먼저 그 나라를 잘 다스리고, 그 나라를 잘 다스리고자 하는 사람은 먼저 그 집안을 가지런히 하고, 그 집안을 가지런히 하고자 하는 사람은 먼저 그 몸을 닦고, 그 몸을 닦고자 하는 사람은 먼저 그 마음을 바르게 하고, 그 마음을 바르게 하고자 하는 사람은 먼저 그 뜻을 성실하게 하고, 그 뜻을 성실하게 하고자 하는 사람은 먼저 그 지식을 이루나니 지식을 이룸은 사물을 직접 연구함에 있느니라.』

◉ 이 절은 3강령의 구체적 실천단계를 8조목으로 나누고 그 진척과정을 차례로 밝혔다. 맨 앞에 옛 고(古)자를 놓은 것은 이 도덕으로 천하를 대통일한 논리가 오랜 역사를 통해 검증된 경험칙임을 나타낸 것이다.

밝은 덕을 천하에 밝히고자 하는 것은 곧 온 세상에 도덕을 밝혀서 사람마다 밝은 덕을 밝힘이 있도록 함이다. 밝은 덕은 만인이 평등하게 공유한 공덕심(公德心)의 본체이므로 밝은 덕을 밝힌 사람은 반드시 사람을 교화하여 문명한 도덕을 천하에 밝히려는 사명감을 갖고 적극적으로 사회에 투신하는 진보적 의식이 있다. 그러므로 사물을 정밀하게 연구하고 사회를 세밀하게 살펴서 조리를 갖

추고 체계를 세워 완벽을 기하는 노력을 아끼지 않는다.

나라를 잘 다스리는 것은 도덕정치를 해서 정통성과 주체성을 확립하고, 자유롭고 평등한 가운데 대동 화합하는 사회를 건설하는 것이며, 가정을 가지런히 하는 것은 집안의 일가친척이 화목하고 고르게 잘 사는 것이다.

이상 세 가지는 모두 인민을 새롭게 하는 신민(新民)의 일인데 밝은 덕을 밝힌 사람은 천하국가의 안전을 보장함과 동시에 역사발전의 선도적 역할에 헌신 봉사해야 될 책임감을 자각한다는 뜻이다. 그러나 세계평화와 인류의 평등 및 국가사회의 공정성을 추구하는 것은 진보적 가치이며, 조국애나 향토애와 같은 충효사상은 보수적 가치인즉 대인은 이러한 가치를 적절히 조절하여 가족주의와 국가주의 및 세계주의를 알맞게 배합하여 융화통일시킴으로써 서로간의 갈등과 모순이 생기지 않도록 위대한 지도력을 발휘한다.

몸을 닦는 것은 사람이 타고난 인간성을 길러서 떳떳한 독립적 인격을 완성하는 것이다. 천하국가를 경영하는 주체는 인간이므로 인격주체의 실천력이 핵심이다. 따라서 천하국가의 지도자가 되려는 사람의 정확하고 투명하고 탁월한 인격적 실천력은 필수불가결한 요건이다.

마음을 바르게 한다는 것은 참되고 착하고 아름다운 마음을 한결같이 간직하여 사물에 대한 공명정대한 시각을 잃지 않는 것이다. 마음은 한 몸을 주재(主宰)하는 실체이다. 마음을 비워서 신령한 지각능력을 간직해야만 사물의 현상을 정확하게 경영할 수 있기 때문에 몸을 닦음에 있어 항상 경건한 자세로 도덕적 양심을 지켜야 한다.

뜻을 성실하게 하는 것은 마음으로 생각함에 있어 진실성을 잃지 않음이다. 의(意)는 마음이 일어나(發) 기억하고 셈하고 추리하여 판단하는 활동이다. 따라서 마음을 헤아려 뜻(志)을 결정하는 과정에서의 성실성과 정직성은 악(惡)함을 막고 선(善)함을 보존하는 결정적 요인이다.

지식을 이루는 것은 인간의 지능을 개발하고 지성을 함양하여 완벽한 인식능력을 이루는 것이다. 인간은 만물의 영장으로서 천부적으로 모든 이치를 구비한 인의예지(仁義禮智)의 통성(通性)을 본래 가지고 있고, 마음도 허령지각(虛靈知覺)해서 현상의 만물을 정확히 인식할 수 있는 존재이다. 그러나 감각기관인 5관(五官)을 계발하여 총명한 지능을 기르고 인식주체인 자기 자신의 슬기로운 예지(睿智)를 발굴해야만 밝게 통하여 널리 공변된 지식을 이룰 수 있는 것이다.

격(格)은 직접 이르러 감이다. 사물을 직접 연구함은 사물의 실상을 직접 관찰하고 비교하고 종합해서 과학적으로 연구하는 것이다. 사물을 실제로 조사하고 직접 실험하는 자연에 대한 탐구정신은 사물의 본질을 규명하여 현상세계의 궁극적 진리를 발견하는 작업이다.

이상 다섯 가지는 모두 밝은 덕을 밝히는 일인데 몸을 닦아서 대인의 인격을 완성하는 것은 개인이기주의를 극복하고 공동체의식을 배양하여 공인(公人)의 품격을 갖추는 일이요, 마음을 바르게 하고 생각을 성실하게 하는 것은 고유한 이성(理性)을 간직하는 일이며, 지식을 이루고 사물을 직접 연구하는 것은 경험을 통해 새로운 지식을 습득하는 일이다. 유학의 공부는 경험론과 이성론을 아우르고, 지(知)와 행(行)을 겸비하며, 마음과 이치를 통일하여 진리의 세계를 창조하고 인간의 사회를 건설하는 무한한 추동력을 스스로 가진다.

1-1-5 ——————————— 物格而后에 知至하고 知至而后에 意誠하고
意誠而后에 心正하고 心正而后에 身修하고
身修而后에 家齊하고 家齊而后에 國治하고 國治而后에 天下平이니라.

『사물이 이르른 다음에 지식이 지극하고, 지식이 지극한 다음에 뜻이 성실하고, 뜻이 성실한 다음에 마음이 바르고, 마음이 바른 다음에 몸이 닦아지고, 몸이 닦아진 다음에 집안이 가지런하고, 집안이 가지런한 다음에 나라가 잘 다스려지고, 나라가 잘 다스려진 다음에 천하가 평화로우니라.』

☯ 이 절은 8조목의 이상과 그 완성의 순서를 단계적으로 논증했다. 앞 절은 8조목을 착수하는 논리요 이 절은 8조목을 완성하는 논리이다. 따라서 앞 절의 문장은 사람이 주체가 되어 객관적 대상물을 경영하는 2체(二體) 문법이지만 이 절의 문장은 주체적 인간과 객체적 대상물이 완전히 하나로 통일하여 저것과 이것의 구별이 없는 일체(一體) 문법이다. 그래서 앞 절의 목적어가 이 절에서는 모두 주어로 바뀌었다.

사물이 이르렀다는 것은 사물의 이치가 내 마음에 이르러 직접 통했다는 말이다. 이 경지는 물아일체(物我一體)가 되어 현상만물의 진리를 남김없이 체득해서 자연과학, 인문과학, 사회과학 등의 제 분야를 샅샅이 꿰뚫어 밝게 파악하여 조금도 의혹이 없는 것이다.

이러한 경지에 도달한 다음에야 지식이 지극하다는 것은 인간의 지혜를 모두 계발해서 지능이 고도로 발달하고 지성이 지극히 영민(英敏)하여 지각(知覺)하지 못함이 없는 것이다. 하나를 들으면 열

을 알고, 한 모서리를 보면 세 모서리를 깨달아서 시작을 보고 끝을 알며, 형이하를 배워서 형이상을 통달하는 경지이다.

뜻이 성실하다는 것은 내 마음의 생각이 지극히 순수해서 조금도 사악(邪惡)함이 섞이지 아니함이다. 지극히 밝고 성실한 생각은 천진성(天眞性)을 그대로 보존하여 기억하고 셈하고 추리하고 판단하는 과정에서 참되고 착하고 아름다운 인간성을 발휘한다. 따라서 생각을 성실히 하는 극치는 천인합일(天人合一)의 경지에 도달하는 것이다.

마음이 바르다는 것은 마음의 공명정대한 주체가 서서 조금도 흔들리거나 어그러짐이 없는 것이다. 이것은 착한 본심이요, 도덕적 양심이며, 중정(中正)한 도심(道心)으로 투명한 대인의 마음이다.

몸이 닦여졌다는 것은 원만한 인격을 완성하여 사회생활 전반에 걸쳐 충분한 실천력을 갖춘 것이다. 인간으로서의 윤리를 잘 실천하고 사회구성원으로서의 책무를 철저히 완수하여 깨끗한 품격을 유지하는 것이다.

이상 다섯 조목의 완성은 곧 자기완성의 길이다. 대인은 자기완성을 통하여 사회발전에 이바지하는 것이므로 자기완성으로 학문을 끝내는 것이 아니라 즉각 천하국가에 대한 학문을 계속한다.

가정이 가지런하다는 것은 본가와 외가 및 처가가 두루 화목하고 고르게 잘사는 것이다. 조상의 착하고 아름다운 정신을 자손이 이어받아 은혜와 의리가 가득한 가풍을 세워서 안정한 가운데 행복한 삶을 온 가족이 함께 누리도록 만든 것이다.

나라를 잘 다스리는 것은 완벽한 공도정치(公道政治)를 확립하여 공민(公民) 민주주의에 의한 대동(大同) 공화정치를 구현하는 것이다. 공동분수(共同分數) 사회제도를 통하여 자유롭고 평등한 인민의 삶을 보장하고 정치·경제·교육·문화·과학·기술·외교·국방 등의 문화가 고도로 발달하여 선진문명의 중심국이 된 것이다.

천하가 평화롭다는 것은 천하가 문명하여 전쟁과 혼란이 그치고 평화가 정착된 것이다. 세계만방이 각각 독립자치하면서 서로 협력하고 화합하여 인류문명을 창조하고 자연환경을 가꾸어 살기 좋은 낙원을 건설하는 것이다.

이상 세 가지 조목의 완성은 사회완성의 길이다. 가족사회를 완성하고 국가사회를 완성하는 유교의 윤리는 물론 어버이에게 효도하고 나라에 충성하는 것이다. 이러한 애국애족의 도덕률에 기초한 조상숭배, 애향심, 민족주의, 충의정신(忠義精神), 효부열녀(孝婦烈女), 현모양처(賢母良妻), 아들딸 선호사상 등은 보수주의적 가치이다. 그러나 유교의 보수주의적 가치관은 결코 민족우월주의나 국수주의 또는 국가이기주의 및 패권주의와 제국주의를 용납하지 않는다.

왜냐하면 유교의 보수주의적 가치관은 천하를 평화롭게 건설하기 위하여 안정적 발판을 만드는 과정에서 추구한 일반적 가치이기 때문이다. 세계평화를 이루기 위해서는 민족의 평등, 인권의 존중, 인간의 자유, 민중의 해방과 같은 인류애를 발휘해야 되고, 또한 공정하고 정의로운 국제법과 제도를 엄수하고 발전적 세계사관과 같은 진취적인 세계정신이 있어서 천하의 걱정은 가장 먼저 걱정하고 천하의 즐거움은 가장 나중에 즐기는 천하경영의식이 투철해야 되는데 이것은 모두 진보주의적 가치이다.

따라서 유교의 사회사상은 안정을 보장하면서 변화를 확신하는 향상발전적 논리체계를 가지고 있다. 퇴영적 보수주의와 환상적 진보주의를 항상 경계하면서 성장적 보수주의와 단계적 진보주의를 지향한다. 이 절에서 가장 명료하게 지적한 내용은 대인이 천하국가사업을 경영함에 있어 반드시 먼저 보수주의적 가치를 달성한 다음에 진보주의적 가치를 추구해야지 이와 반대로 먼저 진보주의적 가치를 성취하고 그 다음에 보수주의적 가치를 추구하는 것은 대인답지 못한 태도임을 역설한 것이다. 그리고 유교의 인간본의주의, 인도주의, 인문주의에 기초한 가치관은 가정과 국가 그리고 세계라는 경영의 영역에 따라서 질량적 변화가 있다는 사실을 밝혔다. 끝으로 대인이 가장 엄중히 경계할 일은 보수적 가치에 만족하지 말고 반드시 진보적 가치를 완성해야만 대통계승의 사업이 끝난다는 사실을 설파했다.

1-1-6 ───────────────────── 自天子로 以至於庶人이

壹是皆以修身爲本이니라.

『중앙의 최고 지도자로부터 서민대중에 이르기까지 한결같이 이에 모두 몸을 닦는 것으로 근본을 삼느니라.』

◉ 밝은 사회건설은 시민의 자각에 기초한다. 주권이 인민에게 있는 정치문화의 발전은 민도에 비례하기 때문에 구성원 각자의 인격 수양이 문화사회를 건설하는 기본요건이다.

이 절은 인간됨을 만사의 근본으로 여기는 인본주의(人本主義) 사상을 역설했다.

1-1-7 ——————————————————————— 其本이 亂而末治者는 否矣며

其所厚者에 薄이요 而其所薄者에 厚하리

末之有也니라.

『그 뿌리가 어지러운데도 그 끝이 잘 다스려지는 것은 없으며, 그 두텁게 할 곳에 얄팍하게 하고, 그 얄팍하게 할 곳에 두텁게 함이 있지 아니하니라.』

◑ 이 절은 3강령과 8조목의 학문적 체계가 물리(物理)와 인정(人情)에 기초하여 정리한 논리임을 밝힌 것이다. 자연변화의 순리(順理)적 발전법칙과 인간성장의 단계적 활동규범에 따라 먼저 뿌리를 튼튼히 세운 다음에 끝을 다스려야 하는 자연과학적 합리주의와 두텁게 할 곳에 두텁게 하고 얄팍하게 할 곳에 얄팍하게 하는 인문과학적 합리주의에 철저한 논리임을 강조했다.

이것은 대인의 학문에 있어서 사물에 대한 공명성(公明性)과 자기 자신에 대한 정직성이 사업경영의 핵심적 관건임을 결론적으로 말한 것이다.

2. 전(傳) 1장 밝은 덕을 논증함

[이 장부터 끝 장까지 10장은 모두 증자가 경(經)을 해설한 전(傳)인데 증자의 문인이 기술한 것이다. 그러므로 전임을 2로 표시하였다. 주지는 구본(舊本)에 약간 문구가 뒤바뀐 부분이 있다고 하여 정자의 논설을 근거로 차례를 바로잡았는데 이 책은 주자의 개정본을 대본으로 하였다. 전1장은 대인의 학문에 있어서 밝은 덕을 밝히는 역사적 실례와 그 방법을 고증했다.]

2-1-1 ———————————————————— 康誥에 曰 克明德이라 하며

『서전 강고 편에 말하기를 '덕을 잘 밝히셨다'라고 하며』

☯ 이 절에서는 덕을 밝힌다고 하는 명(明) 자의 품사가 동사임을 해설하였다. 따라서 극(克) 자는 조동사로서 능(能) 자와 같은 뜻이다.

강고(康誥)는 「서전(書傳)」의 주서(周書)에 있는 편명으로 성왕(成王)이 강숙(康叔)을 제후로 봉함에 주공(周公)이 왕을 대신하여 '오직 이에 위대하고 거룩한 아버지 문왕(文王)이 덕을 잘 밝히고 형벌을 삼갔으니' 이 점을 명심하라고 당부한 말이다.

2-1-2 ——————————————————————— 太甲에 曰 顧諟天之明命이라 하며

『서전 태갑 편에 말하기를 이 '하늘의 밝은 명령을 돌아보셨다'라고 하며』

☯ 이 절에서는 밝은 덕의 명(明) 자가 덕을 수식하는 형용사로 쓰였음을 고전을 인용하여 논증했다.

시(諟)는 '이것'이라는 대명사인데 또 살핀다, 다스린다는 동사로 쓰이기도 한다. 하늘의 밝은 명령은 하늘이 밝은 이치로 만물에게 명령한 천부적인 본성이다. 이것을 천명(天命)·천리(天理)·성명(性命)·성리(性理)라고 하여 가장 완전한 덕성(德性)으로 규정해서 항상 자신을 돌아봄으로써 투명한 인간성품을 유지하는 것이다.

태갑(太甲)은 「서전」 상서(商書)의 편명인데 은(殷)나라 임금 태갑이 처음 등극하여 공평한 정치를 행하지 않으므로 이윤(伊尹)이 재상의 위치에서 태갑에게 할아버지인 탕(湯) 임금의 정치도덕을 계승 발전하도록 직간한 내용이다. 그러나 태갑이 끝내 반성하지 않으므로 이윤은 태갑을 왕위에서 축출하여 동(桐) 땅으로 유배 보내고 스스로 천자의 일을 대행하다가 3년 후에 태갑이 크게 반성하자 덕을 확인하고 왕으로 다시 복위시켜서 힘써 보좌하였다.

2-1-3 ——————————————————— 帝典에 曰 克明峻德이라 하니

『서전 제전에 말하기를 '큰 덕을 잘 밝히셨다'라고 하니』

　● 제전(帝典)은 「서전」 우서(虞書)에 있는 요전(堯典)인데 서전의 첫머리 편이다. 준덕(峻德)은 큰 덕으로 주례(周禮)에서 말한 여섯 가지의 덕과 같은 것인즉, 지혜롭고 인자하며, 신성하고 정의로우며, 충직하고 조화로운 도덕률이다.

　요(堯)임금은 정치를 함에 있어서 공명심을 초월하여 경건하고 밝은 문덕(文德)을 정치이념으로 하여서 안락한 사회를 건설하시며 진실로 공손하고 사양을 잘 하여 아름답게 빛나는 문화가 사방의 나라를 발전시키고 위로 하늘과 아래로 땅에까지 덕화(德化)가 이르렀다.

　요임금의 이와 같은 정치업적의 구체적인 내용과 추진단계는 먼저 '큰 덕을 잘 밝히어' 아홉 겨레가 친하게 하고, 아홉 겨레가 이미 화목하거늘 백성을 공평하고 문명하게 하니 백성이 밝고 투철한 품격을 떨치므로 세계만방을 협력하고 화합하도록 함으로써 인민이 모두 변화하여 화락하게 되었다는 것이다. 아홉 겨레는 본족 5대, 외족 2대, 처족 2대이다.

　이 책에서 3강령으로 밝힌 논리적 근거가 바로 「서전」의 요전(堯典)에서 연원하고 있음을 논증하였다. 밝은 덕은 천하 만인의 공통적 소유물인 큰 덕이며, 백성을 새롭게 하는 것은 백성들로 하여금 밝고 투명한 품격을 가지도록 하는 것이요, 지극히 착함에 멈추는 것은 모든 인류가 똑같이 착하게 변화하여 화락한 사회를 건설하는 것이다. 이 절에서는 지도자의 위대한 지도력은 도덕적 품격에서 나온다는 사실을 강조했다.

2-1-4 ——————————————— <ruby>皆自明也<rt>개자명야</rt></ruby>니라.

『모두 자기가 스스로 밝히는 것이니라.』

◐ 「서전」에서 밝힌 역대 제왕의 도덕문명은 모두 인류가 스스로 건설한 것임을 논증하고 결론적으로 대통을 세워서 천하문명을 건설함에 있어 대인이 밝은 덕을 밝히는 공부는 자기 자신의 덕을 스스로 밝혀야 되는 것임을 말했다.

후세에 밝은 덕의 본질을 규명함에 궁극적으로 인욕(人欲)을 막고 천리(天理)를 간직함에 있어서 다양한 수양론이 제기되었다. 그러나 이 장에서 밝힌 밝은 덕의 내용은 도덕적 양심에 철저하고 총명한 지능과 슬기로운 예지가 있어서 두루 사물을 정확히 처리하는 실천력을 갖춤인즉 『중용』의 중화(中和)설과 더불어 비교 연구해야 한다.

3. 전(傳) 2장 인민을 새롭게 함

2-2-1 ───────────────────────────── 湯之盤銘에 曰 苟日新이어든
日日新하고 又日新이라 하며

『탕임금의 목욕통에 새긴 좌우명에 말하기를 진실로 날마다 새롭거든 나날이 새롭게 하고, 또 날로 새롭게 하라고 하며』

◑ 이 절은 인민을 새롭게 함에 있어서 자연의 변화와 더불어 인류의 문명이 진보하고, 세월이 흐름에 따라 인류의 역사가 발달해야 되는 인지(人智)의 계발과 사회변혁의 논리를 고증했다.

탕(湯)임금은 하(夏)나라 걸(桀)을 정벌하여 포악을 제거하고 혁명을 해서 은(殷)나라를 세웠다. 그리하여 끊임없이 발전해야 하는 진보적 의지를 되새기기 위하여 목욕통에 좌우명으로 새겼으니 마치 목욕을 해서 몸을 결백하게 하듯이 날마다 마음을 깨끗하게 씻어서 그 인격을 날로 새롭게 함양하겠다는 뜻이다.

이것은 인민을 새롭게 변화시키는 감화력의 원천은 바로 정치지도자 자신의 깨끗한 품격임을 밝히고 또한 지도자가 맑은 새 바람을 일으키는 주역임을 역설한 실증이다.

2-2-2 —————————————————— 康誥에 曰 作新民이라 하며

『서전 강고 편에 말하기를 '인민을 진작하여 새롭게 하라'고 하였으며』

◉ 강고(康誥) 편은 앞 장 2-1-1에서 이미 설명했다.

작(作)은 신바람이 나도록 정책을 펴서 저절로 떨치고 일어나게 함이요, 인민을 새롭게 하는 것은 보수배타적 분열주의를 극복하고 대동중용(大同中庸)적인 공동사회를 만들어 인민이 국가사회에 대한 책임과 의무를 능동적으로 완수하는 자율자치의 정치능력을 발휘함이다.

2-2-3 —————————————— 詩에 曰 周雖舊邦이나 其命維新이라 하니

『시경에 말하기를 '주나라는 비록 오래된 나라이지만 그 운명이 바뀌어 새롭다.'라고 하니』

◉ 앞의 두 절에서는 지도자의 개혁의지와 진보적 정책을 예시하였고, 이 절에서는 개혁정치를 통한 역사발전의 논리를 역설하였다. 이 절은 『시경』(詩經) 대아(大雅) 문왕(文王)의 편에 있는 시구를 인용하여 주나라는 역사가 오래된 옛날 은(殷)왕조의 제후국이었지만 문왕과 무왕(武王)에 이르러 정치체제를 혁신해서 새로운 문명의 중심국으로 발전하여 민심을 얻고 천명(天命)을 받아 은(殷)나

라 주(紂)를 정벌하여 포악을 제거하고 주나라를 새로운 시대의 천자국으로 건설했다는 역사적 사실을 논술한 것이다.

이것은 천하문명의 중심국이 인류역사발전의 선도적 역할을 수행해야 되는 시대적 사명을 논하여 혁명의 정당성과 필연성을 밝힌 것이다. 유신(維新)은 대대적인 정치개혁이다.

2-2-4 ──────────────── 是故로 君子는 無所不用其極이니라.

『이런 까닭으로 군자는 그 지극함을 쓰지 않는 바가 없느니라.』

◉ 이상 세 절의 변혁사상에 기초하여 정치지도자는 천하국가의 발전에 지극한 노력을 아끼지 않아야 됨을 결론적으로 강조했다.

유교의 정치론은 시대를 알고 형세를 깨달아서 인간의 지혜를 개발하고 문명사회를 건설하여 시대가 요구하는 정치문화를 창조하는 것이다. 따라서 시대마다 획기적인 발전을 기약해야 되는 까닭에 정치지도자인 군자는 정치 사업에 임하여 최선의 노력을 다하지 않으면 안 된다.

이 장에서 세 번 신(新) 자가 나왔으니 경(經)에서의 친민(親民)이 곧 신민(新民)의 뜻으로 쓰인 것을 확인할 것이다. 따라서 인기에 영합하는 전시행정으로 인민의 환심을 사는 것이 아니라 도를 밝혀서 천지를 새롭게 하는 것이다. 대대적으로 덕치인정(德治仁政)의 체제를 갖추어 은혜로운 시책을 확립하여 지나친 노역(勞役)을 시키지 말고 세금을 경감하여 인민으로 하여금 스스로 떨치고 일어나 열심히 노력하는 기풍을 세우고, 홀아비나 과부가 안심하고 살게 하며, 퇴락하고 대가 끊어진 집안에 양자를 입적하게 하며, 곤경에 처한 사업장을 돕고, 재난을 구제하며, 음란하고 사특한 것을 엄금하며, 죄인을 사면하며, 물자와 재물을 절약하며, 인민의 동원 시기를 법으로 정하여 함부로 하지 못하게 해서 사람들로 하여금 다 같이 검소하고 예의도덕을 알게 해서 공무원은 명예를 지키고, 인민은 직업을 지키며, 정책의 일관성과 선거의 공명성과 군대의 충성심과 인민의 정직성이 높이 드날리도록 정치를 하여야 인민이 새로워지는 것이다.

4. 전(傳) 3장 지극히 착함에 멈춤

2-3-1 ─────────── 詩에 云하되 邦畿千里여 惟民所止라 하니라.

『시경에 말하기를 '나라의 서울 근방에 천 리여 오직 사람이 살 곳이라'고 하니라.』

☯ 이 절과 다음 절은 지극히 착한 곳에 멈춤에 있어서 지리적으로 최선의 삶터를 선택하는 지혜를 논증했다.

시(詩)는 「시경」 상송(商頌) 현조(玄鳥)의 편에 있는 시구이며 방(邦)은 연방정부가 있는 중앙국가이고, 기(畿)는 서울을 중심으로 직경 천 리 내의 지역으로 천자가 직접 통치하는 영역이다.

삶의 터는 곧 삶의 질을 결정하므로 사람은 가급적 정치와 교육의 수준이 높고 문명과 문화가 발달한 지역을 선택하는 지혜가 있는 까닭에 정치인은 마땅히 사람답게 살 수 있는 세상을 만들어서 모든 사람이 고도로 발달한 정치문화의 혜택을 누리도록 경영해야 됨을 역설했다.

2-3-2 ─────────── 詩에 云하되 緡蠻黃鳥여 止于丘隅라 하거늘 子曰 於止에 知其所止로다 可以人而不如鳥乎아.

『시경에 말하기를 '꾀꼴 꾀꼴 꾀꼬리새여! 언덕 모퉁이에 멈추도다.'라고 하거늘 공자가 말하기를 '멈춤에 그 멈출 곳을 알도다. 사람이 되어 가지고 새만 같지도 못할 것이냐?'라고 하였다.』

◐ 이 절은 꾀꼬리새도 바람과 비의 재난을 피하고 활동하기가 편리한 언덕모퉁이를 삶터로 선택하는 감각이 있음을 노래한 시구에 대하여 공자가 공감하면서 사람이 삶터를 경영하는 지각이 꾀꼬리의 감각만도 못하다면 안 된다는 점을 강조했다.

사람은 마땅히 사람답게 살 수 있는 최선의 환경을 개척하지 않으면 안 된다는 정치적 명제를 제시했다. 민만(緡蠻)은 꾀꼬리 울음소리이며 황조(黃鳥)는 꾀꼬리새이다. 이 시는 「시경」 소아(小雅) 민만(緡蠻)의 편에 있다. 자왈(子曰) 이하는 공자가 시구를 읽고 제자들에게 사람은 마땅히 멈출 곳을 선택해야 됨을 강조한 내용이다. 이상은 지어지선(止於至善)에서 지(止) 자를 해설하여 최선의 조건에서 안정 상태를 유지하는 경지임을 검증했다.

2-3-3 ──────────────────────── 詩에 云하되 穆穆文王이여
於緝熙敬止라 하니 爲人君엔 止於仁하시고
爲人臣엔 止於敬하시고 爲人子엔 止於孝하시고
爲人父엔 止於慈하시고 與國人交엔 止於信하시다.

『시경에 말하기를 '그윽하고 그윽하신 문왕이여, 아! 끊임없고, 빛나고, 경건함에 멈추도다.'라고 하니 사람의 임금이 되어서는 인애에 멈추시고, 사람의 신하가 되어서는 공경에 멈추시고, 사람의 아들이 되어서는 효도에 멈추시고, 사람의 아버지가 되어서는 자애에 멈추시고, 나라 사람과 더불어 사귐에는 믿음에 멈추시다.』

◐ 이 절은 문왕의 거룩한 인격의 구체적인 내용을 열거하여 지

극히 착한 실천윤리의 극치점을 예시한 것이다.

목목(穆穆)은 심오하고 원대한 풍모와 도량을 형용하는 말이고, 오(於)는 감탄사이며, 즙(緝)은 처음과 끝이 한결같아 끊임없이 계속함이요, 희(熙)는 겉과 속이 한결같아 투명하게 밝고 빛남이며, 경(敬)은 공경하지 아니함이 없어서 정직하고 정의로움을 확고하게 주체함이다. 지(止)는 멈추어 흔들리거나 어그러짐이 없는 것인즉 문왕의 멈춤이 확고부동하여 자연스럽고도 우뚝했음을 정서적으로 표현했다. 공명정대한 자세로 널리 사랑하는 인(仁)은 지도자의 가장 큰 덕목인즉 남의 신하가 되어서의 공겸심과 남의 아들이 되어서의 효도와 남의 아버지가 되어서의 자애심과 나라사람과 사귐에 있어서의 믿음이 모두 가장 중대한 덕목이다.

문왕의 이상적 인격은 이와 같이 현실적 직분에 따라서 책임을 다하는 실용주의적 도덕에 철저함으로써 이룩한 것임을 증거하기 위하여 「시경」 대아(大雅) 문왕의 편을 인용하여 해설했다.

2-3-4 ——————————————— 詩에 云하되 瞻彼淇澳한대
菉竹猗猗로다 有斐君子여 如切如磋하며
如琢如磨라 瑟兮僴兮며 赫兮喧兮니 有斐君子여
終不可諠兮라 하니 如切如磋者는 道學也요
如琢如磨者는 自修也오 瑟兮僴兮者는 恂慄也오
赫兮喧兮者는 威儀也오 有斐君子여
終不可諠兮者는 道盛德至善을 民之不能忘也니라.

『시경에 말하기를 '저 기강의 언덕을 바라보니 푸른 대나무가 무

성하여 아름답도다. 문채 있는 군자여 자른 듯하고 갈은 듯하며, 쪼은 듯하고 문지른 듯하도다. 섬세하고도 굳세며, 빛나고도 성대하니 문채 있는 군자여 마침내 잊을 수 없도다.'라고 하니 짜른 듯하고 갈은 듯한 것은 학문을 말함이요, 쪼은 듯하고 문지른 듯한 것은 스스로 닦음이요, 섬세하고도 굳센 것은 두려운 느낌이요, 빛나고도 약동한 것은 거룩한 모습이요, 문채 있는 군자여 마침내 잊을 수가 없다는 것은 성대한 덕과 지극한 선을 인민이 잊을 수 없는 것을 말하니라.』

◐ 이 절은 이상적 인간상의 극치를 심층 분해하여 무한한 친화력을 가진 완전한 인격의 전모를 해부했다.

시는 「시경」 위풍(衛風) 기욱(淇澳)의 편이다. 기(淇)는 하남에 있는 강물 이름인데 예로부터 대나무가 잘 자라는 지대이다. 욱(澳)은 강 언덕의 모퉁이며, 의의(猗猗)는 무성하게 야들야들하여 아름다운 모습이다. 비(斐)는 글을 읽은 기풍과 문자를 익힌 향기가 풍기는 지성미이며 군자는 문왕을 지칭하고 있다. 절(切)은 칼로 절단함이니 가지런함이요, 차(磋)는 줄로 문질러 다듬은 것이니 반반함이다. 탁(琢)은 송곳으로 쪼음이니 조각하여 선명하게 함이요, 마(磨)는 사포로 문지름이니 광택을 냄이다. 슬(瑟)은 섬세하고 엄밀한 모습이요, 한(僩)은 힘이 넘치고 씩씩한 모습이다. 혁(赫)은 찬연히 빛나는 모양이며, 훤(喧)은 성대하게 약동하는 모양이다.

저 문왕의 거룩한 인격은 마치 기수의 강 언덕에 무성한 대나무 숲처럼 아름다운 인상으로 다가와서 군자도 서민대중도 다 같이 잊을 수 없음을 노래했다. 문왕의 지성미는 스스로 절차탁마(切磋琢

磨)해서 이룩한 것인데 자른 듯이 가지런하고, 갈은 듯이 반반한 몸가짐은 학문을 통하여 익힌 것이요, 조각한 듯이 선명하고 문지른 듯이 윤기 나는 품격은 자기 자신이 수양한 것이며, 섬세하면서도 굳센 기상은 두려울 정도로 엄숙하고, 빛나고 약동하는 힘은 우러러볼 정도로 아리따워서 마침내 이러한 인문적 지성으로 충만한 인격을 잊을 수 없는 것이니 그 까닭은 성대하게 밝은 도덕정치와 지극히 아름다운 선정(善政)을 베풀어서 가장 살기 좋은 문명사회를 개벽했기 때문이다.

2-3-5 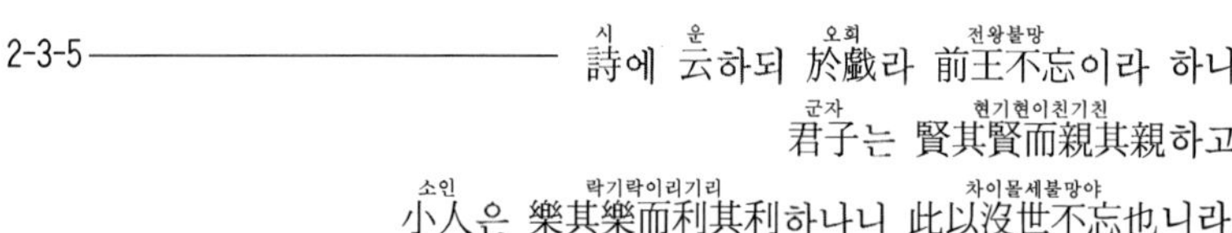

『시경에 말하기를 '오호라! 전에 임금을 잊지 못한다.'라고 하니 군자는 그 현명함을 좋아하고 그 친함을 사랑하며, 소인은 그 즐거움을 즐거워하고 그 이로움을 이로워하나니 이래서 언제까지나 잊지 못하니라.』

◑ 이 절은 어진 이를 등용하여 인민을 위한 정치를 베풀어 위대한 도덕문화를 확립하고, 산업을 진흥하며, 복지낙원을 건설해서 모든 사람으로 하여금 빠짐없이 제자리를 얻도록 하는 국가의 체제와 정책의 완벽성을 찬미한 내용이다.

시는 「시경」 주송 열문(烈文)의 편이요, 오호(於戱)는 감탄사이며, 전왕(前王)은 문왕과 무왕이며, 군자와 소인은 후세의 관료와 소시민이다. 주나라 초기처럼 많은 인재를 등용하여 정치체제를 완벽하게 갖추고, 대대적으로 문물을 개발하여 풍족한 생활과 안락한 사회를 건설한 시대가 일찍이 없었다.

그러므로 후세의 군자는 그 시대의 어진 이를 존중하고, 친한 사람을 사랑했던 정치문화를 영원히 잊지 못하는 것이며, 소인은 그 시대의 국리민복을 위한 정책과 안락태평한 생활환경을 영원히 잊지 못하는 것이다.

몰세불망(沒世不忘)은 이 세상이 다하도록 영원히 잊지 못한다는 뜻이다. 지극히 착한 이상적인 정치업적은 모든 사람이 다 같이 소망하는 세계이기 때문에 천하만민의 공동적 희망임을 분명히 지적한 것으로 그 의미가 심장하다.

이 장에서 대통을 계승하여 천하문명을 건설하는 극치는 비단 당대의 복지낙원을 실현하는 작업에 그치지 않고 인류역사에 영원한 모범으로 받들어 기억하는 경지에 이르러야 함을 깊이 탐색하라. 그리고 이 장에서는 시를 다섯 번 인용하여 지극히 착함에 머무르는 법을 해설한 점에 특별히 주목하라. 왜냐하면 선정(善政)의 극치는 말로 설명할 수 없는 경지에 이르기 때문에 오직 노래로나 표현이 가능하다는 뜻이 있다. 결국 선정의 극치는 아름다운 삶의 예찬(禮讚)으로 나타나고 비단 당대뿐만 아니라 후대에까지도 그 덕화를 입어서 대대로 민중들이 보람 있는 인생을 구가(謳歌)하는 것을 내용으로 하고 있는 것이다.

5. 전(傳) 4장 본분을 알라

2-4-1 ──────────────────────── 子曰 聽訟이 吾猶人也나
必也使無訟乎인저 하시니 無情者가 不得盡其辭는
大畏民志니 此謂知本이니라.

『공자가 말씀하시기를 '송사를 들음이 나도 다른 사람과 같으나 반드시 송사가 없도록 할진저'라고 하시니 진정이 없는 사람이 그 말을 다하지 못하게 하는 것은 사람의 마음을 크게 두렵게 함이니 이것을 일컬어 본분을 안다고 하니라.』

◑ 이 절은 사물에 접근하여 문제를 해결하는 일반적인 사례를 통하여 근본을 확인하는 길을 밝히고 아울러 대인의 학문과 사업이 아무리 고원하고 거대해도 항상 본분을 알아서 분수에 알맞게 추진해야 됨을 크게 경고했으니 절대로 조장하거나 과장해서는 안 되고 또한 건너뛰거나 방치해도 안 됨을 지적했다.

송사를 듣고 재판을 하는 일은 사물을 꿰뚫어볼 수 있는 안목과 옳고 그름을 정확히 판단할 수 있는 식견이 있어야 하지만 그러나 재판관은 사건을 잘 처리하는 것만이 능사가 아니요, 더 나아가 송사 자체가 일어나지 않도록 모든 사람이 진실만을 말하는 기풍을 조성해서 사람들로 하여금 인민에 대한 외경심을 갖도록 하는 것이 법관의 본분임을 공자가 노(魯)나라 대법관으로 있을 때에 훈시하였다.

기초를 튼튼히 다지면서 작은 성공에 만족하지 않고 끝까지 정진

하여 최고의 극치에 도달해서 무한한 감화력으로 사람을 교화하여 지식인의 사명을 다해야 하는 대인의 본분을 분명히 깨달아야 함을 강조했다. 이 장은 구본(舊本)에 지어신(止於信)의 아래에 있었는데, 주자가 이곳으로 옮겨 독립장으로 만들었다.

6. 전(傳) 5장 사물을 연구하여 지식을 이루는 길

2-5-1 ——————————————————————— 此謂知本^{차위지본}이니라.

『이것을 일러 근본을 안다고 하니라.』

☯ 이 절은 앞 절의 끝 구절과 똑같으므로 정자가 군더더기 문장
이라고 하였다.

2-5-2 ——————————————————————— 此謂知之至也^{차위지지지야}니라.

『이것을 일러 지식이 지극하다고 하니라.』

☯ 이 절은 그 앞에 사물을 직접 연구하여 지식을 이루는 구체적
인 방법과 내용이 있을 것인데 지금은 없어졌고 결론 부분만 남아
있는 것이다. 이에 주자가 정자의 학설을 기초로 해서 이 장의 없
어진 논리를 보충했으니 다음과 같다.

"이 사이에 일찍이 정자의 사상을 가만히 취하여 이 부분을 보충
해서 말한다. 이른바 지식을 이룸이 사물을 직접 연구함에 있다는
것은 바로 나의 지식을 이루고자 하면 사물의 현상을 직접 연구하

여 그 이치를 탐구함에 있다는 말이다.

　대개 사람 마음의 신령함이 지각이 있지 아니함이 없고, 천하의 사물이 이치가 있지 아니함이 없건마는 오직 이치에 대하여 깊이 연구하지 못함이 있는 까닭으로 그 지각이 다하지 못함이 있는 것이다.

　이래서 『대학』은 처음 가르침에 반드시 학자로 하여금 범천하의 사물에 직접 이르러 가서 그 이미 아는 이론을 기초로 검증하지 아니함이 없도록 해서 더욱 깊이 연구하여 그 지극한 경지에 이르도록 탐구하게 하나니 힘을 쓴 지 오래되어서 하루아침에 훤하게 꿰뚫어 통하는 데 이르면 뭇 사물의 겉과 속, 정교함과 조잡함이 이르지 아니함이 없어서 내 마음의 전체와 큰 작용이 밝지 아니함이 없으리니 이것을 일러 사물이 이르름이라고 하며 이것을 일러 지식이 지극함이라고 하니라."

　유교의 학문은 자연과학적 진리에 매우 투철한 진리관을 가지고 있다. 따라서 현상사물에 관심을 가지고 접근해서 이치를 발견하는 학구적 태도를 끝까지 견지하기 때문에 허구적인 논리나 초월적인 신비주의 또는 맹목적인 신앙을 모두 배격한다.

　실제의 사물에 대한 학문적 연구활동은 자연히 인간의 지각능력을 개발하는 까닭에 더욱 발달한 인식능력을 가지고 더욱 많은 사물을 깊이 있게 연구할 수 있게 된다. 이리하여 사물을 연구하는 진도에 비례하여 나의 지식이 높아지므로 많은 노력이 쌓여서 학문적 조예가 깊어지면 어느 날 마음이 진리를 통하여 훤히 꿰뚫어 아는 경지에 도달한다. 그렇게 되면 사물의 상수(象數)와 질량 그리고 이기(理氣)와 성명(性命)이 저절로 인식됨과 동시에 내 마음의 모든 이

치가 온전히 갖추어지고 만사에 합리적으로 대응하는 지혜가 밝아진
다. 이와 같이 완벽한 진리탐구의 실력과 사물처리의 능력을 사물이
이르름이라고 하는 것이요, 지식이 지극함이라고 하는 것이다.

7. 전(傳) 6장 뜻을 성실히 하라

2-6-1

『이른바 그 뜻을 성실하게 한다는 것은 자신을 속이지 않은 것이니 추악한 냄새를 싫어하듯이 하며 아름다운 여자를 사랑하듯이 함이다. 이것을 일러 스스로 쾌족함이라고 하나니 그러므로 군자는 반드시 그 홀로 생각하는 바를 신중히 하니라.』

◉ 생각을 성실히 하는 성의(誠意) 공부는 대인이 스스로 몸을 닦는 첫걸음이다. 성(誠)은 진실하고 밝은 것이니 생각을 진실하고 밝게 해야만 착한 마음을 간직해서 사악한 욕심이 나오지 못하도록 미리 막을 수 있다. 선(善)은 본성에서 말미암아 나오고, 악(惡)은 생각에서 일어나는 까닭에 생각을 성실하게 하여야 사사로운 욕심을 극복해서 사회도덕에 철저한 공덕심을 회복할 수 있는 것이다.

생각을 성실하게 하는 방법이 자기 자신을 속이지 않은 것이라고 함은 곧 정직(正直)함이다. 사람의 감각이 즉각 반응하여 악취를 싫어하고 어여쁜 여자를 사랑하는 자연스런 감정처리와 같이 생각도 진실하고 밝게 헤아려서 정직하게 표현해야만 된다. 오악취(惡惡臭)의 오는 술어이고, 악은 형용사이다.

자겸(自謙)은 스스로 겸허한 자세인데 사람이 정직하면 스스로 꿀림이나 켕김이 없어서 기분이 좋고 마음이 편안한 것이다. 필신기독(必愼其獨)은 생각을 반드시 신중히 하여 정직성을 잃지 않으려는 노력이다. 독(獨)은 남이 알지 못하고 오로지 자기만 알고 있는 생각이다.

홀로 자기만 아는 생각을 삼가하여 스스로 정직함은 양심의 지상명령에 철저함이다. 공자는 사람이 사는 길은 정직함이라고 하였고, 맹자는 정직으로 호연한 기상을 기른다고 하였으며, 주자는 하늘땅이 만물을 기르는 원리와 성인이 만민을 가르치는 진리가 오직 정직이라고 했으며, 송자(宋子: 尤庵)는 정직의 학통을 계승하도록 유언했으니 유학의 전통은 정직사상으로 일관한다.

2-6-2 ──────────────────────────────

小人이 閒居에 爲不善하되
無所不至하다가 見君子而后에 厭然揜其不善하고
而著其善하나니 人之視己가 如見其肺肝이니
然則何益矣리오 此謂誠於中이면 形於外니
故로 君子는 必愼其獨也니라.

『소인이 안일하게 살면서 착하지 못한 짓을 하되 이르지 않은 곳이 없다가 군자를 본 다음에 얼른 빠져나와 그 착하지 못한 흔적을 감추고 그 착함을 드러내니 사람이 자기를 봄이 그 폐와 간을 들여다보듯이 하거늘 그렇다면 무슨 이익이 있겠는가? 이것을 일러 속에서 성실하면 겉으로 모양이 나타난다고 하나니 그러므로 군자는 반드시 그 홀로 생각하는 것을 신중히 하니라.』

◐ 이 절은 정치적 영향력을 조장하는 위선적인 겉치레의 해독을 경계했으니 아무리 성실성을 위장하고 정직성을 가장해도 그것은 금방 탄로가 나서 한갓 자기 자신을 속이지 못할 뿐만 아니라 절대로 남도 속일 수 없는 인간의 구조를 논증했다.

소인은 소시민이 아니라 사리사욕만 채우는 정상모리배이고, 한거(閒居)는 예의도덕을 망각한 삶의 형태로 향락과 사치, 안일과 방종에 빠진 생활이다. 염연(厭然)은 얼른 감추고 시치미를 떼는 모습이요, 중(中)은 내면의 생각이며, 외(外)는 외면의 언어와 동작인데 내면의 생각은 숨길 수 있지만 내면의 성실성은 도저히 숨길 수 없는 구조임을 발명했다.

내면의 생각이 성실하고 정직하면 밖으로 나타난 언어와 동작이 착하고, 내면의 생각이 불성실하고 부정직하면 밖으로 나타난 언어와 동작이 사나워서 도저히 속일 수 없음을 지적하였다.

2-6-3————————— 曾子曰 十目所視며 十手所指니 其嚴乎인저.

『증자가 말하기를 열 눈이 보는 바이며, 열 손이 가리키는 바이니 그 무서운저!』

◐ 이것은 증자의 말을 그 문인이 기록한 문체이다. 십(十)은 많다는 뜻이며 눈으로 보고 손으로 가리킨다는 것은 대인의 생각을 많은 사람이 주목하고 지적하는 까닭에 항상 공명, 성실, 정직한 생각을 가져야 믿고 따르게 된다는 뜻이다. 엄(嚴)은 사회적 비판의

정확성을 무서워함이다.

2-6-4 ——————————————— 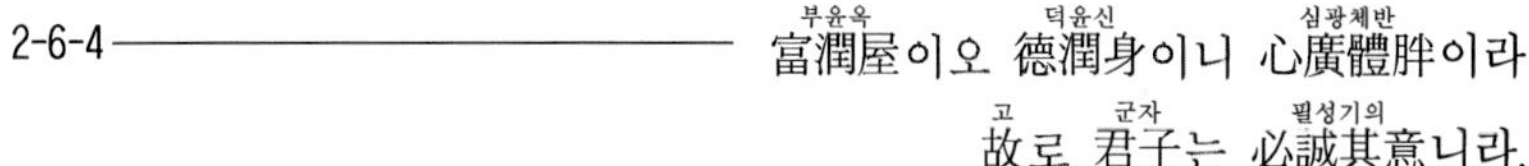

『부자는 집을 윤택하게 하고 덕은 몸을 윤기 나게 하나니 마음이 넓으면 몸이 살찌는지라 그러므로 군자는 반드시 그 뜻을 성실하게 하니라.』

◑ 이 절에서는 뜻이 성실함의 극치에 이르면 선(善)이 밖으로 뚜렷이 나타나는 징험이 있음을 논증했다. 부자가 문화생활을 하고, 도덕이 인격을 높이며, 넓은 마음이 육신을 편안히 하듯이 뜻이 성실하면 반드시 이기심이 없고 공동선(共同善)에 철저한 정신이 가득히 넘치는 것을 결론적으로 말하고, 선(善)은 생각하는 활동을 통하여 나오는 것임을 밝혔다.

이것은 공명하고 성실하고 정직한 생각이 사람을 얼마나 착하고 씩씩하고 활기차게 하는가를 보여주면서 사람으로 하여금 겉과 속이 같고, 시작과 끝이 한결같게 해서 천부적인 인간의 본성을 모두 갖추어 천인합일(天人合一)의 경지에 도달하는 자기수양의 길을 밝혀준 것이다.

이 장은 성의(誠意)를 해설하여 양심에 정직하고 내면에 성실한 도덕심이 충만한 자체활력의 원천이며, 두터운 인간신뢰의 근저임을 논증하였으니 모름지기 선비는 생각을 성실하게 하여 선(善)을 취하고 악(惡)을 버림에 명쾌하게 결단할 것이다. 만일 우물쭈물하면서 눈치를 보며 대답을 미루거나, 또는 좋은 것을 싫은 척하고 싫은 것을 좋은 척하는 것은 모두 자신을 속이고 남을 기만하며, 하늘을 속이는 죄악임을 지적하여 이러한 불성실이 바로 불신의 씨앗임을 크게 경고하였다. 그리고 성의(誠意) 공부는 격물(格物), 치지(致知) 공부와 더불어 밝고 성실해지는 것이므로 널리 배우고 지식을 쌓는 노력이 선행하여 지(知)와 덕(德)을 겸비할 것을 강조하였다.

8. 전(傳) 7장 마음을 바르게 하여 몸을 닦는 법

2-7-1 ──────────────────────────── 所謂修身이 在正其心者는
身有所忿懥하면 則不得其正하고
有所恐懼하면 則不得其正하고
有所好樂하면 則不得其正하고
有所憂患하면 則不得其正이니라.

『이른바 몸을 닦음이 그 마음을 바르게 함에 있다는 것은 몸에 분하고 노여운 바가 있으면 그 바름을 얻지 못하고, 무섭고 두려운 바가 있으면 그 바름을 얻지 못하고, 좋아하는 바가 있으면 그 바름을 얻지 못하고, 근심하고 걱정하는 바가 있으면 그 바름을 얻지 못함이니라.』

◑ 이 절은 몸을 닦음에 있어서 마음이 바르지 못하면 결코 몸을 닦을 수 없는 몸과 마음의 관계구조를 논증했다. 마음은 한 몸의 정신적 주재자요, 몸은 마음이 의지하는 육체이다. 그러므로 마음의 주체가 바르지 아니하면 몸의 작용이 바르지 못한 까닭에 반드시 먼저 마음을 바르게 하여야 몸을 닦을 수 있음을 실증했다.

일신상의 사정으로 인하여 감정이 폭발해서 경거망동하거나 공포감에 사로잡혀 질겁하여 놀라거나 욕심이 동하여 현혹당하거나 걱정과 근심에 초췌하여 정신력이 혼미해지면 결국 이성을 잃어서 마음을 반듯하게 간직할 수 없는 것이다. 이것은 모두 마음이 흔들리

는 병통인즉 대인은 외부의 충격을 제압하여 내부의 마음을 바르게 간직하는 극기력을 길러야 된다.

사람의 마음이 어리석고 나약하면 감정을 조절하는 자제력과 외물을 절제하는 통제력이 없어서 조그마한 충격에도 쉽게 흔들리고, 변변치 않은 사물에도 지나치게 집착하는 것이다. 그러므로 대인은 강건(剛健)하고 중정(中正)하고 순수한 마음을 간직하여 명경지수(明鏡止水)와 같이 외물과의 접촉에 조금도 흔들림이 없으면서 사물의 실상을 그대로 반영하고 고요하게 움직이지 않으면서 정확하게 감응하는 것이다. 호요(好樂)는 좋아하며 집착함이다.

2-7-2 ——————————————————————— 心不在焉이면 視而不見하며
聽而不聞하고 食而不知其味니라.

『마음이 있지 않으면 보아도 보이지 않으며, 들어도 들리지 않고, 먹어도 그 맛을 알지 못하니라.』

☯ 앞 절에서는 의혹과 충동으로 중심을 잃고 흔들리는 동심(動心)을 경계했고, 이 절에서는 망상과 착각으로 사실을 잊고 방황하는 방심(放心)을 경계했다.

마음은 정신기운과 지각능력을 말한다. 사람이 정신기운이 흐릿하고 지각능력이 우둔하면 5관(五官)의 감각기관까지 풀어지고 느려져서 보거나 듣거나 먹어도 의식이 몽롱하여 정확히 알지 못하는 것이다.

더욱이 마음은 신령하여 들고 나는 때가 없고 그 가는 곳도 알수 없는 까닭에 방심하기가 매우 쉬운 것이다. 그러나 사람이 이 마음을 찾으면 금방 이르러 오나니 경건한 자세로 이 마음을 잘 간직해야 된다.

경(敬)은 하나만을 주장하여 이리저리 옮김이 없이 자연스럽게 안정하는 자세이다. 미리 기약함도 없고, 현재 잊지도 않고, 뒤늦게 조장함도 없는 경건한 자세로 방심의 병을 고쳐야만 마침내 언제나 성성(惺惺)한 바른 마음을 간직하여 정확하게 사물을 인식해서 반듯하게 처리할 것이다.

2-7-3 ───────────────────────── 此謂修身이 在正其心이니라.

『이것을 일러 몸을 닦는 것이 그 마음을 바르게 하는 데 있다고 하니라.』

◉ 이 절은 마음을 바르게 간직하여야 몸을 단속할 수 있음을 결론적으로 요약한 말이다. 「주역」 곤괘(坤卦)의 문언(文言)에서 말하기를 "곧음(直)은 그 바른(正) 것이요, 방정(方)은 그 의(義)로운 것이니 군자는 경(敬)으로써 내면을 곧게 하고, 의로써 그 외모를 방정하게 하여 공경심과 정의감이 일어나면 덕(德)이 외롭지 않은 것이다. 정직하고 방정함은 정의로운 큰 길이므로 익히지 않아도 이롭지 않음이 없나니 이는 곧 그 행하는 바를 의심하지 않은 것이다."라고 하였다.

마음을 비우고 인간성을 함양하여 마음을 곧고 바르게 간직하면 외모가 방정하고 행실이 정의로워서 모든 사람이 흠모하여 가까이 따른 인격이 이루어진다. 이러한 군자의 마음은 지극히 순수하고 진실하기 때문에 연습하여 꾸밀 필요도 없고, 의심하여 머뭇거릴 필요도 없는 것이다. 이것은 떳떳한 양심이요, 확고부동한 도덕심이니 바로 대인의 인격적 독립심이다.

이 장은 정심(正心)을 해설하여 천리(天理)를 간직한 대인의 공명정대한 부동심(不動心)이 대인의 도량과 품격을 갖추는 근본임과 동시에 대통을 계승하여 화평세계를 건설하는 중심체임을 선언하였다.

9. 전(傳) 8장 몸을 닦아 집안을 가지런히 하는 법

2-8-1

所謂齊其家가 在修其身者는
人이 之其所親愛而辟焉하며 之其所賤惡而辟焉하며
之其所畏敬而辟焉하며 之其所哀矜而辟焉하며
之其所敖惰而辟焉하나니 故로 好而知其惡하며
惡而知其美者가 天下에 鮮矣니라.

『이른바 그 집안을 가지런히 함이 그 몸을 닦음에 있다는 것은 사람이 그 친애하는 바에서 편벽되며, 그 업신여겨서 푸대접하고 미워하는 바에서 편벽되며, 그 두려워하고 공경하는 바에서 편벽되며, 그 애절하고 불쌍한 바에서 편벽되며, 그 오만하고 게으른 바에서 편벽되나니 그러므로 좋아하면서도 그 나쁜 점을 알며, 미워하면서도 그 좋은 점을 아는 사람이 천하에 드물다.』

◑ 이 절은 원만한 인격을 통해 가정의 화목과 안정이 이루어지는 구체적 사례를 분류하여 논증했다. 가정은 천하국가사회의 기초 단위로서 어버이와 자녀의 혈연으로 맺어진 천륜(天倫)과 남편과 아내의 혼인예법으로 맺어진 천륜(天倫)의 관계로 구성되어 서로 도우면서 길이길이 함께 사는 생활공동체이다.

가족관계는 운명공동체로서의 특별한 성격을 가진 소집단이기 때문에 사람에게 있어서 사회생활의 출발점임과 동시에 국가사회발전의 토대인 것이다. 따라서 안락한 가정을 꾸미는 것은 대인의 책무이며 그것은 또한 몸을 닦는 실천적 과제이다.

가족관계는 가끔 만나는 일시적 관계가 아니고, 늘 함께 하는 일상적 관계이다. 그러므로 그 관계가 밀접하여 대단히 민감하게 반응할 뿐만 아니라 이와 같이 민감하게 반응하는 관계를 항구적으로 화목하게 유지해서 가정을 안정시키고 행복을 창출하는 책임을 대인은 스스로 가진다.

대인은 가족구성원 전체를 보호하면서 아버지는 아버지답고, 아들은 아들답고, 남편은 남편답고, 아내는 아내다운 분수와 직분에 충실하도록 경영하여 편애하거나, 차별하거나, 비겁하거나, 감상적이거나, 타락함이 없는 반듯한 가도(家道)를 세우고 아름다운 가풍(家風)을 일으킨다. 이것이 바야흐로 가정에서 보여주는 대인의 인격적 실체이다. 지(之) 자는 모두 전치사이니 '에서'의 뜻이다.

2-8-2 ──────────────────────────────── 故로 諺에 有之하니 曰
人이 莫知其子之惡하며 莫知其苗之碩이라 하니라.

『그러므로 속담에 있나니 '사람이 그 아들의 나쁜 점을 알지 못하고, 그 이삭이 큼을 알지 못한다.'고 하니라.』

◐ 이 절은 가정에서 자녀교육과 재산관리의 어려운 면을 역설해서 대인은 엄격하고 공정한 자세로 가정을 경영해야 함을 강조했다. 유교에서는 자녀를 부모가 직접 가르치지 않고 반드시 다른 스승에게 보내서 가르친다. 그 까닭은 부모와 자녀의 관계를 친밀하

게 유지하고, 스승을 존경하며 벗과 사귀어 널리 배우게 함이다.

그러나 자녀의 성장과정에 있어서 가정교육을 소홀히 하지는 않는다. 왜냐하면 자녀의 됨됨이를 아는 것은 부모보다 더 잘 아는 사람이 없고, 또한 자녀는 부모의 영향을 가장 많이 받고 자라기 때문에 전통적인 가정에서는 어린이 교육은 자애로운 어머니가 맡았고, 청소년의 교육은 엄격한 아버지가 맡았던 것이다. 언(諺)은 속담이요, 묘(苗)는 이삭이니 사람이 사랑에 빠지면 분별력을 잃고, 욕심은 한이 없는 것을 경계하였다.

2-8-3 ——————————————————— 此謂身不修면 不可以齊其家 니라.

『이것을 일러 몸이 닦여지지 않으면 그 집안을 가지런히 할 수 없다고 하니라.』

◉ 이 절은 가정의 안정과 화목은 개인의 인격을 고도로 수양해서 얻어지는 것임을 결론적으로 강조한 말이다. 유교의 인격적 가정경영론은 미풍양속이 가정으로부터 일어나는 문화의 저력이 되었고, 가족적 자녀교육론은 학교교육뿐만 아니라 사회교육에 대한 관심을 환기하여 교육사상을 크게 고취했다.

이 장에서 깊이 검증할 문제는 가정문화의 건전한 발전이다. 지나친 가족중심주의는 사회적으로 보수배타적인 심리를 잉태하게 만들고, 지나친 자유방임주의는 가족을 해체하여 핵가족 또는 독신생활풍조를 확산한다. 과연 가정을 파탄내고 가족을 해체하는 것이 인간다운 삶이라고 하겠는가? 결코 그렇지 않다. 보수배타적인 가족지상주의가 비정상적인 삶이라면 가정을 탈출하여 가족과 절연하는 것도 역시 비정상적인 삶이 아닐 수 없다.

그러므로 대인은 지나쳐서 비정상적인 가정이 되지 않도록 전통적 가치와 현실적 가치를 알맞게 조절하여 가정문화를 건전하게 발전시켜서 안으로 인격수양의 도장이 되게 하고, 밖으로 국가사회발전의 초석이 되게 한다.

10. 전(傳) 9장 집안을 가지런히 하여
나라를 잘 다스리는 길

2-9-1 ——————————— 所謂治國이 必先齊其家者는
其家를 不可敎오 而能敎人者가 無之하니
故로 君子는 不出家而成敎於國하나니
孝者는 所以事君也오 弟者는 所以事長也오
慈者는 所以使衆也니라.

『이른바 나라를 잘 다스림이 반드시 먼저 그 집안을 가지런히 함에 있다는 것은 그 집안을 가르칠 수 없으면서 남을 잘 가르치는 사람이 없나니 그러므로 군자는 집을 나가지 않고도 나라에 교화를 이루나니 효도는 나라의 최고지도자를 섬기는 원리요, 우애는 어른을 섬기는 원리이며, 자애는 대중을 부리는 원리니라.』

☯ 이 절은 국가경영의 구조가 가정경영의 구조와 대동소이함을 분해하여 가정윤리를 확대하면 곧 국가윤리가 되는 것을 논증했다.

기초단위의 가정교육도 못한다면 어떻게 광역단위의 사회교육을 할 수 있을 것이며, 가정윤리를 부정한다면 어떻게 국가윤리를 세울 것인가? 그러므로 군자는 집안을 가르친 다음에 남을 가르치고, 가정윤리를 밝혀서 국민윤리를 세우는 것이다.

집을 나가지 아니함은 초야에서 교육사업에 전념함이요, 나라에 교화를 이룬다는 것은 사람들이 그것을 본받아 널리 전파하여 나라

74

의 풍속으로 정착한다는 뜻이다.

집에서 부모에게 효도하는 윤리가 있듯이 나라에는 최고지도자를 섬기는 충성이 있는데 반드시 효심에 기초하여 충성심이 나오는 것이다. 그러므로 예로부터 효자의 집안에서 충신을 찾았으니 불효자에게는 충성심을 기대할 수 없기 때문이었다.

제(弟)는 형제간의 우애로서 공경하고 순종하는 미덕이다. 형제간에 공손화순하는 정신으로 사회에서 어른을 섬기는 것인즉 형제간에도 우애하지 못하면서 어떻게 사회에서 어른을 잘 섬기겠는가? 자(慈)는 처자를 자애롭게 보살피는 미덕이다. 자기의 처자도 자애롭고 따뜻하게 보살피지 못하면서 어떻게 서민대중을 사랑하는 마음으로 부릴 수 있겠는가?

나라를 걱정하는 마음이 집안을 걱정하는 마음같이 하고, 인민을 사랑하는 정신이 가족을 사랑하는 정신과 같아야 하는 것이므로 가정의 일에 충실한 사람이어야 나라의 일에도 충실할 수 있음을 설파했다.

2-9-2 ─────────────────────────────
康誥에 曰 如保赤子라 하니
心誠求之면 雖不中이나 不遠矣니
未有學養子而后에 嫁者也니라.

『서전 강고 편에 말하기를 '갓난아이를 돌보듯이 한다.'라고 하니 마음이 진실로 추구한다면 비록 적중하지는 못할지라도 멀리 벗어나지는 아니하나니 자식 기르는 법을 배운 다음에 시집을 가는 사람이 있지 않으니라.』

◐ 이 절은 국가의 정치경제와 교육문화를 진흥함에 있어서 획일적으로 강제하지 말고, 자율적으로 자연스럽게 추진해야 됨을 깨우쳤다.

적자(赤子)는 처음 태어나서 살결이 빨간 갓난아이로 보호의 대상이다. 국가는 활동체이고, 인민은 살아 있기 때문에 신중히 다루어야 된다. 국가를 보위하고 국민을 사랑하는 정책을 시행함에는 변화에 대처하는 정치력을 발휘해야 된다. 모든 정책이 정확하게 적중하기는 대단히 어려운 일이지만 갓난아이를 보호하는 자세로 정성과 노력을 다하면 지나침과 모자람이 없는 중도(中道)에 거의 접근하게 됨을 강조했다.

자녀를 낳아서 기르는 법을 배운 다음에 시집을 가는 사람이 있지 않다는 말은 처녀가 아들딸을 낳아서 기르는 방법을 실습할 수 없듯이 정치가는 정책을 시행함에 국가와 인민을 대상으로 연습할 수 없는 것을 뜻한다.

다만 정치지도자는 무한한 상황변화에 있는 힘을 다하여 적극적으로 널리 지혜를 모으고 정성을 기울여서 신중히 대처하여 결코 시행착오가 없도록 노력해야 됨을 비유법으로 설명했다.

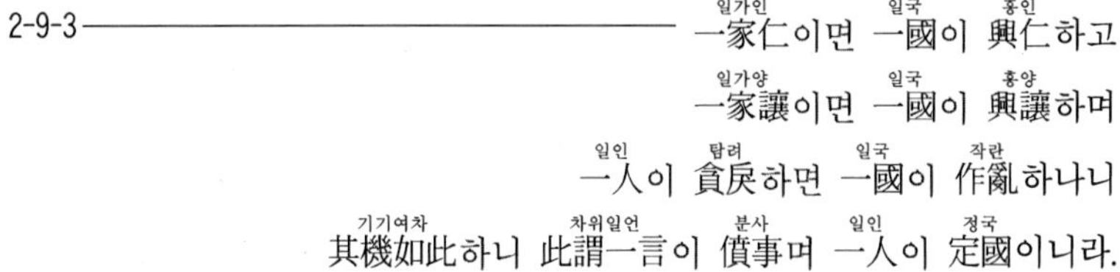

2-9-3 ──────────────────────── 一家仁이면 一國이 興仁하고
一家讓이면 一國이 興讓하며
一人이 貪戾하면 一國이 作亂하나니
其機如此하니 此謂一言이 僨事며 一人이 定國이니라.

『한 집안이 어질면 온 나라가 인애심을 일으키고, 한 집안이 양보하면 온 나라가 양보심을 일으키며, 한 사람이 탐하여 어기면 온 나라가 혼란이 일어나나니 그 기틀이 이와 같으니 이를 일러 한 마디 말이 일을 그르치며 한 사람이 나라를 안정시킨다고 하니라.』

◐ 이 절은 국가최고지도자의 기능과 역할이 정치사회적으로 막대한 영향을 끼친다는 사실을 강조했다. 이는 곧 정부의 지도력이 정치사업의 성공과 실패를 가르는 관건이 된다는 뜻이다. 왜냐하면 공민민주주의에 있어서 최고지도자와 그 집단의 도덕성은 정부를 신임하는 기본이기 때문이다.

일가(一家)는 국가최고지도자의 집안이며, 일인(一人)은 국가최고지도자이다. 사랑이 일어나고 양보가 일어남에는 한 집안의 모범에 기초하고, 혼란이 일어남에는 한 사람의 욕심에 기인한다고 말하는 것은 정치지도력을 확립하기는 어렵고, 상실하기는 매우 쉬움을 지적한 것이다. 그러므로 국가최고지도자는 한 마디 말의 잘못으로 인하여 권위를 실추해서 지도력을 상실하여 사업을 실패하는 것이며, 또한 지도자 자신의 위대한 영도력으로 나라를 위기에서 구하여 안정시키기도 하는 것이다.

유교정치에 있어서 나라의 최고 현인이 국가를 지도해야 된다는 덕치인정(德治仁政)의 체제는 국가최고지도자의 인격적 감화력을 대단히 중요시하는 까닭에 정치적 지도자의 역할뿐만 아니라 교육적 사표(師表)의 기능까지 요구한다. 그리하여 대신(大臣)의 임무는 국가최고지도자의 마음을 바로잡는 것이고, 간관(諫官)의 임무는 최고지도자의 언행을 직간하여 바로잡는 것이며, 초야의 선비는 최고지도자의 정치행정의 내용을 직접 상소하여 바로잡는 의리가 있는 것이다.

2-9-4 ──────────── ^{요순}堯舜이 ^{솔천하이인}帥天下以仁하신대 ^{이민}而民이 ^{종지}從之하고
^{걸주}桀紂가 ^{솔천하이포}帥天下以暴한대 ^{이민}而民이 ^{종지}從之하니
^{기소령}其所令이 ^{반기소호}反其所好면 ^{이민}而民이 ^{부종}不從하나니
^{시고}是故로 ^{군자}君子는 ^{유저기이후}有諸己而後에 ^{구저인}求諸人하며
^{무저기이후}無諸己而後에 ^{비저인}非諸人하나니 ^{소장호신}所藏乎身이 ^{불서}不恕요
^{이능유저인자}而能喩諸人者가 ^{미지유야}未之有也니라.

『요임금과 순임금이 천하를 사랑의 정치로 거느리신대 인민이 순종하고, 걸과 주는 천하를 포악한 형벌로 통솔한대 인민이 복종하니 그 명령하는 바가 그 좋아하는 바에 반대되면 인민이 따르지 아니하나니 이런 까닭으로 군자는 자기에게 있게 한 다음에 남에게 요구하며, 자기에게 없게 한 뒤에 남을 비난하나니 몸에 감춘 바가 용서를 않고 남을 잘 깨우쳐줄 사람이 있지 아니하니라.』

◉ 이 절은 정치의 지도력이 높고 낮음이 인격의 우열에서 기인함을 역사적 사실로 증명했다. 요임금과 순임금은 거룩한 성인이 되어 인간의 정치, 사랑의 행정을 베푼 까닭에 인민이 기쁘게 순종해서 지극히 완벽한 정치를 하여 천하를 평화롭게 대통일하는 대통의 실마리를 만들었다. 그러나 걸과 주는 타락한 독재자가 되어 비인간적인 형벌과 잔인한 폭력으로 통치한 까닭에 인민이 무서워서 복종하지 않을 수 없는 살벌한 세상을 만들었던 것이다.

정치에 있어서 인민의 주장과 요구가 관철되는 나라에서는 인민이 국가사회에 대한 의무와 책임을 자각하여 정치에 적극 참여하는 민주적 자치의 풍토가 조성되지만 인민의 주장과 요구가 전적으로

외면당하는 나라에서는 인민이 의욕을 상실하여 피동적으로 따르기만 하는 노예사회로 전락하는 것이다.

그러므로 국가를 고도로 발전시켜서 문명사회를 건설하기 위해서는 국민이 각각 충성심으로 일어나서 의무와 책임을 다해야 하는데, 이러한 기풍은 지도자의 탁월한 인품과 민의에 충실한 정책이 있어야만 조성되는 것이며, 만일 지도자가 타락하고 정책이 민의에 배치된다면 필연적으로 폭력이 난무하는 암흑사회가 된다는 것을 크게 경고했다.

기소령(其所令)은 지도자의 명령이고 반기소호(反其所好)는 민의에 배치됨이다. 유저기(有諸己)는 진실하고 착함이 나에게 있는 것이요, 무저기(無諸己)는 거짓이나 악함이 나에게 없는 것인데, 저(諸)는 모두 지어(之於)의 합의이다. 소장호신(所藏乎身)은 몸에 감춘 바이니 마음속의 생각이다. 호(乎)는 전치사이다. 서(恕)는 자기의 생각을 미루어 남의 생각을 이해하는 것이고 유(喩)는 깨우쳐 이해시키는 것이다. 이것은 자기 자신이 이해되지 않은 점을 남에게 이해시킬 수 없다는 말로 곧 정강정책을 세움에 있어서 국민적 합의를 얻음에 억지로 강요하지 말고 누구나 자연스럽게 이해할 수 있도록 투명해야 한다는 뜻이다.

2-9-5 ──────────────────────── 故로 治國이 在齊其家니라.

『그러므로 나라를 잘 다스림이 그 집안을 가지런히 함에 있다고 하니라.』

◉ 위에서 말한 정치지도력은 가정을 경영하는 데서 배양된다는 사실을 결론적으로 강조했다. 그러므로 제 몸 하나도 깨끗하게 간수하지 못하고 제 집안도 단속하지 못하는 인간은 절대로 정치지도자로 선택해서는 안 됨을 지적했으니 유교의 정치론이 얼마나 문명한 도덕에 기초하는가를 알 수 있을 것이다.

2-9-6 ──────────────── 詩에 云하되 桃之夭夭여 其葉蓁蓁이로다
之子于歸여 宜其家人이라 하니
宜其家人而后에 可以敎國人이니라.

『시경에 이르기를 '복숭아나무의 어린 가지여, 그 잎이 무성하도다. 저 아가씨 시집감이여, 그 집안사람을 의좋게 하도다.'라고 하였으니 그 집안사람을 의좋게 한 다음에 나라 사람을 가르칠 수 있는 것이다.』

◉ 이 시는 「시경」 주남(周南) 도요(桃夭) 편에서 인용하여 신부가 시집살이를 함에는 부덕(婦德)을 갖추어 집안사람을 의좋게 하듯이 나라에 지도자가 새로 취임함에도 반드시 지도자의 덕을 갖추어 국민을 대동 화합하도록 민심을 모아야 됨을 상징적으로 설명했다.

요요(夭夭)는 젊고 용모가 아름다운 모습이고, 진진(蓁蓁)은 복숭아의 잎이 빽빽하게 붙어 있는 모양이다. 지(之)는 대명사이고, 자(子)는 딸이며, 귀(歸)는 시집에 감이니, 우귀(于歸)는 신부가 처음으로 시집에 들어감이다. 여자가 시집을 가면 친정을 떠나서 시

집 일에 전념하듯이 정치지도자가 되면 가정을 떠나서 나랏일에 전념해야 됨을 의미함과 동시에 아내가 신바람이 나서 집안사람들을 의좋게 하도록 남편이 아내를 따뜻하게 사랑해야 하는 것처럼 정치지도자도 공무원들이 신바람이 나서 국민과 가까이 하도록 공무원을 진심으로 사랑해야 함을 암시했다.

2-9-7 ——————————————— 詩에 云하되 宜兄宜弟라 하니
宜兄宜弟而后에 可以敎國人이니라.

『시경에 이르기를 '형과 의좋고 아우와 의좋다'고 하니 형과 의좋고 아우와 의좋은 뒤에 나라 사람을 가르칠 수 있느니라.』

◉ 이 절은 「시경」 소아(小雅) 육소(蓼蕭) 편의 시구를 인용하여 집안을 가지런히 함에는 형제간에도 우애가 넘쳐야 함을 논증했다. 여기서의 형제는 친형제만을 말하는 것이 아니고, 초상 때에 복을 입는 유복친척(有服親戚)에 해당하는 종형제, 재종형제, 3종형제와 무복친척(無服親戚)인 4종형제 이상의 동족형제와 고종사촌, 외종사촌, 이종사촌, 처남과 매제 등 모든 형제항렬에 있는 인척들과도 서로 의좋게 지내는 것을 말한다.

유교의 이러한 친척구원의 논리는 조상을 받들고 후손을 번창하게 하는 효도의 윤리가 사랑을 실천하는 근본이기 때문에 친척은 서로 먼저 구제해야 되는 도리가 있는 까닭이다. 그러므로 유교는 즐거운 일이나 슬픈 일에 일가친척이 모두 모여서 협조하여 큰 일을 치르는 화목한 가풍을 존중한다.

2-9-8 ──────────────────────
詩에 云하되 其儀不忒이라 正是四國이라 하니
其爲父子兄弟가 足法而后에 民이 法之也니라.

『시경에 이르기를 '그 의식이 어긋나지 않은지라 이 사방의 나라를 바르게 한다.'라고 하니 그 부자와 형제가 빠짐없이 법받은 뒤에야 인민이 법받느니라.』

☯ 이 절은 「시경」 조풍(曹風) 시구(鳲鳩) 편의 시구를 인용하여 온 집안이 지도자를 중심으로 일사분란하게 법도를 잘 지키는 아름다운 가풍은 다만 한 나라의 풍속을 일으킬 뿐만 아니라 더욱 나아가 사방의 주변국에까지 문화를 보급전파해서 천하의 풍속을 일으키는 영향력을 논증했다.

의(儀)는 관혼상제(冠婚喪祭)의 가정의례와 정치, 외교, 군사 등의 국가의식을 모두 포괄하는 모범이요, 특(忒)은 어긋남이니 내용이나 형식 및 말씀이나 절차가 조금 어긋남이다. 나라의 지도자가 집안이나 나라에서 행사를 주관함에 정성을 드리고 의식을 갖추어 말씀이 분명하고 절도가 있어야만 그 부모와 형제가 일사분란하게 본받아 따를 것이며 그래야만 인민이 그것을 본받고, 또한 외국인도 본받아 가게 된다는 뜻이다.

2-9-9 ──────────────────────
此謂治國이 在齊其家니라.

『이것을 일러 나라를 잘 다스림이 그 집안을 가지런히 함에 있다고 하니라.』

　● 이 절은 전통가정윤리의 보수적 가치가 국가사회 안정의 기초가 된다는 사실을 증명했다. 이와 같이 유교윤리는 튼튼한 구심점과 안정감 속에서 단계적으로 향상발전해서 마침내 사회전체를 확대 통합하는 동화력(同化力)을 배양하기 때문에 국가의 최고지도자는 전통가정의 보수적 가치인 조상을 숭배하고, 부모에게 효도하며, 처자를 사랑하고, 형제간에 우애하면서 성년식, 결혼식, 장례식, 제사, 향음주례(鄕飮酒禮), 상견례(相見禮) 등의 정신문화를 지극히 존중하는 대안목을 가져야 한다. 따라서 지도자의 가치관의 전도는 사회혼란의 장본임을 명심해야 한다.

11. 전(傳) 10장 나라를 잘 다스려 천하를
평화롭게 하는 길

2-10-1 ——————————————————————— 所謂 平天下가 在治其國者는
上이 老老하면 而民이 興孝하며 上이 長長하면
而民이 興弟하며 上이 恤孤하면 而民이 不倍하나니
是以로 君子는 有絜矩之道也니라.

『이른바 천하를 평화롭게 함이 그 나라를 잘 다스림에 있다는 것은 윗사람이 노인을 노인으로 대접하면 인민이 효도를 일으키며 윗사람이 어른을 어른으로 대접하면 인민이 공손함을 일으키며, 윗사람이 고아를 불쌍하게 여기면 인민이 배신하지 아니하나니 이래서 군자는 헤아려서 법도에 맞는 도가 있느니라.』

◉ 이 절은 국가최고지도자의 정치적 영향력과 인격적 감화력이 지극히 큰 것임을 역설하고, 이러한 역할을 성공적으로 수행함에는 생각을 깊이 하여 스스로 진리를 깨닫는 혈구지도(絜矩之道)를 체득해야 됨을 강조했다.

상(上)은 정부조직상의 최고 위치에 있는 국가통치권자로서 국정 전반을 통할하는 중심이기 때문에 국민의 의식과 생활을 향도하는 결정적 역할을 한다. 따라서 최고지도자는 스스로 밝은 덕을 밝혀서 법도에 어긋남이 없어야만 인민을 새롭게 변화하여 떨치고 일어나게 하는 역동적인 힘을 확보하는 것이다.

앞의 노(老) 자는 동사이고, 뒤에 있는 노 자는 명사이며, 흥(興) 은 감동하여 일어남이며, 앞의 장(長) 자는 동사이고, 뒤의 장 자는 명사이며, 패(倍)는 어기어 배신함이다. 지도자가 경로사상을 실천 하면 인민이 그것을 보고 감동하여 효도하고 우애하는 정신을 일으 키며, 지도자가 고아를 불쌍히 여기어 빠짐없이 보호 양육하는 불 우아동 생활보장정책을 시행하면 민심이 안정되어 지도자를 배신하 지 아니한다. 이것은 모두 위에서 옳은 일을 하면 아래에서 본받음 이 매우 신속함을 구체적인 항목으로 논증한 것이다.

혈(絜)은 두루두루 깊이 생각하여 헤아리는 것이니 곧 생각을 성실 하게 하고 마음을 바르게 하여 순수하고 정밀한 기억력과 사유력과 판단력으로 이성을 찾음이다. 구(矩)는 ㄱ자[曲尺]로서 곧 법도에 맞 음이다. 사람의 마음속에는 고유한 성리가 갖추어 있으므로 스스로 깊이 생각하여 마음이 그 성리를 통하면 이치가 갖추어져서 법도에 어긋남이 없는 진실체가 확립되는 것이다. 이 마음의 진실체는 곧 진 리의 척도로서 사물의 표준이 되고, 사회의 준칙이 되는 것이다.

이 혈구지도란 지극히 높은 인격자의 독자적 판단준거틀은 결국 자기 내면의 성리에 근거함을 밝힌 것이다. 나라의 최고지도자의 통치권행사에는 자주독립성을 확보해야 하고, 그 자주독립성을 확 보하는 기초는 높은 인격으로 수양된 독자적 판단준거틀인 성리이 어야 함을 설파했다. 이것은 천하대통을 세워서 나라를 잘 다스리 고 천하를 평화롭게 하기 위해서는 먼저 사욕이 없는 천리를 간직 하여 인격적으로 천하정의의 주체가 되어야 함을 말한 것이다.

2-10-2———————————————— 所惡_{소오어상}於上으로 毌以使下_{무이사하}하며

所惡_{소오어하}於下로 毌以事上_{무이사상}하며 所惡_{소오어전}於前으로 毌以先後_{무이선후}하며

所惡_{소오어후}於後로 毌以從前_{무이종전}하며 所惡_{소오어우}於右로 毌以交於左_{무이교어좌}하며

所惡_{소오어좌}於左로 毌以交於右_{무이교어우}가 此之謂絜矩之道_{차지위혈구지도}니라.

『윗사람에게서 싫었던 바로 아랫사람을 부리지 말며, 아랫사람에게서 싫었던 바로 윗사람을 섬기지 말며, 앞사람에게서 싫었던 바로 뒷사람에게 먼저 하지 말며, 뒷사람에게서 싫었던 바로 앞사람에게 따르지 말며, 오른쪽 사람에게서 싫었던 바로 왼쪽 사람에게 사귀지 말며, 왼쪽 사람에게서 싫었던 바로 오른쪽 사람에게 사귀지 않음이 이것을 일러 헤아려서 법도에 맞는 도라고 하니라.』

◉ 이 절은 앞 절에서 말한 혈구지도의 확고부동한 주체적 역량과 공평무사한 사회적 기능을 구체적으로 해부했다. 상하, 전후, 좌우의 어떠한 영향도 받지 않고 태연자약한 자세를 견지하면서 이로움과 해로움, 얻음과 잃음, 옳음과 그름, 착함과 악함, 바름과 사특함, 공변됨과 사사로움을 스스로 분별하여 지혜롭고, 어질고, 용기있게 실천하는 탁월한 영도력을 자체개발하는 것이 상하, 전후, 좌우의 관계가 고르고 가지런하고 방정한 질서와 화합을 엮어내는 길임을 밝혔다.

상하, 전후, 좌우를 대칭적으로 거론한 것은 중심이 허약하면 외부의 작용과 충격에 즉각적으로 조건반사하기 때문이다. 생각이 없는 즉각적인 조건반사는 지도자로 하여금 즉흥적이고 표피적 명령을 남발하여 허다한 시행착오와 사회혼란을 야기하는 것이다.

혈구지도는 대통을 계승하여 천하를 평화롭게 건설하려는 문화중심국의 지도자가 갖추어야 할 필수적인 덕목으로 천하의 중심에 혼자 우뚝 서서 자유자재한 영도력으로 완전한 통치권을 행사하여 정치 사업을 완벽하게 성공함으로써 인류사회에 선지자가 되고 선각자가 되는 영도자의 도량 자체이다.

2-10-3─────── 詩에 云하되 樂只君子여 民之父母라 하니
民之所好를 好之하며 民之所惡를 惡之하나니
此之謂民之父母니라.

『시경에 이르기를 '즐거워라 군자여, 인민의 부모로다.'라고 하니 인민이 좋아하는 바를 좋아하고, 인민이 싫어하는 바를 싫어하니 이것을 일러 인민의 부모라고 하니라.』

◉ 이 절은 국가의 최고지도자가 인민의 공론(公論)을 수렴해서 인민을 위한 정치로 일관하는 민본정치, 민주정치, 민중정치, 공화정치에 의한 복지국가 건설론을 역설한 것이다.

시(詩)는 「시경」 소아 남산유대(南山有臺)의 편이요, 락(樂)은 즐거움이고 지(只)는 어조사이니, 락지(樂只)는 인민이 안락하므로 국가최고자를 기쁘게 찬미하는 말이다. 군자는 국가의 최고지도자로 국가의 독립적 주권과 정부의 자주적 통치권을 확립한 위대한 영도자이며, 백성의 부모는 마치 부모가 자식을 사랑하듯이 지도자가 인민을 사랑하고, 인민을 키우고, 인민을 보호하는 정성과 노력이 가없으므로 인민이 그 공덕에 감격하여 부모로 영접하고 사모하면서 충성의

도리를 다한다는 뜻이다.

이 절의 의미는 매우 심장하다. 아무리 위대한 영도력을 가진 통치권자라 하여도 결코 독선적, 독단적인 독재를 해서는 안 되고, 반드시 인민이 좋아하는 것을 좋아해야 되고, 인민이 싫어하는 것을 싫어해야 되는 민주주의에 철저할 것을 설파했다. 따라서 위정자는 반드시 민심을 살피고 민의를 파악해야 되며 중론(衆論)과 여론(與論)을 발전적으로 통일하여 공론(公論)을 도출해서 공론정치를 해야 되는 것이다.

이와 같이 민의에 의한 공론정치를 함에는 언론·집회·결사의 자유는 필수이다. 왜냐하면 언로(言路)의 자유 없이는 공론이 나올 수가 없기 때문이다. 국시(國是)를 제정하여 언론의 영역을 제한하고 여론을 조작하거나 유언비어를 색출하여 처벌하는 상황에서는 이미 관제공론은 있을지라도 민의에 의한 공론은 나올 수가 없는 것이니, 그러한 관제공론정치는 바로 독재정치이므로 유교인은 민심을 대변하여 반독재투쟁에 앞장서고 독재방지를 위하여 직언 직간을 서슴없이 해야만 된다.

2-10-4────────────── 詩에 云하되 節彼南山이여 維石巖巖이로다
　　　　　　　　　　　赫赫師尹이여 民具爾瞻이라 하니
　　　　　　　　　　　有國者는 不可以不愼이니 辟則爲天下僇矣니라.

『시경에 이르기를 '깎아지른 듯한 저 남산이여, 돌이 높게 겹쳐 위험하도다. 혁혁하게 빛나는 태사 윤씨여 인민이 모두 그대를 쳐

다보도다.'라고 하니 나라를 책임 맡은 사람은 삼가지 않을 수 없나니 편벽되면 천하가 찢어 죽이게 될 것이다.』

☯ 이 절은 앞에 두 절에서 밝힌 지도자의 탁월한 영도력과 인민을 위한 정책을 받들어 행정을 함에 행정최고책임자의 공평하고 균등한 국무처리와 관료의 기강확립이 절대 필요함을 엄중히 지적했다.

시는 「시경」 소아 절남산(節南山) 편이요, 절(節)은 깎아지른 듯함이며, 사(師)는 태사(大師)로서 3공(公)의 직급으로 천자를 보필하고 관료를 통솔하는 행정최고책임자이다. 윤(尹)은 성씨이며, 유(有)는 국가에 소속한 정부를 지칭하는 말이다. 따라서 유국자(有國者)는 국가의 행정을 총괄하는 최고책임자이다.

신(愼)은 국정을 스스로 책임지고, 나라의 걱정을 제일 먼저 걱정하여 있는 힘을 다해서 행정목표를 성공적으로 달성하도록 노력한다는 뜻이다. 벽(辟)은 행정이 공평무사하지 못하여 치우침이요, 천하가 찢어 죽이게 된다는 것은 위로 최고지도자를 보필하지 못한 책임과 아래로 관료를 통솔하지 못한 과실과 인민을 균등하게 보호하지 못한 죄악을 물어 천하인민이 의거나 혁명을 일으켜서 처형한다는 뜻이다.

유교의 왕도정치체제는 정치와 행정을 엄격히 분리하여 정치의 최고지도자는 황제, 군왕, 천자가 되었고, 행정의 최고책임자는 총재, 3공, 정승, 수상이 되었다. 정치의 최고지도자는 재임 중 혁명이나 반정(反正)이 일어나면 축출당하고, 행정의 최고책임자는 재직 중 시행착오를 하거나 편벽되어 원성이 일어나면 견책당하는 것이니 사건이 크면 처형당하는 것이다. 이 절은 행정최고책임자의 막중한 사명을 극단적으로 말한 것이다.

2-10-5 ——————————— 詩에 云하되 殷之未喪師엔 克配上帝러니
儀監于殷이어다 峻命不易라 하니
道得衆則得國하고 失衆則失國이니라.

『시경에 이르기를 '은나라가 민중을 잃지 않았을 때에는 하느님을 잘 대하더니 의전을 은나라에서 볼지어다. 큰 사명은 쉽지 않다.'고 하니 민중을 얻으면 나라를 얻고, 민중을 잃으면 나라를 잃는다는 말이다.』

◐ 이 절은 국가최고지도자와 행정고급관료의 임기제도에 관한 내용을 논증했다.

나라의 정치와 행정을 성공적으로 수행하면 민심을 얻었으므로 계속 집권할 수 있지만 만일 민심을 잃으면 그날로부터 즉각 사퇴해야 됨을 밝혔다. 왜냐하면 나라의 주인은 인민이고, 인민은 하늘이 냈기 때문에 인민을 위한 정치를 잘 하면 대통의 천명(天命)을 얻어서 최고지도자가 되고, 인민을 학대하면 민심을 잃어서 대통의 천명을 잃은 독재가 되므로 타도의 대상이 되는 까닭이다.

시는 「시경」 대아 문왕 편이며 사(師)는 대중이요, 상제(上帝)는 우주의 유일한 주재자 하느님이며, 의(儀)는 의전(儀典)이며, 은나라에서 본다는 것은 은나라가 일어날 때에는 탕임금이 하느님의 뜻에 따라서 인민을 위한 정치를 했는데 은나라가 망할 때에는 주가 하느님의 뜻을 거역하여 인민을 학대했던 역사적 사실을 거울로 삼으라는 경고이다. 준명(峻命)은 대명(大命)이니 곧 천명이며, 불이(不易)는 천명은 무상하여 유지하기가 쉽지 않다는 의미이고, 도

(道)는 말한다이며, 중(衆)은 민중이다.

이 절은 천명의 무상함과 민심의 무상함을 밝혀 대통을 계승한 국가권력도 또한 무상함을 말했으니 임기에 안주하거나 권력에 의지하는 것이 얼마나 위태로운 것인가를 증명했다.

2-10-6 ─────────────────────────── 是故로 君子는 先愼乎德이니
有德이면 此有人이요 有人이면 此有土요
有土면 此有財요 有財면 此有用이니라.

『이런 까닭으로 군자는 먼저 덕에 신중하니 덕이 있으면 이에 사람이 있고, 사람이 있으면 이에 땅이 있고, 땅이 있으면 이에 재물이 있고, 재물이 있으면 이에 씀이 있느니라.』

☯ 이 절은 군자가 정계에 진출해서 국가를 경영하는 과정을 단계적으로 밝혔다.

군자가 정계에 진출하는 바른 길은 먼저 밝은 덕을 밝혀서 공덕심을 가지고 공동선에 철저한 지도자의 자질을 기르는 것이며, 이러한 높은 덕망이 있으면 이에 인심을 얻어서 사람이 모여들고, 많은 인민의 지지가 있으면 이에 나라를 세우고 정부를 수립해서 넓은 국토가 있으며, 국토가 있으면 산업을 진흥하고 세금을 징수하여 이에 풍부한 재정이 있으며, 국가재정이 있으면 이에 국가경영을 위한 예산을 지혜롭게 사용함이 있는 것이다.

2-10-7─────────────────────── 德^덕者^자는 本^본也^야요 財^재者^자는 末^말也^야니라.

『덕이라는 것은 뿌리이고, 재물이라는 것은 끝이다.』

☯ 이 절은 국가경영의 정책을 수립함에 있어서 도덕적 가치와 물질적 가치가 밀접하게 상호 연관되어 있는 정치경제론을 해명하였다.

덕은 인간성을 계발하는 것이니 도덕정치, 도덕교육, 도덕사회, 도덕문화 등을 확립하는 정책이고 재(財)는 국가재정을 개발하는 것이니 경제부흥, 산업진흥, 과학기술개발, 교통통신발달, 주거환경개선, 관광자원개발 등의 소득증대 생활향상을 추구하는 정책이다.

국가사회의 안정은 질서와 화합을 존중하는 도덕정치에 기초하고, 인민생활의 향상은 진보와 발전을 존중하는 경제개발에 기반한다. 이러한 도덕정치와 경제개발은 상호 밀접하게 연관되어 있어서 마치 한 그루의 나무가 온전히 자라기 위해서는 튼튼한 뿌리가 있어야만 가지와 잎이 무성하듯이, 국가도 안정된 도덕정치의 기초를 통해 재정경제가 무한히 발전하여 안정 속에 번영을 누릴 수 있음을 설파했다.

2-10-8─────────────────── 外^외本^본內^내末^말이면 爭^쟁民^민施^시奪^탈이니라.

『뿌리를 밖으로 하고 끝을 안으로 하면 인민을 경쟁케 하여 탈취하는 교육을 시행하는 것이다.』

◐ 이 절은 도덕을 버리고 부국강병책만 쓴다면 인민에게 경쟁심을 촉발하고, 이권쟁탈방법만 가르치는 것이 될 것임을 경고했으니 앞 절과는 정반대되는 시책이다. 따라서 이와 같이 가치관이 전도되어 도덕질서가 무너지면 조화, 협력, 상부상조, 공존동영(共存同榮) 등의 이상적이고 낙관적인 공동체의식은 급속히 사라지고 황금만능의 풍조가 일어나서 사람이 물질의 노예로 전락하여 무한경쟁관계에 돌입해서 부익부 빈익빈(富益富 貧益貧)의 계급사회를 형성하고 끝내 약탈과 살육의 암흑 속에 자식이 부모를 시해하고 책임자가 지도자를 시해하여 불안하고 각박한 혼란사회로 변질된다.

결국 도덕적 테두리를 벗어난 무절제한 경제생활은 인간성을 파괴하고 사회를 부정부패하게 만들어 국가를 멸망하게 하는 까닭에 정치가 경제를 결정해야지 경제가 정치를 결정해서는 안 된다는 사실을 깨우쳤다.

2-10-9————————————————————————— 是故로 財聚則民散하고 財散則民聚니라.

『이런 까닭으로 재물을 모으면 민심이 흩어지고, 재물을 흩으면 민심이 모이느니라.』

◐ 이 절은 국가 독점산업의 폐해를 지적하고 국부(國富)를 추구하여 급진적인 경제발전책을 쓰면 사회의 갈등구조가 증폭될 수밖에 없다는 속성을 논증했다.

국부(國富)를 추구하여 경제적 불평등이 심화하면 배타적인 독점

의식이 만연하고, 민부(民富)를 추구하여 경제적 평등으로 사회 안
정을 기하면 상부상조하는 공동체의식이 일어난다.

2-10-10 ──────────────── 是故_{시고}로 言悖而出者_{언패이출자}는 亦悖而入_{역패이입}하고
貨悖而入者_{화패이입자}는 亦悖而出_{역패이출}이니라.

『이런 까닭으로 말이 거스르게 나간 것은 또한 거스르게 들어오
고, 재물이 거스르게 들어온 것은 또한 거스르게 나가느니라.』

◉ 이 절은 정치도의와 경제정의의 중요성을 재강조한 것이다.
언(言)은 정치적 발언이요, 패(悖)는 도리에 어긋나서 거스르는
것이니 정책이나 명령이 합리성을 잃은 것이다. 따라서 합리성을
잃은 부도덕한 정치는 반드시 국민의 반발을 일으켜서 참담한 결과
를 가져오고, 불평등한 경제정책으로 재화를 한 편에 집중시키면
필연적으로 민중봉기에 의하여 재편성되는 것이 역사적 경험칙임을
설파했다.

2-10-11 ──────────────── 康誥_{강고}에 曰_왈 惟命_{유명}은 不于常_{불우상}이라 하니
道善則得之_{도선즉득지}하고 不善則失之矣_{불선즉실지의}니라.

『서전 강고 편에 말하기를 '오직 큰 명은 항상되지 않다.'라고 하니

착한 정치를 하면 얻고, 착하지 못한 정치를 하면 잃는다는 말이니라.』

◐ 이 절은 왕권이 무상함을 밝혀 왕권신수설(王權神授說)을 부정하고, 인민의 선택에 의하여 교체되는 것임을 설파했다. 명(命)은 국가의 최고통치권을 얻는 것인즉 천명(天命)이요 대명(大命)이며, 불우상(不于常)은 일정한 임기가 없다는 뜻이니 우(于)는 한다는 위(爲)의 뜻이다. 도(道)는 말한다는 동사이고, 선(善)은 선정(善政)이며, 득(得)은 취득함이요, 지(之)는 앞에 명(命)을 지칭하는 대명사 목적격이다.

대통의 천명은 본래 임기가 정해진 것이 아니고 오로지 지극히 착한 정치를 해서 인민이 지지하면 그 임기가 연장되지만 만일 착하지 못하여 정치가 타락하면 즉각 천명의 대통을 상실하여 축출의 대상이 되는 것임을 밝혔다.

2-10-12 

『초나라 글에 말하기를 '초나라는 보배로 삼을 것이 없고 오직 착한 사람을 보배로 여긴다.'고 하니라.』

◐ 이 절은 착한 정치는 착한 사람을 등용하는 것이 요체임을 예시했다.

초서(楚書)는 「국어」(國語) 초어(楚語)요, 선(善)은 착한 사람이니 곧 어진 신하를 뜻한다. 국가정치의 성공과 실패는 인사정책이 그 열쇠가 된다. 공명정대한 인사정책으로 어질고 유능한 인재를 발탁해서 등용하면 착한 정치를 할 것이고, 어리석고 사특한 무리들이 정계를 장악하면 착하지 못한 정치를 할 것이다.

그러므로 국가의 최고지도자는 금이나 옥을 보배로 생각해서는 안 되고, 반드시 정치발전에 이바지할 수 있는 탁월한 인격자를 보배로 생각하여 국가요직에 중용해야 됨을 역사적 실례로 증언했다.

2-10-13 ──────────────── 舅犯이 曰 亡人은 無以爲寶요
仁親을 以爲寶라 하니라.

『진나라 구범이 말하기를 '망명한 사람은 보배로 삼을 것이 없고 어버이를 사랑함을 보배로 생각한다.'라고 하니라.』

◑ 이 절은 왕위를 계승할 사람은 정권쟁탈에만 연연하지 말고, 인간의 도리를 지키며 정치사업 성공을 적극 연구할 것을 권고하였다.

구범(舅犯)은 춘추시대에 진(晋)나라 문공(文公)의 장인 호언(狐偃)인데 자(字)가 자범(子犯)이다. 망인(亡人)은 망명객으로 문공이 공자(公子)로 있을 때에 참소를 받아 외국으로 망명한 시기이다. 이 사실은 예기 단궁(檀弓) 편에 나오는데 진(晋)나라 헌공(獻公)의 초상에 진(秦)나라 목공(穆公)이 중이(重耳: 文公)에게 정권쟁탈의 기회임을 암시하고 협조를 제의했지만 구범은 이를 단호히 거부하면서 중이에게 아버지의 초상에 자식의 도리를 지키도록 권

고하였던 것이다. 이와 같이 왕위를 보배로 여기지 않고 초연히 효심을 보배로 여긴 까닭에 나중에 19년의 망명생활을 끝내고 국민이 임금으로 영입하여 춘추시대 5패(五霸)의 하나가 되었다.

2-10-14 秦誓에 曰 若有一个臣이 斷斷兮오
無他技나 其心이 休休焉인댄 其如有容焉이라
人之有技를 若己有之하며 人之彦聖을 其心好之하며
不啻若自其口出이면 寔能容之라 以能保我子孫黎民이니
尙亦有利哉인저 人之有技를 媢疾以惡之하며
人之彦聖을 而違之하여 俾不通이면 寔不能容이라
以不能保我子孫黎民이니 亦曰 殆哉인저.

『서전 진서에 말하기를 '만일 한 사람의 신하가 있어 오로지 한결같고 별다른 재주는 없으나 그 마음이 너그러우면 그 포용력이 있는 듯한지라. 남의 재주 있는 것을 마치 자기가 가진 듯이 아끼고, 남의 뛰어나고 명철한 말을 그 마음속으로 좋아할 뿐만 아니라 그 입으로부터 나오는 것처럼 여기면 참으로 사람을 잘 포용하여 우리 자손과 인민을 잘 보호하리니 거의 또한 이로움도 있을진저! 남의 재주 있는 것을 시기하고 질투하여 미워하며, 남의 뛰어나고 명철한 말을 어기어 하여금 통하지 못하게 하면 진실로 포용할 수 없어서 우리 자손과 인민을 보호할 수 없을 것이니 또한 위태롭다고 하리라.'』

◉ 이 절은 공화정체(共和政體)에 있어서 행정책임자의 대동화합

역량의 중요성을 갈파했다. 대신은 행정을 주관함에 널리 공론을 살피고 지혜를 모아서 조직적이고 능률적으로 사업을 추진해야 된다. 그러므로 행정의 민주화는 필수요, 행정체계의 신속 정확한 기능화가 필요하다.

포용력이 있는 고위급관료는 공화정체의 정상적인 기능을 원활하게 살리고 천하의 모든 착함과 아름다움을 모아서 국가목표를 신속히 달성하는 유익함이 있지만 포용력이 없는 고위급관료는 유능한 사람을 시기하고 질투하여 배척하면서 언로(言路)를 막아 의사소통을 방해하여 행정의 기능을 마비시키는 까닭에 국가를 위태롭게 만들 수 있는 것이다.

공화정체에 있어서 행정의 마비는 곧 국가위기를 초래하므로 대신의 국가공무원 대동화합역량은 국가흥망의 관건임을 명심해야 된다. 이 절은 「서전」의 제일 끝 절을 인용한 것이니 의미심장하다. 진서(奏書)는 「서전」 주서(周書)에 있는 글로 진나라 문후(文侯)가 진(秦)나라에서 제후의 연합군에게 맹세한 내용이다. 단단(斷斷)은 오로지 한결같아 변절하지 않음이요, 기(技)는 특출한 기능이며, 휴휴(休休)는 마음이 너그럽고 풍족한 모양이다. 이것은 대신이란 기능인이 아니라 총체적 관리인임을 지적한 것이다. 언성(彦聖)은 뛰어나고 명철한 인물의 건의와 비판이며, 불시(不啻)는 뿐만 아니라는 구문이며, 식(寔)은 참으로의 부사이고, 상(尚)은 거의의 뜻이다. 모질(媢疾)은 시기하여 싫어함이요, 오(惡)는 증오하고 배척함이다. 위(違)는 반대하여 폐기함이요, 불통(不通)은 위에 보고하지 않음과 아래로 전달하지 않음이다. 태(殆)는 국론이 분열하고 행정이 마비되어 국가가 위태로움이다.

2-10-15 ──────────────────── 唯仁人이어야 放流之하야 迸諸四夷하야
不與同中國하나니 此謂唯仁人이어야
爲能愛人하며 能惡人이니라.

『오직 어진 사람이어야 귀양 보내서 사방 오랑캐 지역으로 추방하여 중심국가에서 함께 살지 못하게 하나니, 이것을 일러 오직 어진 사람이어야 사람을 잘 사랑하며 사람을 미워할 수 있다고 하나니라.』

◑ 이 절은 사정기관의 엄정한 형벌집행을 말했다.

인인(仁人)은 양심과 국법에 철저한 지도자 및 재판관이고, 방류(放流)는 부정부패한 고위관료를 징계 해임하여 귀양 보내는 것이며, 사이(四夷)는 변방지대요, 중국(中國)은 정치, 경제, 사회, 문화의 중심지대이다.

국가기강을 확립하기 위하여 관기를 숙정하고 탐관오리를 처벌함에 공정성과 형평성은 절대적 가치이다. 만일 충신과 역적을 분간하지 못하거나 간사한 아첨배를 가까이하고 정직한 사람을 멀리한다면 이미 사물을 규정하는 판단력을 상실한 것인즉 어떻게 밝고 깨끗한 공직사회의 풍토를 조성하겠는가!

그러므로 부정부패한 관료를 징계함에는 지극히 공변되게 처리하여 사사로운 감정이 조금도 개입하지 않도록 해서 형벌의 준엄성을 세워야 한다.

2-10-16 ──────────────────
見賢而不能擧하며 擧而不能先이 命也요
見不善而不能退하며 退而不能遠이 過也니라.

『어진 이를 보고도 잘 등용하지 않고, 등용하되 먼저 할 수 없는 것이 태만이요, 착하지 못한 사람을 보고도 잘 물리치지 못하며 물리치되 멀리할 수 없음이 허물이니라.』

☯ 이 절은 어진 정치인을 선거하고 무능한 정치인을 도태시키는 정치정화기능의 중요성을 역설했다.

현(賢)은 초야에 있는 학덕(學德)과 지행(知行)이 탁월하여 민의를 대변해서 국가를 경영할 실력을 갖춘 인물이며, 거(擧)는 선거하여 발탁함이요, 선(先)은 선두의 수장으로 함이고, 명(命)은 주자집주에서 정현은 만(慢)으로 보았고 정자는 태(怠)로 보았으니 어느 것이 옳은지 모르지만 뜻은 같다고 하여 태만임을 인정했다. 불선(不善)은 무능한 정치인이나 행정가이고, 퇴(退)는 소환하여 사퇴시킴이다. 원(遠)은 정계에서 멀리 추방함이며, 과(過)는 과실이다.

유교정치는 현인정치를 이상으로 한다. 왜냐하면 정치는 국민의 모든 삶의 질과 양을 결정하기 때문에 정치수준의 향상이 없이는 문명국가를 건설할 수 없기 때문이다. 따라서 모든 사람은 어진 이를 추천하여 선거할 권한이 있으므로 어진 이가 초야에 엎드려 있게 해서는 안 되며, 또한 무능한 정치인이나 부정부패한 관료는 즉각 탄핵하여 퇴직을 요구할 수 있으므로 무능하고 타락한 정치인이 나라에 있어서는 안 된다.

국민의 정치인 추천권과 선거권 그리고 소환권과 탄핵권을 존중해서 국가의 정치기관은 민의에 따라 신속하게 처리해야 하는 책임이 있으므로 절대로 그 직무를 태만히 하거나 직무를 유기해서는 안 된다.

2-10-17 ──────────────────────────────

好人之所惡하며 惡人之所好를
是謂拂人之性이라 菑必逮夫身이니라.

『인민이 싫어하는 바를 좋아하며 인민이 좋아하는 바를 싫어하는 것을 이에 사람의 본성을 거스르는 짓이라고 하나니 재앙이 반드시 그 몸에 미칠 것이니라.』

● 이 절은 모든 국가공무원의 복무 자세를 총체적으로 요약하여 민의를 철저히 받들도록 경고했다. 인민은 나라의 근본이고 근본이 튼튼해야 나라가 번영하는 까닭에 민의에 의한 정치, 인민을 위한 행정, 인간의 양심에 의한 재판이 민주주의의 기본원칙이다.

그러므로 모든 국가공무원의 복무 자세는 인민이 좋아하는 것을 좋아하고 인민이 싫어하는 것을 싫어하는 공복(公僕)으로 봉사해야지 만일 민중의 감정을 거스르고 폭력으로 제압하면서 군림하면 이것은 인간의 이성을 잃은 독단에 빠진 행위로서 필연적으로 민중봉기가 일어나서 제거하는 것이니 이것이 바로 역사의 심판이다.

인민은 반듯한 인격, 행복한 가정, 문명한 국가, 평화로운 세계를 좋아하고, 인격을 모독하거나, 가정을 어렵게 하거나, 나라를 위태롭게 하거나, 세계를 분열하는 것을 싫어한다. 불(拂)은 거스르는

것이니 인간성을 거스르는 짓은 비인도적이고, 반인륜적이며, 부도
덕한 포악성이며, 재(菑)는 재앙으로 하늘이 노하여 벌을 내리고
인민이 분노하여 보복함이다.

2-10-18 ─────────────────────────────── 是故로 君子有大道하니
必忠信以得之하고 驕泰以失之니라.

『이런 까닭으로 군자는 큰 도가 있으니 반드시 충직과 믿음으로
얻고 교만과 사치로써 잃으니라.』

◉ 이 절은 고위관료가 국가와 국민을 위하여 봉사하는 대원칙을
밝혔다. 군자는 고위공직자이며 대도는 공직자가 가야 할 공명정대
한 길이다. 주자는 말하기를 자기 자신의 능력을 개발해서 스스로
다하는 것이 충(忠)이요, 사물의 이치를 따라서 어김이 없는 것이
신(信)이라고 하였으니 스스로 성실한 정직성과 만사에 명확한 합리
성을 갖추어야만 업무처리의 정도를 얻는다는 뜻이다. 그러나 만일
교만하고 사치하여 경거망동하거나 국고를 낭비한다면 이것은 공직
자가 가야 할 정도를 잃은 것이니 반드시 문책을 당하는 것이다.
   이 장에서 세 번에 걸쳐 얻고 잃음을 말했는데, 대중을 얻으면
나라를 얻고 민중을 잃으면 나라를 잃는다는 것은 민주주의가 국체
의 이념임을 밝힌 내용이고, 착하면 얻고 착하지 못하면 잃는다는
것은 공화정치가 정체의 이상임을 논한 것이며, 충성과 믿음으로
얻고 교만과 사치로 잃는다는 것은 합리적이고 실용적인 정책개발

이 국가건설의 최선임을 말한 것이다. 이로써 나라를 세우고 정부를 조직해서 정치 사업을 추진하는 기본체계가 확연히 밝혀졌으니 이것이 바로 대통을 계승하여 화평세계를 건설하는 도덕국가의 체제이며 인정(仁政)의 기본원칙이다.

2-10-19 ─────────────────── 生財가 有大道하니 生之者가 衆하고
食之者가 寡하며 爲之者가 疾하고
用之者가 舒하면 則財恒足矣니라.

『재물을 생산함에는 큰 도가 있으니 생산자가 많고 먹는 사람은 적으며, 만든 사람은 빨리 하고, 쓰는 사람은 천천히 하면 재물이 항상 풍족하리라.』

☯ 이 절에서부터 끝 절까지는 국가 경제운용의 큰 방향을 거론하여 나라를 잘 다스리고 천하를 평화롭게 건설함에 경제개발의 중요성을 설파했다.

풍족한 재정이 있어야만 민생문제를 해결하여 사회를 안정시킬 수 있는 까닭에 천하국가를 경영하는 사람은 반드시 먼저 넉넉한 경제정책을 세우고 농업, 공업, 상업을 고도로 발달시켜서 생산을 증대해야 된다.

생재(生財)는 재물을 생산하는 산업정책이요, 대도(大道)는 자율, 협동, 공동번영의 길이며, 생지자(生之者)는 생산 활동에 종사하는 직업인으로 곧 농민, 어민, 공업인, 광부, 노동자, 상인, 무역상, 선원

들이고, 식지자(食之者)는 생산 활동에 직접 참여하지 않으면서 소비만 하는 계층으로 관료, 군인, 학자, 교육자, 종교교직자, 실업자, 노인들이다. 생산자는 가급적 늘이고, 소비자는 가급적 줄이는 것이 재투자할 수 있는 생산재를 축적하는 길이다.

위지자(爲之者)는 재물을 생산하는 작업공정이니 크게는 국가의 산업개발정책을 추진하는 실무진이요, 작게는 가정이나 공장 또는 사업장에서 일하는 사람이며, 질(疾)은 첨단적인 과학기술을 이용하여 신속정확하고 능률적으로 생산성을 높인다는 뜻이다. 용지자(用之者)는 생산으로 얻은 소득을 사용하는 사람이니 크게는 국가예산의 회계지출자요, 작게는 가계지출자, 단체나 회사의 운영비 지출자이며, 서(舒)는 예산에 의거하여 수입과 지출을 균형 있게 운용하는 신축성이 있는 것이다.

이것은 모두 가정과 국가 그리고 세계를 경제적으로 부흥시키기 위한 산업정책의 기본원칙으로 경제정의를 실현하고 복지낙원을 건설하는 길이다.

2-10-20 ────────────────── 仁者는 以財發身하고
不仁者는 以身發財니라.

『어진 사람은 재물로써 몸을 일으키고, 어질지 못한 사람은 몸으로써 재물을 일으키느니라.』

◐ 이 절은 인간본위의 가치관과 물질본위의 가치관의 두 가지

속성을 대비하여 논했다.

인자(仁者)는 인간성을 간직한 공동체의식이 있는 사람이므로 인간의 도덕적 가치를 소중히 여길 뿐만 아니라 모든 재물은 천부적으로 만인 공유의 본의를 알아서 사회에 환원하는 까닭에 마침내 공덕을 베풀어 입신출세하고, 불인자(不仁者)는 인간성을 망각하고 오로지 사리사욕을 채우는 일에 열중하여 이익을 독점하고 끝없이 갈등, 경쟁, 대립, 투쟁하기 때문에 결국 자기 자신의 희생 위에 재물을 모으는 것이다.

재물은 인간을 위하여 가치 있게 쓰여야지 인간이 물질의 노예로 전락해서는 안 된다. 그러므로 생산현장에서의 노동환경개선은 필수요 생산직 근로자의 복지향상은 당연하다. 따라서 인간을 생산의 도구나 수탈의 대상으로 삼은 지도자나 경영자 및 책임자는 끝내 자신도 멸망하게 된다는 사실을 각오해야 할 것이다.

2-10-21

未有上好仁하여 而下不好義者也니 未有好義요
其事不終者也며 未有府庫財가 非其財者也니라.

『위에서 사랑을 좋아하면 아래에서 정의를 좋아하지 않은 사람이 있지 아니하고, 정의를 좋아하고서 그 일을 완수하지 않은 사람이 있지 아니하며, 창고의 재산이 그 재산이 아닌 것이 있지 아니하니라.』

☯ 이 절은 지도자와 책임자 그리고 사용자와 노동자의 윤리적 관계를 서술했다.

사업경영에 있어서 업무의 기능과 역할에 따라 위와 아래의 위계질서가 있는바 위에 있는 사람은 아래에 있는 사람을 사랑하여 보호하는 것이 윤리이며, 아래에 있는 사람은 위에 있는 사람을 정의롭게 받드는 것이 윤리이다. 이러한 사랑과 정의로 맺어진 인륜관계는 예절과 지성과 믿음을 기초로 하기 때문에 인정이 넘치고 즐거움이 가득한 협동정신을 발휘한다. 그리하여 각각 맡은 바의 책임을 완수할 뿐만 아니라 청렴 정직한 기풍까지 일어나는 것이다.

그러나 윗사람이 계약적 조건만 내세우면서 아랫사람을 인간적으로 사랑하지 아니한다면 아랫사람도 또한 계약적 조건만 이행하고 더 이상의 의무감을 느끼지 않을 뿐만 아니라 횡령이나 약탈까지도 자행하게 되는 것이다.

이것은 항구적으로 분쟁이 없는 노사관계를 정립하고 부정부패가 없는 국가사회를 건설하는 길은 자율적 윤리적 관계를 확립하는 것이지 절대로 타율적 계약관계에만 의존해서는 안 되는 것임을 역설했다.

2-10-22 ——————— 孟獻者가 曰 畜馬乘은 不察於鷄豚하고
伐冰之家는 不畜牛羊하고 百乘之家는
不畜聚斂之臣하나니 與其有聚斂之臣으론
寧有盜臣이라 하니 此謂國은 不以利爲利요
以義爲利也니라.

『맹헌자가 말하기를 '말을 길러 타는 관료는 닭이나 돼지에 대하여 밝히지 않고, 얼음을 쓰는 고급관료의 집은 소와 양을 기르지

않으며, 전차 백 승을 둔 대신의 집은 거두어들이는 신하를 기르지 아니하나니 그 거두어들이는 신하를 두는 것보다는 차라리 도적질하는 신하를 두는 것이 낫다'고 하나니 이것을 일러 나라는 이익으로 이익을 삼지 않고 정의로 이익을 삼는다고 하니라.』

　◑ 이 절은 정치활동과 경제활동을 엄격하게 분리하여 청렴한 공직자상을 세우는 내용이다. 선비의 깨끗한 생활은 부정부패를 청산하여 나라를 부강하게 발전시키는 원동력이므로 하급공무원으로 하여금 부업을 금지토록 하여 이권을 독점하지 못하게 하고, 고급관료로 하여금 사업을 경영하지 못하게 하여 정경유착을 방지하며, 대신으로 하여금 인민의 재산을 함부로 거두어들이지 못하게 하여 민폐를 근절해야 된다.

　맹헌자는 노(魯)나라의 대부(大夫) 중손멸(仲孫蔑)이고, 휵마승(畜馬乘)은 관용차를 타고 다니는 초급관료이며, 벌빙지가(伐冰之家)는 여름에 얼음을 지급받는 고급관료이다. 백승지가(百乘之家)는 전차 100대를 소유한 집으로 중앙이나 지방의 행정장관이다. '여기(與其)~녕(寧)~'은 '그 ……보다는 차라리 ……이 낫다'는 구문이다.

　이익으로 이익을 삼는 것은 물질적인 이득으로 이익을 삼는 경제제일주의이며, 정의로 이익을 삼는 것은 이념적인 정의사회 실현으로 이익을 삼는 정치제일주의이다. 깨끗한 정치는 경제발전의 초석이지만 돈벌이에만 혈안이 된 경제는 정치발전을 저해하는 까닭에 국가는 경제발전만을 이익으로 생각하지 않고 반드시 정치사회의 발전으로 이익을 삼아야 한다.

2-10-23 ──────────────── 長國家而務財用者는 必自小人矣니
彼爲善之나 小人之使爲國家면 菑害가 並至라
雖有善者나 亦無如之何矣니 此謂國은 不以利爲利요
以義爲利也니라.

『국가를 경영하면서 재정의 사용에만 힘쓰는 것은 반드시 소인으로부터 시작하나니 그가 재정계획을 잘 세웠다고 해도 소인으로 하여금 국가를 다스리게 하면 재앙과 해악이 아울러 이르는지라. 비록 착한 사람이 있다고 하여도 또한 그것을 어떻게 막을 수 없는 것이니 이것을 일러 나라는 이익으로 이익을 삼지 않고 정의로 이익을 삼는다고 하니라.』

◉ 이 절은 무절제한 국고의 낭비를 경고했다. 소인배는 고위직에 오르면 영웅심에 들뜨고 야망에 불타서 반드시 대대적인 토목공사나 기념비적인 사업을 추진하면서 국고를 고갈하고 민생을 도탄에 빠지게 한다. 그가 전개한 거대한 사업이 비록 역사를 발전시키고 실용적 가치가 있다고 하여도 무리한 과잉의욕으로 조급하게 독려하여 인명을 희생하고 재물을 무한히 쏟아 붓는 것은 결국 나라를 병들게 하며 국민을 신음하게 하는 중대한 문제가 발생하여 결국 수습할 수 없는 곤경으로 떨어져 버리는 것이다.

장(長)은 헤아려서 경영함이요, 재용(財用)은 재정적 지출이며 소인(小人)은 공명심이 강하고 야망이 큰 관료이다. 선자(善者)는 나라를 걱정하고 인민을 사랑하여 난국을 수습하는 데 진력하는 사람이다. 국력은 한 번 꺾이면 다시 회생하기 힘들고, 민심은 한 번

흩어지면 다시 모으기 어려우니 국가는 개인이기주의를 통제하고 공동이익을 우선적으로 추구해야 된다.

이 절을 대학의 마지막 절로 기술한 의미는 매우 심장하다. 왜냐하면 나라를 잘 다스리고 천하를 평화롭게 하기 위하여 정치문화를 쇄신하고 경제건설을 이룩했다고 하여도 그 열매를 인민전체에게 고루 분배하지 않고, 뜻밖에 소인배가 출현하여 최고지도자에게 아첨하면서 공로를 독점하기 위한 대대적 사업을 전개하여 국가의 기틀을 허물고 인민을 학대한다면 지금까지의 희망이 도리어 좌절로 전락하는 까닭이다.

그러므로 대학의 3강령에서 밝은 덕을 밝히고 인민을 새롭게 하여 지극히 착한 곳에서 멈추어 옮기지 말라고 말하고, 멈출 줄을 알아야 고정하고 고요하고 편안해서 생각함에 최선의 경지를 얻는다고 했으니 대동태평시대를 창조하는 천하대통의 문은 최상의 경지에서 망령된 욕망을 그침으로써 활짝 열린다.

새 시대를 위한 중용(中庸)

역주자의 말

　『중용』은 성인(聖人)의 도통(道統)을 계승하여 화합세계를 건설하는 도덕학의 이념서이다. 성인의 도통사상은 요(堯)로부터 비롯한다. 『논어(論語)』의 요왈(堯曰) 편에 보면 요임금이 순(舜)에게 왕위를 선양(禪讓)하면서 말하기를 "진실로 그 중(中)을 잡으라"고 경계하였는데 『상서(尙書)』 대우모(大禹謨)에 보면 순임금도 우(禹)에게 왕위를 선양하면서 경계하기를 "인심(人心)은 오직 위태하고 도심(道心)은 오직 은미하니 오직 정밀하고 오직 한결같아야만 진실로 그 중(中)을 잡으리라"고 하였다.

　살펴건대 요임금의 중은 큰 덕[峻德]이니 인간의 주체적 포용력이고, 순임금의 중은 도심(道心)이니 인간의 합리적 지도력이다. 그러므로 중(中)은 널리 포용하는 인간친화력과 천하도덕의 중심체를 세운 주체적 통합지도력으로써 모든 사회적 대립과 갈등과 모순을 합리적으로 자연스럽게 해소하고 전체의 화합통일을 이룩하여 중화(中和)의 세계를 건설하는 최고의 도덕률이다.

　배타심이나 사사로운 감정은 대립과 갈등과 모순을 해결하기보다는 오히려 증폭시키는 위험성이 있기 때문에 마음을 정밀하게 살펴서 사심(私心)을 버리고 공덕심(公德心)의 밝은 지각(知覺)을 한결같이 간직하여야만 이에 인간친화력과 사회통합능력이 갖추어지는 것이다. 이것이 바로 성인의 심법(心法)이다.

112

우(禹)임금은 요·순의 중도(中道)를 탕탕평평(蕩蕩平平)한 정치발전의 중심체로 정립하여 『상서(尙書)』 홍범(洪範)에서 황극(皇極)의 대원리로 규정하였고, 『맹자(孟子)』에서는 탕(湯)임금은 중(中)을 잡아서 어진 이를 등용함에 지역이나 인종에 차별이 없었다고 하였으며, 문왕(文王)은 모든 인민을 사랑하여 상처를 보살피듯이 하였다고 하였으며, 무왕(武王)은 가까운 것을 소홀히 않고 먼 것을 잊지 않았다고 하였으며, 주공(周公)은 세 왕을 아울러서 네 가지 일을 베풀 것을 생각하여 밤낮으로 계속해서 생각하였다고 변증하였다.

이와 같이 중(中)은 2제(帝) 3왕(王)의 마음을 담아 전해주는 도통(道統)의 심법(心法)이니 대통(大統)을 세우고 계승하는 인격적 규범이다. 요임금의 큰 덕, 순임금의 도심(道心), 우임금의 탕탕평평(蕩蕩平平)한 마음, 탕임금의 공평심(公平心), 문왕의 자애심(慈愛心), 무왕의 밝은 마음, 주공의 책임정신이 모두 하나의 마음이고 똑같은 중도(中道)로써 천하를 대통일한 중심적 실체였던 것이다.

공자는 이러한 중(中)의 개념을 모두 파악하고 그 실체가 인(仁)이라고 규정했다. 인은 인간의 공덕심(公德心)이고 공동선(共同善)이며 지각(知覺)이 있는 친애심(親愛心)으로 소아(小我)를 버리고 대아(大我)로 돌아가야만 나타나는 인간성이다. 그러므로 공자는 하루라도 극기하여 예(禮)를 회복하면 천하가 인으로 돌아간다고 하여 인은 천하를 화합통일하는 근본원리임을 설파하였다.

공자는 천하통일의 원리인 인(仁)사상으로 「춘추(春秋)」를 엮었다. 사람이 타고난 본성은 인(仁)하여 화합통일을 주도하고 불인(不仁)은 비인간적인 잔혹으로 혼란과 분열을 증폭시킨다. 그리하여 공자는 인으로 불인을 규탄하고 성토하면서 춘추시대의 혼란한 역사를 심판하여 도덕의 힘을 과시했다. 이로써 중(中)의 도통이 공자에게 계승되었으니 비록 대통(大統)과 분리된 도통이었지만 그러나 이로부터 도통은 유교인의 수양덕목으로 떠올랐다.

공자의 손자이며 증자(曾子)의 제자인 자사(子思)가 요임금으로부터 공자에 이르기까지의 중용(中庸) 사상을 체계적으로 정리하여 『중용』을 지었다. 자사는 먼저 성(性)의 본원이 천명(天命)임을 밝혀 인(仁)의 인간성은 천부적인 것임을 논증했다. 이것은 인간의 화합주체인 인극(人極)은 자연의 화합주체인 태극(太極)의 대통일 원리에 기초한 것임을 밝힌 것이다.

자사는 전통적인 중(中)의 개념인 "치우치거나 기울어짐이 없는 중심체를 세워서 지나침이나 모자람이 없는 꼭 알맞은 것"을 더욱 깊이 연역하여 "기쁨, 노여움, 슬픔, 즐거움이 일어나지 아니함을 중(中)이라고 하고 일어나서 모두 절도에 맞는 것을 화(和)라고 한다."고 새로 정의하였다. 이와 같이 중(中)을 자연스러운 심리(心理)의 안정 상태로 규정한 것은 사람에게 있어서 선입관이나 편견이 있으면 사물의 본질을 정확하게 인식할 수 없는 까닭이다. 밝은 지각(知覺)은 양지양능(良知良能)을 간직하는 것이고, 양지양능은 무념무사(無念無思)하여 적연부동(寂然不動)해야만 간직할 수 있는 것이니 심리적으로 자연스러운 안정 상태를 회복해야만 사태의 본질을 정확히 인식할 수 있는 문이 열리는 것이다.

그리고 자사가 특별히 중도통일(中道統一)의 요건으로 강조한 것은 지(知), 인(仁), 용(勇)의 3달덕(三達德)을 필수적으로 갖추도록 역설한 점이다. 영원히 신명나는 통일은 반드시 합리적이고 인간적

114

이고 발전적이어야 할 것이므로 지식과 사랑 그리고 용기는 화합통일의 과정에 필요충분조건이다. 따라서 천하의 논리를 알지 못하는 것이 없고, 천하의 만물을 사랑하지 않는 것이 없고, 천하의 일을 주관하지 못하는 것이 없어야만 영원히 발전하는 통일을 이룩한다는 사실을 갈파했다.

끝으로 자사가 경계한 것은 대화합 대통일을 이룩한 주체적 통합 지도력은 절대로 자기를 현시해서는 안 된다는 점이다. 자유롭고 평등한 민주질서는 독단, 독주, 독재를 싫어한다. 따라서 비록 정성과 노력을 다해서 인류를 화합하고 천하를 통일한 혁혁한 공로가 있다고 하여도 반드시 이러한 공덕을 아래로 내려보내서 항상 겸손하고 사양해야만 조금도 분열하거나 정체하지 않고 끊임없이 활발하게 자체친화력을 응결하여 마침내 영원히 발전하는 위대한 문명 세계를 창조할 수 있다는 사실을 강조했다.

맹자는 자사의 중용사상을 계승하여 인의예지(仁義禮智)의 본성은 착하다는 성선설(性善說)을 주장하고 지극히 크고 지극히 굳센 호연지기(浩然之氣)를 길러서 상황에 따라 알맞게 처리하는 중(中)의 실용적 논리로써 전국시대의 이단사설(異端邪說)을 깨끗이 물리쳐서 유학의 도통을 계승 발전시켰다. 그 뒤에 진(秦)나라의 분서갱유(焚書坑儒)로 인하여 이 책은 세상에서 자취를 감추었는데 한(漢)나라 초기에 『예기(禮記)』 속의 한 편으로 겨우 전해오니 사마천은 『사기(史記)』 공자세가(孔子世家)에서 자사가 『중용』을 지었다고 밝혔고, 후한(後漢)의 정현(鄭玄)은 여기에 주해를 달고 공자의 손자인 자사가 이 책을 지어서 성조(聖祖)의 덕을 뚜렷이 밝혔다고 변증했으며, 당(唐)나라의 한퇴지(韓退之)와 이고(李翶) 등이

이 책을 기초로 하여 인성론(人性論)을 거론했다.

송(宋)나라 시대에 이 책은 크게 세상에 유포되어 도학(道學)을 부흥하는 원동력이 되었다. 정자(程子)는 『중용』을 공문(孔門)의 전수심법(傳授心法)이라고 하여 『논어』·『대학』·『맹자』와 함께 사서(四書)로 표창해서 유교인의 필독서로 하였고, 주자는 『중용장구(中庸章句)』를 지어 주해를 달아 그 뜻을 남김없이 밝히고 도학을 서로 전해주는 도통의 책이라고 하였다.

이에 정자는 『역전(易傳)』과 『춘추전(春秋傳)』을 지어서 진(奏)나라의 무단통치와 한(漢)나라의 술수정치의 패역무도한 정치사를 천하에 고발하고 성인의 심법(心法)은 인욕(人欲)을 막고 천리(天理)를 보존하는 것임을 밝혀서 중(中)은 천하의 정도(正道)요, 용(庸)은 천하의 정리(定理)임을 설파하면서 중용전(中庸傳)을 주해하였으나 별로 보탬이 안 된다고 생각하여 스스로 불태워 버렸다. 주자는 『자치통감강목』을 지어서 도덕성을 상실한 위(魏)나라의 허위(虛僞) 정권을 엄중히 성토하고 이민족의 침략에 비타협적 복수론을 주장하였으며 명절(名節)을 숭상하고 의리학(義理學)을 고취하여 중(中)은 인간성의 본연적 상태요 도덕의 실체임을 밝혀서 중용의 위대한 가치를 발명했다. 이후로 이 책은 태학의 기본교과목이 되었다.

우리나라는 주자의 새로운 저술을 고려 말엽에 수입하여 성균관에서 교육하였으며 『율곡언해본(栗谷諺解本)』과 『관본언해(官本諺解)』가 있어 널리 유행하였는데 조선왕조시대에 송자(宋子)가 공맹정주(孔孟程朱)의 도통(道統)을 계승하는 위대한 역사를 창조했다. 청(淸)나라가 중국에 침입하여 명(明)나라를 멸망시키자 송자는 양심에 정직해야 함을 선언하고 청나라를 정벌하여 멸망시키고 명나라를 다시 세울 것을 주장하면서 춘추대의(春秋大義)를 설파하여 스스로 천하의 정의를 주체해서 사문(斯文)을 수호하여 오랑캐가 날뛰는 암흑시대에 성인의 도통을 뚜렷이 계승하였다. 이것은 유교의 도통이 처음으로 해외로 건너온 것으로 우리나라가 근세 유도의 종주국(宗主國)이 된 것이니 동방예의의 나라로 발전하는 저력이었으며 조선 문화의 세계화작업의 선도였다.

이『새 시대를 위한 중용』은 금세기에 와서 무치(武治)의 여파로 풍미한 분열주의와 개인이기주의에 의하여 크게 훼손되어 도통 단절의 위기에 처한 도덕학을 다시 부흥해서 문치(文治)의 천하대통을 다시 세우고 성인의 도통을 계승발전하기 위하여 민주적 시각으로 새롭게 해설한 것이다. 중용은 극단적 일방논리가 아니고 또한 중간주의도 아니다. 전체주의와 개인주의를 모두 포괄하여 공동분수(共同分數)주의를 존중하고, 진보주의와 보수주의를 전부 수용하여 실용(實用)주의를 채택한다. 중간주의는 양쪽의 극단을 배제하고 절충하여 중간만을 취하는 고정불변의 논리이다. 그러나 중용은 도덕적 중심체를 세워서 대립하는 양극단을 모두 포괄해서 지나침도 모자람도 없는 가장 알맞은 상태로 변화하는 상황의 논리요 발전의 법칙이다.

작게는 부부가 화합하고 가문을 통일하며, 크게는 인류를 화합하고 시대를 통일하는데 언제 어디서나 상황의 변화를 정확히 예측하여 진보할 때에는 진보하고 보수할 때에는 보수하며, 강경할 곳에서는 강경하고 유순할 곳에서는 유순하며, 항구적으로 처리할 것은 항구적으로 처리하고 임시적으로 처리할 것은 임시적으로 처리해서 하는 것마다 알맞지 않음이 없는 것이 바로 중용임을 선언한다.

중용의 통일철학은 획일주의가 아니기 때문에 일정한 방향이 없고 중용의 변화철학은 신학목적론이 아니기 때문에 일정한 체본이 없다. 자연이 변화하고 인간이 성장하고 사회가 발전하면 중용의 통일조건과 변화역량도 점점 그 차원이 높아가는 것임을 변증했다. 낮은 단계에서의 화합은 혈연이나 자연조건만으로도 가능하지만, 높은 단계에서의 화합은 정치력과 도덕률이 없으면 이루기 어렵다. 이 책은 낮은 단계의 통일조건을 구비하여 높은 단계의 통일조건을 완비하는 방법을 제시하려고 노력했다.

그동안 제국주의의 침략에 대항하여 유림이 주장했던 위정척사(衛正斥邪)의 논리는 중용이 아닌 배타주의로 몰아붙였고, 동서냉전 속에 동족상잔의 비극을 통탄하는 유림의 도덕주의는 회색의 기회주의로 매도당했다. 그러나 이제 동서의 냉전이 종식되고 조국의 통일이 목전에 놓인 시점에서 21세기의 화해와 협력의 시대를 창조하기 위해서는 바야흐로 세계를 높은 과학문명으로 통일하고 인류를 높은 도덕문화로 화합할 수 있는 정의롭고 도덕적인 중용의 세계지도이념이 절실히 요구되는 상황이다.

지난 20세기를 풍미했던 낡은 제국주의사상이나 구시대의 분열주의에 기초한 학문으로는 더 이상 과학이 발달하고 시대가 변화한 새 역사를 이끌어갈 힘이 없다. 이제 인류의 남은 희망은 천하의 대통을 세우고 성인의 도통을 계승하여 사회를 대통일, 대화합하는 중용의 진리로 인류사회를 새롭게 변화하는 길뿐이다. 성인의 도통은 이미 수천 년에 걸쳐서 가장 공변되고 착하고 아름다운 세계를 건설하는 이념이었음을 역사적으로 실증했으니 인류문명사에 있어서 이보다 확실하게 사회의 안전과 발전을 보장하는 진리는 없다. 이 『새

118

시대를 위한 중용」은 이것을 담보하기 위한 공증으로 나온 책이다.

도통사상은 화합통일의 질적인 내용에서뿐만 아니라 그 추진력에 있어서도 대단히 위대한 정신이다. 그것은 적극적으로 사회의 제반 문제점을 세밀히 살펴서 분열과 대립 그리고 모순과 갈등의 요인을 원천적으로 제거하고 두루 화합통일하는 고급사회를 만들기 위하여 끊임없이 지혜를 모으고 널리 힘을 합쳐서 완전한 인간관계를 수립하는 줄기찬 노력을 끝까지 계속하기 때문이다.

어떤 사람은 일시적으로 노력하다가 안 되면 포기해 버린다. 그러나 도통을 계승한 사람은 절대로 중도에서 포기하지 않고 통일의 강인한 의지로 평생 일관한다. 그리하여 하늘을 원망하지 않고 사람을 허물하지 않으면서 현실 속에서 이상을 구현한다.

민중과 더불어 살고, 만물과 더불어 공존하고, 하늘과 더불어 하나로 합쳐서 천하를 인(仁)으로 덮는다. 이와 같은 고도의 인문주의사상을 대대로 이어가면서 천하대통을 세우고 인류의 영원한 발전을 담보하는 것이 바로 도통사상이다. 이것은 인간의 세속적 한계를 스스로 초극하여 민중의 세속적 고통을 완전히 해결함으로써 만인으로 하여금 가장 넓은 세계에서 살고 가장 바른 길을 가고, 가장 큰 진리를 실천하는 것이니 곧 인생의 최고 가치를 실현해서 가장 큰 보람으로 충만한 인류사회를 창조하는 사상이다. 그러므로 2000년대 새로운 시대를 맞이하여 인간의 지혜가 발달하고 사회가 진보함에 따라 이 중용의 진리는 더욱 장엄한 세계를 건설하는 헌장으로 길이 빛날 것이다.

1995. 8. 28.

동양문화연구소 소장 서정기(徐正淇)

일러두기

1. 이 책은 조선조에 간행한 내각판 『중용장구대전(中庸章句大全)』을 대본으로 하였다.

2. 원문 앞에 고유번호를 넣었는데 앞자리의 수는 장을 나타내고 뒷자리의 수는 절을 나타내서 찾아보기 쉽게 했다. 다만 장절의 분류는 주자의 장구를 따랐으니 원전을 존중하는 뜻이 있다.

3. 현토(懸吐)와 구두법은 율곡 선생의 『사서언해(四書諺解)』와 관본으로 내려온 『중용언해』를 참고하여 문법을 존중하면서 현대말로 달았다.

4. 원문의 한글번역은 『 』표 안에 넣어 간명하게 직역하였으며 성인의 말씀이므로 옛 말투를 그대로 살려두었다.

5. 주해는 ☯표를 넣어 필자의 『새 시대를 위한 중용』 주해임을 밝히고 원칙적으로 한글로만 설명하고 고유명사나 꼭 필요한 곳에서만 괄호 안에 한자를 넣어서 한글세대가 알기 쉽게 하였다.

6. 『중용』을 열심히 읽었어도 포용력과 지도력을 갖추지 못한 사람이 있다. 그것은 자기의 인격을 함양하는 실제적인 노력이 따르지 않았기 때문이다. 『중용』은 실천철학이요 사회과학이다. 따라서 유교인이 『중용』을 읽으면서 가장 경계해야 할 과제는 결단코 관념론이나 신비주의에 빠져서는 안 된다는 점이다. 따라서 이 『새 시대를 위한 중용』은 민중의 삶의 현장에서 포용력과 지

도력을 시험해 주기 바란다.

7. 각 장에 새로 제목을 붙였으니 독자의 이해를 돕고자 함이다. 주자의 서문을 번역해서 넣은 것도 독자의 연구자료에 도움을 주고자 함이다.

8. 바라건대 이 책을 읽음에 있어서 수양서로만 대하지 말고 안으로 자주, 민주, 통일의 과제와 밖으로 개방화, 세계화의 현실 문제를 슬기롭게 해결하는 방향에 초점을 두고 깊이 연구하기 바란다.

9. 경서원문 위에 한글로 음을 달았으니 한글세대가 읽기 쉽도록 배려한 것이다.

중용장구서(**中庸章句序**)

『중용』은 어떻게 해서 지었는가? 자사자(子思子)가 도학(道學)이 그 전통을 잃을까 걱정하여 지으시니라. 대개 상고시대로부터 거룩한 성인이 하늘의 진리를 본받아 지극한 지도력을 확립함으로부터 도통(道統)의 전해짐이 자연히 있어 왔다.

경전에서 말한 "어여삐 그 중심을 잡으라[允執厥中]"는 것은 요(堯)임금이 순(舜)임금에게 준 이념이요, "인심(인간의 사사로운 마음)은 위태하고, 도심(도덕적 양심)은 은미하니 오직 정밀하게 살피고 한결같이 지켜야만 어여삐 그 중심을 잡으리라[人心惟危 道心惟微 惟精惟一 允執厥中]"는 것은 순임금이 우(禹)임금에게 준 이념이다. 요임금의 한 마디 말이 지극하고도 극진하거늘 순임금이 다시 세 마디의 말을 더 보탠 것은 반드시 이와 같이 한 다음에야 거의 완전할 수 있는 까닭이다.

대저 일찍이 그것을 논하건대 마음의 비고, 영묘하고, 알고, 깨닫는[虛靈知覺] 주체는 하나일 뿐이거늘 인심과 도심의 다름이 있다고 말하는 것은 곧 그 어떤 것은 형체와 기질의 사사로움에서 생기고, 어떤 것은 본성과 천명의 바름에서 근원하기 때문이다. 그러므로 지각(知覺)하는 방법이 같지 아니하니 이래서 어떤 것은 위태하여 불안하고 어떤 것은 미묘하여 나타나기가 어려울 따름이다.

그러나 사람은 이러한 형체가 있지 않음이 없는 까닭에 비록 높은 지혜라도 인심이 없을 수 없고, 또한 사람은 이러한 본성이 있지 않음이 없는 까닭에 비록 하찮고 어리석더라도 또한 도심이 없을 수 없으니 두 가지가 마음속에 섞여 있는데도 다스리는 방법을 알지 못하면 위태로운 것은 더욱 위태하고 은미한 것은 더욱 은미하여 천리(天理)의 공변됨이 마침내 저 인간 욕망의 사사로움을 이길 수 없으리라. 정밀하면 저 두 가지의 사이를 살펴서 섞지 않을 것이요, 한결같으면 그 본심의 바름을 지켜서 이탈하지 않을 것이니 여기에 종사해서 조금도 사이나 끊임이 없게 하여 반드시 도심으로 하여금 항상 한 몸의 주체가 되게 하고 인심으로 하여금 늘 명령을 듣게 하면 위태한 것이 편안해지고 은미한 것이 나타나서 움직이거나, 정지하거나, 말하거나, 일을 함에 저절로 지나치거나 미치지 못하는 어그러짐이 없을 것이다.

대저 요임금, 순임금, 우임금은 천하의 대성(大聖)이요, 천하로써 서로 전함은 천하의 큰 일이다. 천하의 대성인으로 천하의 큰 일을 거행함에 그 주고받은 자리에서 진실되고 자상하게 말하여 경계함이 이와 같음에 지나지 않으니 곧 천하의 이치가 어찌 이것보다도 더한 것이 있겠는가? 이로부터 성인과 성인이 서로 이어왔으니 저 성탕(成湯)과 문무(文武)가 임금이 되고, 고요(皐陶), 이윤(伊尹), 부열(傅說), 주공(周公), 소공(召公)이 신하가 되어 이미 모두 이것으로 저 도통의 전통을 접합하였고, 우리 부자(夫子)와 같은 이는 비록 그 벼슬자리는 얻지 못했지만 옛 성인의 도덕을 계승하여 후래의 학자들에게 길을 열어주시니 그 공이 도리어 요·순보다도 나은 점이 있다. 그러나 이때를 당하여 보고 아는 사람은 오직 안(顔)씨와 증(曾)씨의 전함이 그 종지(宗旨)를 얻었고, 증씨가 재차 전해서 다시 부자의 손자인 자사(子思)를 얻음에는 곧 성인으로부터 시대가 멀어져서 이단(異端)이 일어났다. 자사가 무릇 세월이 더욱 오래될수록 더욱 그 진리를 잃어버릴 것을 두려워하여 이에 요·순 이래로 서로 전해준 뜻을 근본적으로 추구하고 평일에 들은 아비지와 스승의 말씀을 참고하여 다시 서로 연역(演繹)해서 이 책을 저술하여 후세의 학자를 가르치시니 대개 그 걱정이 깊었기 때문에 그 말이 절실하고, 그 염려가 원대했기 때문에 그 해설이 자상하니 그 천명(天命)과 솔성(率性)이라고 말하는 것은 도심을 말함이요, 그 선(善)을 골라서 고집한다는 말은 정밀하고 한결같음을 뜻하는 것이며, 그 군자는 시중(時中)이라고 말한 것은 중(中)을 잡는 것을 뜻한 것이다.

세대가 서로 뒤짐이 1000여 년이로되 그 말의 다르지 아니함이 마치 부절(符節)을 합친 것과 같으니 차례로 옛 성인의 글을 뽑아 큰 줄거리를 엮어서 깊은 뜻을 열어 보이는 체계가 이와 같이 분명하고 극진한 것이 있지 아니하다. 이로부터 또 재차 전하여 맹(孟)씨를 얻으니 이 책을 능히 추리하여 밝혀서 선성(先聖)의 도통을 이었는데 그가 죽음에 미쳐선 드디어 그 도통을 잃었으므로 곧 우리 도학(道學)이 의지하는 바가 언어문자의 사이를 넘어가지 못했고, 이단(異端)의 학설이 날로 새롭고 달로 성하여 노불(老佛)의 무리들이 출현함에는 곧 이치는 더욱 근사했지만 진리를 크게 어지럽히게 되었다.

그러나 오히려 다행스럽게 이 책이 없어지지 아니한 까닭에 정부자(程夫子)의 형제가 나와서 고려할 바 있음을 깨달아서 저 천 년 동안 전하지 못했던 실마리를 이으시고, 근거할 바 있음을 깨달아 저 두 학파의 옳은 것 같으면서도 그릇된 사상을 배척하시니 대개 자사의 공이 이에 위대하지만 정부자가 아니었다면 또한 그 말을 인연하여 그 마음을 얻을 수 없었을 것이다.

애석하게도 그 해설했던 논리가 전하지 않지만 무릇 석(石)씨가 편집하여 채록한 것이 겨우 그 문인이 기록한 바에서 나온다. 이래서 큰 뜻은 비록 밝혀졌지만 은미한 말은 분석하지 못했고, 그 문인이 스스로 해설을 한 것에 이르면 비록 자못 자상하고 극진하게 하여 발명한 바가 많지만 그러나 그 스승의 학설을 어긋나게 하며 노불(老佛)에 물든 것도 또한 있었다.

희(熹)는 어려서부터 일찍이 받아 읽음에 저윽이 그것을 의심하고 깊이 마음을 쓰고 반복 연구함이 대개 또한 몇 년이 되었는데 하루아침에 황홀하게도 그 중요한 강령을 깨달음이 있는 듯한 다음에 이에 감히 여러 학설을 모아 절충해서 이미 장구(章句) 한 편을 지어서 후세의 군자를 기다리며 동시에 한두 명의 동지로 다시 석씨의 글을 취하여 그 번잡하고 어지러운 것을 잘라내고 이름을 집략(輯略)이라고 했으며, 또 일찍이 취하고 버리는 뜻을 논변했던 바를 기록해서 별도로 혹문(或問)이라고 하여 그 뒤에 부쳤으니 그렇게 한 다음에야 이책의 뜻이 가지가 나누어지고 마디가 풀려서 맥락이 관통하고 자세함과 간략함이 서로 인연해서 크고 작은 것이 모두 밝혀지고 무릇 여러 학설의 같고 다름과 얻고 잃음이 또한 속속들이 이해되어 두루 통해서 각각 그 의미를 극진히 했으니 비록 도통의 책에 감히 망령되게 논의할 바가 아니지만 그러나 초학자가 혹시 취함이 있다면 곧 또한 멀리 가고 높이 올라감에 충분히 일조가 될 것이다.

순희(淳熙) 기유(己酉)년 봄 3월 무신(戊申)에 신안(新安) 주희(朱熹) 쓰다.

중용장구대전(**中庸章句大全**) 전문(**前文**)

중(中)이라는 것은 치우치지 아니하고 의지하지 아니하여[不偏不倚] 지나침이나 미치지 아니함이 없는[無過不及] 상태를 이름함이요, 용(庸)이라는 것은 평소의 일상[平常]적인 보통이다.

자정자(子程子)가 말하기를 "치우치지 않음[不偏]을 중(中)이라고 말하고, 바뀌지 않음(不易)을 용(庸)이라고 말하니, 중(中)이라는 것은 천하의 정도(正道)요, 용(庸)이라는 것은 천하의 정리(定理)이다."라고 하였다.

이 책은 이에 공자(孔子)의 문하(門下)에서 전해주고 받은 마음을 쓰는 법이다. 자사(子思)가 그 오래되어서 어그러지는 것을 두려워한 까닭으로 그것을 책으로 써서 맹자(孟子)에게 주었으니, 그 글이 처음에는 하나의 이치를 말하여 중간에는 흩어져서 만사를 다스리고 끝에는 다시 합하여 하나의 이치가 된다. 넓히면 우주에 가득하고 접으면 물러와 은밀한 데 감추어진다. 그 의미가 무궁하니 모두 실용의 학문[實學]이다. 훌륭한 독자가 깊은 뜻을 음미하면서 찾아 얻음이 있으면 종신토록 사용해도 능히 다하지 못함이 있으리라.

1. 중용사상의 근본원리

[제1장은 자사(子思)가 공자의 도통사상을 논술하여 중용의 사상적 출발점과 실천적 종착점을 명확히 밝혀서 중용적 논리의 합리성을 제시하고 다원적(多元的) 사회에서의 다양한 주의와 주장으로 인한 갈등과 모순을 발전적으로 수렴해서 화합통일하는 조정의 대원칙을 뚜렷이 세웠다. 따라서 제1장은 이 책의 핵심적 강령으로 천하국가를 화평하게 지도하고 경영하는 최고의 이념이며 인류역사발전의 대전제가 되는 사상이다.]

1-1 ──────────── 天命之謂性이요 率性之謂道요 修道之謂敎니라.

『하늘이 부여한 명을 일러 본성이라 하고, 본성을 따라감을 일러 도라고 하고, 도를 닦음을 일러 교육이라고 하니라.』

☯ 하늘은 만물을 창조하여 주재(主宰)하는 자연의 진리이며 현상세계에 존재하는 만물을 통일하여 주체하는 절대의 원리로서 지극히 높고, 지극히 성실하고, 지극히 신묘하고, 지극히 밝다. 명(命)은 거역하거나 벗어날 수 없는 삶의 테두리를 한정함이고 천명(天命)은 천부적으로 주어진 생성변화의 법칙으로 곧 지상명령이며, 성(性)은 만물이 선천적으로 타고난 본성이다.

주자(朱子)가 말하기를 "하늘이 음양(陰陽) 5행(五行)으로 만물을 변화하여 생성함에 기(氣)로써 형체를 완성하고 리(理)를 또한 부여했으니 마치 명령한 것과 같다. 이에 사람과 만물의 삶이 각각 그 부여한 바의 이치를 얻음으로 인하여 건순(健順) 5상(五常)의 덕(德)을 삼으니 이른바 성(性)이다."라고 하였다. 이 구절은 천리(天理)가 인간과 만물의 본성이므로 인간과 만물은 천리의 구현을 통해서 천연적 대통일의 질서와 화합의 토대를 구축할 수 있다는 중용의 논리적 대전제이다.

솔(率)은 따라가는 것이요, 도(道)는 전체를 통일하여 다함께 통하는 공도(公道)로서 곧 진리의 길이다. 인간과 만물은 각각 자체의 고유한 본성을 따라가는 자기 자신에 대한 성실성이 있을 때에 전체가 다함께 발전하는 진리의 문이 열린다. 그러므로 본성을 따라가는 것을 일러 도라고 하였으니 이 구절은 중용의 도를 실천하는 구체적인 방법을 천명했다.

사람은 자기의 존재가치를 실현하고 사회도덕의 발전에 이바지하는 길을 닦아야 하는데 바야흐로 인간성을 기르고 사회성을 개발하는 노력이 또한 교육적 활동이다. 주자는 말하기를 "성(性)과 도(道)는 비록 모두 똑같지만 기품(氣稟)이 간혹 다른 까닭에 지나치고 미치지 못한 차이가 없을 수 없으므로 성인이 사물의 마땅히 나가야 할 바를 인연해서 정리하고 절차를 정하여 천하에 본받도록 하나니 곧 이른바 교육으로 예악형정(禮樂刑政)과 같은 것이 이것이다."라고 하여 인간의 기질 차이로 인한 교육의 필요성을 강조했다.

중용의 도는 고도로 문명한 사회사상이다. 따라서 저개발된 사회에서는 그 편협성과 종속성으로 인하여 도저히 개방적이고 자율적인 기풍을 조성할 수 없기 때문에 교육을 통하여 높은 안목을 열어

주고 넓은 도량을 가지게 하여 확고한 공동체의식과 철저한 봉사정신을 함양하여 전체를 통일하여 다함께 통하는 길로 나가게 하는 것이다. 이 구절은 중용의 도는 문명사회건설의 자연적인 통합이론임을 밝힌 것이다.

1-2 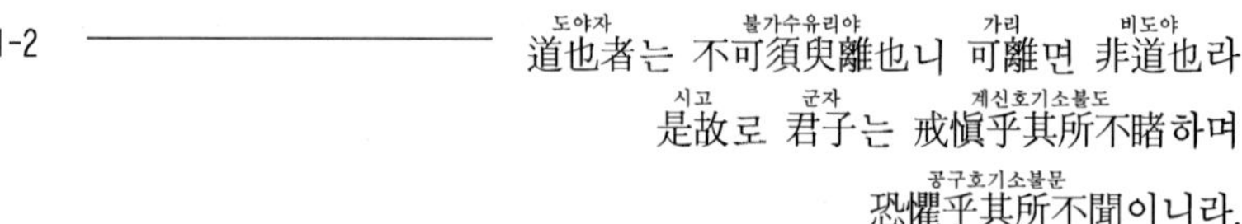

『도라고 하는 것은 잠깐 동안이라도 이탈할 수 없는 것이니 이탈해도 된다면 도가 아니다. 이런 까닭으로 군자는 그 보이지 않는 바에서 경계하고 신중히 하며, 그 들리지 않는 바에서 무서워하고 두려워하니라.』

◑ 도(道)는 참되고 성실한 진리의 길이다. 진리의 길은 합리적이고 인간적이고 문화적인 가치를 창조하는 길이다. 수유(須臾)는 잠시이다. 진리의 길은 본성을 따라가는 것이므로 잠깐이라도 이탈할 수 없는 길이다. 만일 이탈해도 되는 길이라면 그것은 필시 진리의 길이 아닐 것이고, 또한 진리의 길을 이탈했다면 그것은 본성을 잃은 것이므로 허망(虛妄)하고 사악(邪惡)한 패역(悖逆)의 길일 것이다.

군자는 참된 길로 봉사하는 사람이요, 보이지 않고 들리지 않는 바는 천명과 본성과 도의이다. 공동체사회의 구성원이 지켜야 할 도덕적 테두리를 가지지 않는 무절제한 인간은 오직 인간성을 파괴할 뿐만 아니라 자연의 진리인 천리(天理)까지 멸절시킨다. 그러므로 군자는 인간성을 간직하고 천연의 질서를 밝혀서 참된 길로 나가기 위하여 보이지도 않고, 들리지도 않는 형이상(形而上)의 진리에 철저한 자세를 취한다. 이 절은 자연의 진리는 이탈할 수 없는 까닭에 자연과학적 합리주의가 바로 인간 활동의 준칙임을 강조했다.

1-3 ──────────────────── 莫見乎隱이며 莫顯乎微니
故로 君子는 愼其獨也니라.

『숨은 것보다 더 잘 나타난 것이 없으며, 미미한 것보다 더욱 뚜렷한 것이 없나니 그러므로 군자는 그 홀로 생각하는 곳을 신중히 하나니라.』

☯ 이 절은 인간의 타고난 본성을 길러서 도덕적 양심을 뚜렷이 밝혀야만 중용의 도덕에 접근할 수 있음을 역설했다.

막(莫)＋형용사＋전치사＋명사의 문체는 '……보다 ……한 것은 없다'는 형용사 최고급이다. 은(隱)과 미(微)는 마음속에서 일어나는 미세한 생각들이며, 이러한 은미한 생각들이 내면에서 도덕적 양심을 선택할 수도 있고, 사사로운 욕심을 선택할 수도 있는데 그 선택의 결과는 행동에서 확연히 구분되는 두 가지의 서로 다른 행동양식으로 나타난다. 합리적인 생각으로 착한 인간성을 선택한 행동은 도덕률을 준수하고 비인간적인 이기심을 선택한 행동은 인격 파탄을 초래한다.

독(獨)은 자기만 혼자 아는 생각이다. 선(善)은 뿌리가 있으므로 성선설(性善說)에 기초하여 사람의 생각만 착하면 착한 마음이 자연적으로 행동에까지 나타난다. 그러나 사람의 생각이 착하지 못하면 본성의 착함을 막아서 단절시키고 그 대신 악(惡)을 잉태하여 행동으로 옮아가게 한다. 따라서 선의 근원은 천명이요 본성이며, 악의 기원(起源)은 불성실한 생각인 까닭에 군자는 악을 제거하고 선을 보존하기 위하여 생각 단계에서 선과 악을 신중히 살펴 악의 씨앗을 맹아(萌芽)에서 제거한다.

1-4 ──────────────────── 喜怒哀樂之未發을 謂之中이요
發而皆中節을 謂之和니 中也者는 天下之大本也요
和也者는 天下之達道也니라.

『기쁘고 성나고 슬프고 즐거운 감정이 일어나지 아니함을 중(中)이라 이르고, 감응하여 일어나서 모두 절도에 알맞게 적중함을 화(和)라고 이르나니, 중(中)이라는 것은 천하의 큰 근본이요 화(和)라는 것은 천하의 가장 합리적인 길이다.』

☯ 희로애락(喜怒哀樂)은 사람의 마음이 감동해서 일어나는 정(情)이요, 미발(未發)은 사람의 마음이 고요하게 움직임이 없는 본연의 성(性)이다. 인간의 본성은 곧 천리(天理)이므로 지극히 성실하고 지극히 존엄하며 지극히 밝고 지극히 신성하여 털끝만치도 치우치거나 기울어짐이 없는 까닭에 중(中)이라고 하였다. 이것은 인

간 자체의 합리적인 구조를 해명하여 결국 인문과학적 합리주의가 참된 길로 나가는 중심체임을 밝힌 것이다.

발(發)은 성실한 생각으로 정확히 기억하고 셈하고 헤아려서 착하고 순수한 정(情)이 바르게 감응(感應)하여 나옴이니 곧 정직하고 명확하고 공평한 마음씀이다. 중절(中節)은 절도(節度)에 적중하고 예절에 합하여 지나치거나 미치지 못함이 없는 것이니 자연과학적 합리주의에 철저함과 동시에 사회과학적 합리주의에 투철함이다. 화(和)는 합리주의에 바탕하여 상대적인 조화(調和)를 이루어 인간적으로나 자연적으로나 사회적으로 모든 모순과 대립과 갈등을 해소하여 자유롭고 평등하고 활발한 관계를 유지하는 것이다. 이것은 인간의 본성을 말미암아 자연의 진리를 밝혀 사회의 정의를 구현하면 일체의 모순과 대립과 갈등을 해소하고 화해와 협력의 길이 열릴 수 있음을 역설한 것이다.

천하(天下)는 인류사회이다. 인류공동체 사회의 기본조직은 국가이며 국가의 기본조직은 가정이고, 가정의 기본 구성원은 사람이요, 사람의 근본바탕은 인간성이다. 그러므로 무념(無念) 무사(無思)한 순수본성의 중(中)이 천하를 대통일하는 근본이다. 달도(達道)는 가장 합리적인 길이니 보편적인 최고의 공도(公道)이다. 극단적으로 대립하여 싸우는 양쪽을 모두 수용해서 모순과 갈등을 해소하고 화해와 협력의 관계로 발전시켜서 대통합하는 것은 천하에서 가장 보편적인 최고의 공도이다. 이 절은 인간이 천하의 근본이고 사회 통합의 주체이므로 인간의 자주자립적 중심체 확립과 자유롭고 평등한 통일세계 건설의 과제가 인간의 몫임을 분명히 말했다.

1-5 ─────────────────────── 致中和면 天地位焉하며 萬物이 育焉이니라.

『중화(中和)를 이루면 하늘땅이 바로 서며 만물이 자라나니라.』

◑ 이 절은 천하의 근본인 중(中)과 천하의 달도(達道)인 화(和)가 완전히 이루어져야만 하늘땅이 바로 서는 문명세계가 열리고 만물이 생육(生育)하는 건강한 사회가 보장되는 것을 역설했다.

치(致)는 추구해서 극진하게 하여 완성함이다. 중화(中和)를 추구하여 극진하게 이룩함은 먼저 천부적으로 타고나온 성리(性理)를 함양(涵養)하여 도심(道心)을 간직하고 정분(情分)을 두텁게 하는 합리적인 감정조절능력을 구비하고, 다음으로 자연의 진리를 연구하여 천리(天理)를 따르고 물리에 순응해서 합리적인 물질개발능력을 갖추며 끝으로 사회의 복지를 향상하여 인간의 도의, 가정의 윤리, 국가의 도덕, 천하의 대의를 뚜렷이 밝혀서 합리적으로 사회를 발전시키는 능력을 확보해서 원만한 인격, 화목한 가정, 문명한 국가, 평화로운 세계를 건설함이다.

하늘땅은 인간이 사는 영역이므로 인간의 삶의 질에 의하여 그 의미가 규정된다. 사람이 사람답게 사는 문명시대를 창조하면 하늘땅의 진리가 뚜렷이 밝혀져서 각각 제자리를 얻게 된다. 그러나 사람이 사람답지 못하게 사는 암흑시대로 전락하면 하늘땅의 진리가 희미해져서 혼돈상태가 되어 하늘땅이 뒤바뀌는 데까지 이른다.

만물(萬物)은 자연의 생물이다. 모두 인간과 더불어 사는 존재로서 인간사회가 평화로워야 자연을 잘 가꾸어서 만물이 번성할 것이며 합리적으로 만물을 이용하여야 생산성을 제고할 것이다. 하늘땅이 바로 서고 만물이 생육한다는 것은 중화(中和)에 의한 통일화합의 극치로서 천인합일(天人合一) 물아일치(物我一致)의 경지에 이른 결과물이다.

이 장은 하늘, 땅, 사람, 만물의 본질적 구조를 해부하고 중용사상의 합리적 근거를 제시함과 동시에 인간과 자연 그리고 사회의 대동화합통일이 인류역사발전의 가장 합리적인 길임을 입론하였다.

2. 중용의 자주성과 시중(時中)

2-1 ─────────── 仲尼曰 君子는 中庸이요 小人은 反中庸이니라.

『중니가 말씀하시기를 군자는 중용을 하고, 소인은 중용을 어기니라.』

◑ 중니(仲尼)는 공자의 자(字)이다. 군자는 도덕과 양심에 따라 기울거나 의지함이 없는 자립적 중심체를 확립한 사람이고, 중(中)은 전체를 자율적으로 통일하는 중심체이며, 용(庸)은 전체를 평등하게 화합하여 안정 상태를 유지하는 원리이다. 그러므로 중용은 모순대립관계에 있는 양극단을 모두 수용하여 전체를 화합통일해서 조금도 지나치거나 미치지 못함이 없는 안정 상태를 유지함이다. 소인은 도덕과 양심을 외면하고 권세와 이익만을 탐하는 경영자이며, 반중용(反中庸)은 전체적인 화합을 깨뜨리고 자의적으로 행동하는 극단주의요 분열주의이다.

중용은 외부의 강요나 간섭이 없이 자체적으로 갈등을 해소하는 길이다. 그러므로 집단과 구성원의 자주자립은 필수요, 자율자치역량을 구비해야 한다. 만일 외세에 의존하거나 외압에 굴복하여 화합통일했다면 그것은 타율적이고 종속적이기 때문에 중용이 아니다.

소인은 인격적인 자립능력이 없기 때문에 형세에 따라 이익을 추구하여 일방적으로 행동하는 것을 전체를 통일하는 지도력으로 착각한다. 그러나 소인의 이러한 획일주의는 도덕성을 망각하고 양심을 상실함으로써 오히려 중용을 파괴하는 결과가 된다.

2-2 —————————————————— 君子之中庸也는 君子而時中이요.
小人之中庸也는 小人而無忌憚也니라.

『군자의 중용은 군자로서 때에 알맞게 적중하고, 소인의 중용은 소인으로서 거리낌이 없는 것이다.』

◐ 시중(時中)은 시대의 변화에 알맞게 적중함이다. 역사는 나선형으로 순환 발전하여 창업기, 수성기(守成期), 경장기(更張期), 혁명기가 있으므로 군자의 중용은 군자로서의 인격적 중심체를 확립하여 시대발전에 발맞추어 창업기에는 이상주의로 통합하고, 수성기에는 보수주의로 통합하고, 경장기에는 개혁주의로 통합하고, 혁명기에는 진보주의로 통합해서 각각 시대적 사명을 완수한다.

그러나 이른바 소인의 중용은 소인이 실리주의를 기초로 단합해서 역사발전의 시대상황을 고려하지 않고 거리낌 없이 형세에 따라 흘러가는 것이다. 따라서 군자의 중용은 현실을 자주적으로 경영하여 역사를 창조하는 시대정신이 있지만 소인의 중용은 현실을 자체적으로 경영함에 있어서 상황에 따라서 형세가 바뀌면 갈팡질팡하기 때문에 시대정신을 찾을 수 없다는 것이다. 왕숙(王肅) 본에는 소인지반중용야(小人之反中庸也)로 되어 있기 때문에 정자와 주자가 그렇게 보았다.

이 장은 중용의 자립적 주체사상과 시대적 역사의식을 말하여 극단주의나 분열주의를 경계하고 또한 전체집단의 시대적 과업과 역사적 사명의 인식이 중요함을 지적했다.

3. 중용의 완전성

3-1 ──────────── 子曰 中庸은 其至矣乎인저 民鮮能이 久矣니라.

『공자가 말씀하시기를 '중용은 그 지극한 저, 인민이 잘하는 이가
드문 지 오래되었도다.'』

◎ 중용은 합리주의에 기초하여 인간의 존엄성과 사물의 진실성
그리고 사회의 공명성을 밝히면서 시대사상을 투영하고 전체조직의
특성을 살리는 길이므로 조직체의 안전성과 진보성을 보장하는 가
장 완전한 사상이다. 인민은 이와 같은 중용의 능통성(能通性)을
깨닫지 못하고, 중간주의나 기회주의를 중용으로 착각한 까닭에 능
통성을 상실한다.

중간주의(中間主義)는 중용이 아니다. 강할 데서 강하고 부드러
울 데서 부드러운 것은 중용이요, 강하지도 않고 부드럽지도 않은
어중간함은 중간주의이다. 따라서 중용은 보수주의도 진보주의도
이상주의도 현실주의도 모두 수용하여 현실문제 해결에 달통하지만
중간주의는 양극단을 배제하고 중간점만을 언제나 취하기 때문에
이미 양분한 상태를 3분하는 판세로 만든다. 따라서 중간주의는 분
열과 혼란을 가중시킬 뿐만 아니라 전체집단의 발전역량을 위축시
킬 위험이 있는 것이다.

기회주의(機會主義)는 중용이 아니다. 시대를 내다보고 역사를 먼
저 알아서 미리미리 준비하고 설계하여 시대를 개척하고 역사를 창

조하는 것은 중용이지만, 때가 오면 하고 때가 안 오면 안 하는 것은 기회주의이다. 따라서 선지자나 선각자는 중용의 도에 의거하여 해야 될 일이면 비록 불가능한 상황이라고 해도 결코 포기하지 않고, 안 해야 될 일이라면 비록 가능한 상황이라고 해도 결단코 하지 않는 일관성이 있지만, 이와 반대로 기회주의자는 사태를 관망하다가 기회가 왔을 때에만 적극 도전하기 때문에 일관성이 없는 것이다.

중용의 능통성과 통시성(通時性)을 이해하지 못하므로 인민이 잘하기가 어려운 것이다. 이 장은 중용으로 화합통일한 사회의 활발성과 역동성이 최고에 이르는 것을 말했다.

4. 사회에 대한 잘못된 인식

4-1 ——————————— 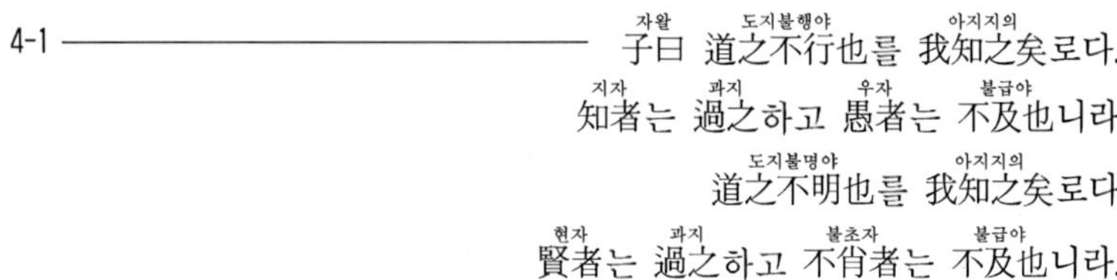

『공자가 말씀하시기를 '도가 행해지지 못함을 내가 아노라. 지식인은 지나치고, 어리석은 이는 미치지 못하니라. 도가 밝혀지지 못함을 내가 아노라. 어진 이는 지나치고, 못난이는 미치지 못하니라.'』

◐ 이 절은 복합사회에 있어서 계급과 계층의 다양성으로 인하여 모순과 대립과 갈등이 끊임없이 파생하는 사회구조를 해명해서 전체를 대동 통일하는 중용의 도가 쉽게 행해지지 못한 이유를 설명했다. 지식인의 방법론과 어리석은 사람의 목적론이 대립하고, 어진 이의 이상론과 못난이의 현실론이 대립한다. 이것은 모두 지나치거나 미치지 못한 상태에 머물러 있는 것이므로 불안정하고 부진한 상황이다.

중용은 방법론과 목적론을 통합하고 이상론과 현실론을 배합해서 지나침도 모자람도 없는 길을 열어서 안정성과 진보성을 모두 담아내는 역동적 힘을 발휘한다. 현실사회의 모순과 갈등을 극복하기 위하여 적극 도전하는 중용의 도가 행하여 밝혀지지 못하는 것은 사람들이 아집과 망상에 사로잡혀 끝까지 고집을 꺾지 않을 뿐만 아니라 심각한 모순과 대립 앞에서 자신을 잃고 자포자기해 버리기 때문이다. 이것은 모두 복합적인 사회구조를 파악함에 있어 부분을 지나치게 확대함으로써 생동하는 사회를 보지 못하는 잘못된 인식에서 기인한 것이다.

4-2 ─────────────────── 人莫不飲食也언마는 鮮能知味也니라.

『사람이 마시고 먹지 않음이 없지만은 맛을 잘 아는 이는 드무니라.』

◐ 이 절은 사람이 음식을 먹으면서도 맛을 잘 알지 못하는 것처럼 사회생활을 하면서도 전체가 조화하여 활발하게 약동하는 사회의 의미를 깨닫지 못하는 속성을 지적했다. 사람이 전체를 화합통일해서 안정성과 진취성을 확보해야만 구성원 각자의 삶의 영역과 질도 향상 발전된다는 사실을 쉽게 망각한 까닭은 극단적인 개인이기주의에 함몰되어 전체의 문제에 대해 무관심하기 때문이다. 이 장은 사람들의 사회에 대한 잘못된 인식 때문에 중용의 도가 행하여지지 못한 이유를 설명했다. 따라서 중용은 참된 우주관, 착한 인생관, 바른 정치관, 정의로운 역사관을 가지고 문명한 사회의식을 고취하는 것이 선행과제이다.

5. 중용의 도가 없어진 난세

5-1 ──────────────────────────────
^{자왈} ^{도기불행의부}
子曰 道其不行矣夫인저.

『공자가 말씀하시기를 '도가 행하여지지 못하는구나.'』

◐ 이 장은 공자가 춘추시대 당시의 혼란이 일어난 것은 중용의
도가 행하여지지 못했기 때문임을 지적한 것이다.

춘추시대(BC 722~481)는 도덕으로 다스리는 왕도정치가 무너지
고 힘으로 다스리는 패도정치가 일어나서 부국강병을 추구하면서
영토쟁탈전과 권력쟁패전으로 하루도 편안한 날이 없었다. 이러한
시기에 있어서 화합과 평화, 안정과 발전, 도덕과 문화와 같은 고급
이념들은 찾아보기 어렵고 오로지 약육강식(弱肉強食) 적자생존(適
者生存)의 살벌한 군사전략만이 사회를 풍미했기 때문에 공자가 이
에 무도(無道)의 시대임을 규탄하고 가치관이 전도되고 인간의 정
신이 황폐화한 혼란사회에서는 자율적으로 천하인류를 대화합하여
대통을 계승하기가 어려운 상황임을 탄식하였다.

6. 순(舜)임금의 중용

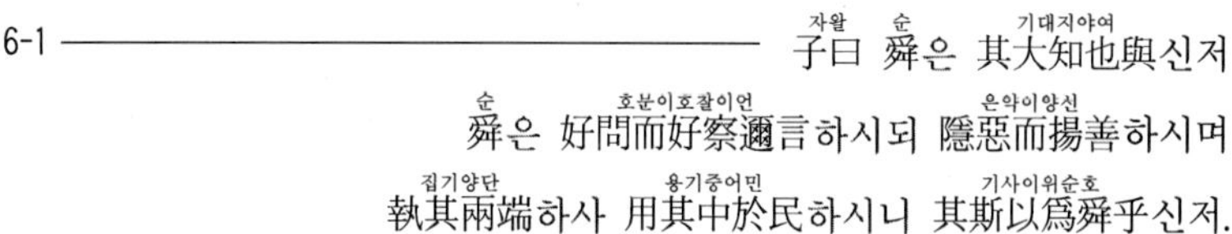

6-1 ─────────────────── 子曰 舜은 其大知也與신저

舜은 好問而好察邇言하시되 隱惡而揚善하시며

執其兩端하사 用其中於民하시니 其斯以爲舜乎신저.

『공자가 말씀하시기를 '순임금은 그 큰 지혜이신저, 순임금은 묻기를 좋아하시며 가까운 말을 살피기를 좋아하시되 악을 숨겨주고 선을 드날려 주시며 그 양쪽 끝을 잡아서 그 가운데를 인민에게 쓰시니 그 이래서 순임금이 되신저.'』

◐ 이 장은 공자가 순임금의 위대한 중용의 요체가 지식과 사랑과 용기를 개발하여 이룩한 것임을 찬양한 내용이다.

순임금의 대지(大知)는 자연의 진리와 인간의 선성(善性)과 사회의 윤리를 스스로 찾아 깨닫는 고도의 지능이다. 따라서 중용은 인간의 지능을 개발해야만 얻을 수 있기 때문에 순임금의 큰 지혜로써 중용으로 가는 길을 활짝 열어 보였다. 순임금은 이미 요임금의 중(中) 사상을 계승 발전시키고, 우(禹)임금에게 전해주는 중대한 역할을 하면서 "인심(人心)은 오직 위태하고, 도심(道心)은 오직 은미하니 오직 정밀하고 오직 한결같이 하여야 그 중(中)을 잘 잡으리라."고 하여 자기 자신의 내면의 지각이 어둡지 아니하여야만 중용의 중심체에서 이탈하지 않는 것을 지적했다.

이 장에서는 이러한 내면의 밝은 지각(知覺)이 밖으로 진리에 접근하기 위해서는 묻고 살피기를 좋아하는 객관적 진실확인의 자세와 사물에 대한 진리탐구의 노력이 충만하고, 또한 그 가운데서 악한 것은 숨겨주어 즉각 고치게 하고 착한 것은 드날려 주어서 더욱 힘쓰게 하여 더불어 착한 길을 선택하며, 그 양쪽으로 분열하여 대립하는 두 극단을 모두 수용해서 그 중용을 인민에게 쓰는 정치적 지도력이 대단히 필요함을 말했다.

호문(好問)은 독단하거나 독재하지 않고 전문가, 어진 이, 또는 당사자에게 항상 묻는 것이고, 이언(邇言)은 시장거리의 여론이나 길거리의 유언비어 및 유행하는 민요 등의 가깝고 천속한 말이다. 악을 숨겨주고 선을 드날려 주는 것은 인정이 넘치는 인간미를 간직함이요, 그 양단(兩端)을 잡는다는 것은 음(陰)과 양(陽), 동(動)과 정(靜), 강(剛)과 유(柔), 대(大)와 소(小), 장(長)과 단(短) 등의 자연사물의 상대적 차별상과 선(善)과 악(惡), 시(是)와 비(非), 이(利)와 해(害), 득(得)과 실(失), 공(公)과 사(私) 등의 인간행위의 상반적 분열상과 그리고 수(壽)와 요(夭), 빈(貧)과 부(富), 귀(貴)와 천(賤), 강(强)과 약(弱), 현(賢)과 우(愚) 등의 사회생활의 상충적 차등상을 분명히 규명하여 모두 수용해서 서로 모순 대립하여 갈등하는 상극(相剋)의 요소를 구조적으로 해소할 뿐만 아니라 오히려 상부상조하여 화해협조하는 상생(相生)의 힘을 스스로 발휘하게 하는 부자(父子), 군신(君臣), 부부(夫婦), 장유(長幼), 붕우(朋友)의 밀접한 관계로 확고하게 결합시키는 것이다.

인민에게 그 중(中)을 쓴다는 것은 천하를 대통일하는 공명정대한 정치역량과 천하의 최고문명을 창출하는 도덕문화를 가지고 인민을 지도한다는 뜻이다. 따라서 여기에서의 용중(用中)은 지나침

도 모자람도 없는 현실에 꼭 알맞은 정책집행이며, 시대를 이끌어
가는 꼭 필요한 정책시행이다. 이와 같이 순임금의 위대한 지능은
왕성한 학문적 탐구정신으로 지식을 넓히고, 고도의 인문주의적 지
성을 함양하여 정치사회에 화합통일의 진리를 철저히 구현하는 용
기로 일관했음을 높이 찬미했다.

7. 지식인의 독선과 한계

7-1 ——————————————————————— 子曰 人皆曰 予知로되
驅而納諸罟擭陷阱之中而莫之知辟也하며
人皆曰 予知로되 擇乎中庸而不能期月守也니라.

『공자가 말씀하시기를 '사람이 모두 말하기를 나는 안다고 하되 몰아서 그물이나 덫이나 함정 가운데로 들어가게 해도 피할 줄을 알지 못하며, 사람이 모두 말하기를 나는 안다고 하되 중용에서 골라잡아서 한 달도 잘 지키지 못하니라.'』

☯ 이 장은 전체조직구성원의 화합통일에서 나온 탁월한 지식과 강인한 의지력이 없이는 중용을 선택하여 지키기가 어려움을 경계했다. 개인의 단편적인 지식이나 일방적인 생각으로는 문제를 완전히 해결할 수 없고, 일시적인 충동이나 형식적인 수식으로는 화합단결의 추동력이 일어날 수 없는 것이다. 그러므로 지식인은 독단이나 만용을 경계해야 할 뿐만 아니라 항상 겸허한 자세로 천하의 지혜를 모아서 중용의 진리를 실천하는 화합노력을 아끼지 말아야 하는 것이다.

고(罟)는 그물이요 확(擭)은 덫이며, 함정(陷阱)은 허방으로 모두 짐승을 잡는 엄폐물(掩蔽物)이니 곧 속임수이다. 택호중용(擇乎中庸)은 시대성과 지역성과 인간성으로 선택한 것이며, 기월(期月)은 만 1개월이다. 여지(予知)는 보통사람들의 철저하지 못한 지식

인바 비록 작은 지식으로도 안정된 사회에서는 화합통일을 견인해
낼 수 있지만 그러나 위기에 봉착하면 수습능력이 없어서 즉각 혼
란이 일어나고 또한 이론적으로는 완전하다고 하더라도 추진력이
부족하여 일관성을 지키지 못한다는 뜻이다.

8. 안연(顔淵)의 중용 선택법

8-1 ──────────────────────── 子曰 回之爲人也는 擇乎中庸하여
得一善則拳拳服膺而弗失之矣니라.

『공자가 말씀하시기를 '회(안연의 이름)의 사람됨은 중용에서 골라가지고 한 가지의 선을 얻으면 꽉 쥐고 가슴에 붙여서 잃지 아니하니라.'』

◑ 이 장은 어진 이가 중용을 지키는 강인한 정신력을 논증하였다. 순임금과 같은 큰 지혜는 자연스럽게 중용의 도를 실천하지만 일반 지식인들의 작은 지혜는 역량이 부족하므로 중용에서 선택하여 한 달도 잘 지키지 못하는바 공자의 제자 안연처럼 높은 지혜는 중용에서 선택한 일부분의 선을 얻으면 분발 노력하여 지키려는 의식이 충만했음을 실례로 들어서 중용에 접근하기도 어렵고 중용을 지키기도 쉽지 않음을 밝혔다.

득일선(得一善)은 공동선(共同善)의 일부분을 얻음이요, 권권(拳拳)은 주먹을 꽉 쥔 모습이며, 복응(服膺)은 가슴에 꼭 붙이는 것으로 잃지 않기 위하여 신중히 단속하는 태도이다. 결국 중용은 집단의 모든 선을 구비해야 완전하지만 그러나 부분적인 공동선만 확보하여도 화합통일의 길이 열림을 변론했다. 따라서 중용은 이미 합의한 원칙을 확고하게 지키면서 끈기 있게 새로운 합의점을 모색해야지 뜻대로 안 된다고 이미 합의한 원칙까지 깨버리면 도저히 화합통일의 길을 찾을 수 없는 것이다.

9. 중용은 세상에서 가장 어려운 길

9-1 ——————— 子曰 天下國家도 可均也며 爵祿도 可辭也며
白刃도 可蹈也로되 中庸은 不可能也니라.

『공자가 말씀하시기를 '천하국가도 고루 공평하게 할 수 있으며, 작위와 봉록도 사양할 수 있으며, 하얀 칼날도 밟을 수 있지만 중용은 잘할 수 없느니라.'』

◉ 중용은 전체를 대통일하여 활발하게 발전하는 자체동력을 필요로 하기 때문에 전지(全知), 전능(全能)한 지도력을 요구한다. 천하국가를 균등하고 공평하게 다스리는 일은 대단히 어려운 일이다. 그러나 거기에 활발하게 발전하는 자체동력을 개발하기는 더욱 어렵고, 높은 벼슬과 봉록을 사양하기는 대단히 어려운 일이다. 그러나 신성한 지도력으로 전체의 신임을 얻기는 더더욱 어려운 일이며, 하얀 칼날을 밟기는 대단히 어려운 일이다. 그러나 전지전능한 지혜로 영웅적인 결단을 내리기는 더욱 위대한 용기를 필요로 한다.

천하국가를 균평하게 다스리고, 작록을 사양하고, 하얀 칼날을 밟는 것은 모두 개인의 지혜와 능력으로 해낼 수 있지만 인민이 떨치고 일어나서 분발노력하고, 국민이 모두 정부를 신임하며, 정책결정에 찬성하여 호응하는 것은 모두 전체의 화합과 협력을 이끌어 내야만 성공할 수 있는 일이다. 그러므로 중용은 개인의 힘만으로는 불가능한 사업이고 반드시 민심이 돌아야 되는 것을 이 장에서 밝혔다. 불가능(不可能)은 가능하지 않다는 뜻이 아니라, 잘할 수 없다는 말이다.

10. 중용에서 필요한 강력한 영향력

10-1 ──────────────────────────── ^{자로}子路가 ^{문강}問强한대

『자로가 굳셈을 물으니』

　☯ 앞 장에서 개인의 독자적인 힘만으로는 중용을 잘하기가 어렵고 반드시 사회구성원 전체의 자발적이고 자율적인 자치역량의 개발이 중용의 필수요건임을 지적하고 이 장에서는 얼마나 강력한 영향력이 있어야만 사회구성원 전체를 자발적으로 떨치고 일어나게 할 수 있는지를 공자와 제자 자로의 문답을 인용하여 밝혔다.

10-2 ────────────── ^{자왈}子曰 ^{남방지강여}南方之强與아 ^{북방지강여}北方之强與아 ^{억이강여}抑而强與아.

『공자가 말씀하시기를, '남방의 굳셈인가? 북방의 굳셈인가? 아니면 너의 굳셈인가?'』

　☯ 이 절은 공자가 반어사법을 이용하여 풍토와 기후에 따라 관습과 풍속이 다르므로 시대와 지역과 문화의 조건에 따라 새 바람을 일으키는 굳셈의 형태도 서로 같지 아니함을 먼저 분석해서 강력한 영향력도 상황적 조건을 간파해야만 파급효과가 나타나는 것임을 지적했다. 여(與)는 의문종결사이고, 억(抑)은 '아니면', '혹은'의 뜻을 가진 접속사이며, 이(而)는 2인칭대명사로 '너'이다.

10-3 ——————————————— 寬柔以教요 不報無道는 南方之强也니
君子가 居之니라.

『너그러움과 부드러움으로 가르치고, 무도함을 보복하지 않는 것은 남방의 굳셈이니 군자가 사느니라.』

◉ 관대한 도량과 유순한 태도로 가르침은 사랑을 교육의 이념으로 한다는 뜻이고, 무도한 행동에 대하여 보복하지 않는 것은 인간 이하로 취급해서 상대하지 않겠다는 의미이다. 이것은 인간사랑의 정신이요, 인격존중의 의식으로 따뜻한 기후, 부드러운 토질, 풍요로운 산물 등의 자연환경의 여러 가지 조건 속에서 형성된 남방문화의 특질이다. 남방은 열대지방과 온대지방을 통칭하는 것으로 남방인의 낙천적이고 여유만만한 삶의 태도는 오직 인간사랑과 인격존중을 통해서만 강력한 영향력을 발휘하여 그들에게 새로운 바람을 일으킬 수 있다는 사실을 말했다. 군자는 도덕군자이니 군자를 감동시켜서 화합하는 강력한 영향력은 도덕적 품격이라는 뜻이다.

10-4 ——————————————— 袵金革하여 死而不厭은 北方之强也니
而强者가 居之니라.

『창칼과 갑옷을 옆에 깔고 죽어도 싫어하지 않음은 북방의 굳셈이니 강자가 사느니라.』

◉ 임(袵)은 자리로 까는 것이고, 금(金)은 창칼 등의 병기이며,

혁(革)은 갑옷이다. 항상 창칼과 갑옷을 휴대하는 것은 무예를 숭상하여 닦는다는 뜻이며, 죽어도 싫어하지 않음은 용감한 전투정신이다. 출중한 무예와 용감한 투혼을 숭상하는 기풍은 추운 기후와 거친 산하 그리고 빈약한 산물 등의 자연조건의 열악한 환경 속에서 형성된 북방문화의 특질이다. 북방은 한대지방을 지칭하는 것으로 북방인의 직선적이고 모험적인 삶의 태도는 오직 탁월한 무예와 장렬한 전투정신을 통해서만 강력한 영향력을 발휘하여 그들에게 신선한 충격을 줄 수 있음을 말했다. 강자(强者)는 싸우면 반드시 승리하고, 공격하면 반드시 탈취하는 전쟁의 영웅이니 강자를 감동시켜서 화합통일하는 강력한 영향력은 불퇴전의 전투정신이라는 뜻이다.

앞 절에서는 군자의 문교정책에 의한 문덕(文德)만이 남방인을 교화하는 힘이고, 이 절에서는 강자의 군사정책에 의한 무력(武力)만이 북방인을 교화하는 힘임을 지적해서 결국 문무를 겸전해야만 천하를 감동케 하여 인민을 스스로 떨치고 일어나게 해서 대하처럼 새로운 물결을 파도치게 할 수 있음을 역설하고, 다음 절에서는 이와 같은 문무겸전의 탁월한 영향력을 스스로 기르는 방법을 제시하였다.

10-5　　故로 君子는 和而不流하나니 强哉矯여
中立而不倚하나니 强哉矯여 國有道에 不變塞焉하나니
强哉矯여 國無道에 至死不變하나니 强哉矯여.

『그러므로 군자는 화합하면서도 흐르지 아니 하나니 굳세도다 꿋꿋함이여, 중심이 서서 기울지 아니하나니 굳세도다 꿋꿋함이여, 나라에 도가 있음에 목표를 변경하지 아니하니 굳세도다 꿋꿋함이여, 나라에 도가 없음에 죽음에 이르러도 변절하지 아니하나니 굳세도다 꿋꿋함이여.』

◐ 고(故)로는 앞의 두 절에 대한 결론을 도출하는 말이고, 군자는 문무를 겸전하여 탁월한 영향력을 기르는 현인이며, 화이불류(和而不流)는 인간애로 대중과 화합하면서도 속물로 타락하지 않는 것이니 곧 너그럽고 유순함으로 가르치면서도 무도함을 보복하지 않은 것이다. 중립이불의(中立而不倚)는 천하정의의 중심체를 확립하여 외부의 힘에 의지하지 아니함이니 곧 천하제일의 의군(義軍)이다. 색(塞)은 책임을 완수해야 하는 목표지점으로 이에 나라에 도덕이 있으면 문덕(文德)을 변방의 끝에까지 널리 베풀어서 천하문명을 건설하는 목표를 절대로 변경하지 않는 것이 불변색언(不變塞焉)이다. 이것은 명덕(明德)을 밝혀 나라를 잘 다스렸으면 천하를 평화롭게 건설해야 하는 정치인의 사명과 교육자의 책무를 끝까지 망각하지 아니함이다. 나라에 도가 없는 것은 부정과 불의가 창궐한 것인즉 정의를 지키기 위하여 의병(義兵)을 일으켜 불의를 성토하고 정벌함에 있어서 장렬한 용맹을 드날려 시대를 구원하는 의리를 다하는 것이 지사불변(至死不變)이다. 이것은 암흑시대에 인류를 구원하고 역사를 바로잡기 위하여 분연히 궐기해서 고군분투하는 무인(武人)의 표상이다.

공자는 자로에게 남북의 강건한 정신을 아우르고 문무를 겸전해서 치세(治世)에도 난세(亂世)에도 전 인류를 모두 감동시켜 떨치고 일어나게 할 수 있는 굳세고도 꿋꿋한 길을 가르쳐 주었는데, 자사는 이것을 인용하여 중용으로 가는 가장 강력한 영향력 개발방법으로 제시하였다.

11. 중용의 굴절된 모습들

11-1 —————————————— 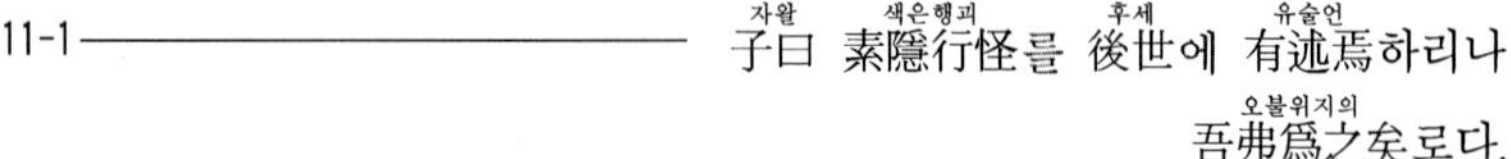

『공자가 말씀하시기를 '숨은 계략을 찾고, 괴력을 행하는 것을 후세에 논술하리나 나는 하지 않으리로다.'』

◑ 소(素)는 주자(朱子)가 색(索)의 오자(誤字)라고 하였다. 색은(索隱)은 은모(隱謀)를 찾는 것이요, 행괴(行怪)는 괴력(怪力)을 행하는 것이니 모두 문덕(文德)과 무력(武力)으로 인민을 떨치고 일어나게 할 수 있는 역량이 부족한 까닭에 은밀한 책모(策謀)를 찾고 괴이한 마력(魔力)을 행사하여 인민을 일시적으로 화합통일하는 임시방편이다.

공자는 이와 같은 정도를 벗어난 권모술수와 비정상적인 괴이한 마력을 가지고 일시적으로 인민을 마취시켜서 화합통일을 추구하는 길은 바로 인민의 자주성과 자립의지를 해치는 간악한 사술(邪術)이요, 망상적 신비주의로서 결국 우민(愚民)정치로 전락하는 문이기 때문에 도저히 써서는 안 된다는 사실을 지적했다.

은모(隱謀)는 은밀한 술수로서 음양참위설·운명론·왕권신수설과 같은 것이고, 괴력(怪力)은 신비주의·법술주의·기적설(奇蹟說)과 같은 것으로 진(秦)나라의 초법적인 힘의 통치와 한(漢)나라의 비인간적인 술수정치가 모두 후세에 나타난 은벽괴이한 국민통합논리에서 기인했다고 할 것인즉 이것은 세상을 속이고 중용의 진리를 굴절시킨 형태들이다. 그러므로 정자(程子)는 『춘추전(春秋傳)』의 서문에서 진나라는 사업에 오류를 범했고, 한나라는 도덕성을 저버렸다고 비판했다.

11-2

君子는 遵道而行하다가 半途而廢하거니와
吾弗能已矣로다.

『군자는 도를 따라 행하다가 중도에서 폐지하거니와 나는 그만둘 수 없느니라.』

◉ 앞 절에서는 중용의 공명정대한 역사발전법칙을 이탈한 결과제일주의의 위험성을 경고했고, 이 절에서는 수단과 방법의 정당성만을 추구하다가 결과가 없으므로 해서 포기해 버리는 중도좌절을 경계하였다.

수단과 방법을 가리지 않는 모험주의는 마땅히 해서는 안 되는 일이지만 정당한 수단과 옳은 방법으로 해도 성과가 없다고 하여 중간에 포기하는 것도 절대 금물이다. 중용은 인생에 있어서 가장 성실하고 밝은 길이며, 나아가 정치문화에 있어서 최고의 가치이므로 비록 소기의 목적을 달성하지 못했다고 하더라도 결코 중단하여 폐지할 사항이 아니며 오히려 더욱 분발노력해서 목표에 접근해 가야만 군자로서의 사명을 다하는 길이다.

군자(君子)는 사회를 통합하기 위하여 노력하는 사회의 지도자이

154

고, 준도이행(遵道而行)은 분열주의와 배타주의 및 당파주의를 극복
하고 중용의 도를 따라서 대통일, 대화합의 사회문화를 창출하는 데
진력하는 것이며, 반도이폐(半途而廢)는 사세가 여의치 못하여 현실
과 타협하고, 시류와 영합한 것인즉 능력이 부족하여 차선책을 취한
것이다. 공자는 지선(至善)을 추구하는 노력을 결코 포기할 수 없는
까닭에 나는 그만둘 수 없다고 말하여 끝까지 분발할 것을 촉구했다.

11-3————————— 君子는 依乎中庸하여 遞世不見知而不悔하나니
                              唯聖者가 能之니라.

『군자는 중용에 의거하여 세상에 숨어서 알아주지 않아도 후회하
지 아니하나니 오직 성자가 잘하니라.』

◑ 이 절에서는 합리적이고 인간적인 중용의 진리에 의거하여 한
평생 사회통합자의 역할을 함에 비록 세상에 숨어서 알아주는 사람
이 없어도 후회하지 않고, 처음부터 끝까지 대통일 대화합의 노력
으로 일관하여 용왕매진하는 것이 중용주의자의 올바른 자세임을
역설하였다.

의호중용(依乎中庸)은 은모(隱謀)나 암수(暗數) 및 괴력(怪力)을
쓰지 않고, 과학적 지식과 인간적 성실성에 기초하여 화합을 추구
하는 중용의 도덕에 의거함이요, 돈세(遯世)는 사회가 극도로 분열
하고 천하가 어지러워서 도저히 중용의 진리로 사회변혁을 주도할
방법이 없기 때문에 초야에서 숨어 사는 것이다. 따라서 세상에 숨

어서 홀로 중용의 도를 실천하는 것은 뜻을 펴기 위하여 기회를 찾는 것이므로 결코 좌절이나 변절이 아니기 때문에 남이 알아주지 아니해도 뉘우침이 없는 것이며, 이 길은 또한 난세에 성인이 가는 길이므로 오직 성자여야 잘한다고 하였다.

12. 중용의 무한한 조절 역량

12-1 ——————————————————— 君子之道는 費而隱이니라.

『군자의 도는 쓰면서도 숨기느니라.』

◉ 군자의 도는 국가사회의 지도층이 솔선수범하여 전체인민의 대화합을 경영하는 길이다. 비(費)는 마음을 쓰고, 힘을 쓰고, 재물을 쓰는 것이며, 은(隱)은 숨겨서 나타내지 아니함이다. 마음을 쓰고 숨기는 것은 덕(德)이요, 힘을 쓰고 숨기는 것은 섬기는 봉사(奉仕)이며, 재물을 쓰면서도 숨기는 것은 혜(惠)이다. 그러므로 비이은(費而隱)은 희생(犧牲)과 봉사(奉仕)의 정신으로 임하여 대화합, 대통일의 사업에 오로지 힘쓰고 노력하면서도 겸손하여 자랑하지 아니하는 것이다.

12-2 ——————————————— 夫婦之愚로도 可以與知焉이로되
及其至也하여는 雖聖人이라도 亦有所不知焉하며
夫婦之不肖로도 可以能行焉이로되 及其至也하여는
雖聖人이라도 亦有所不能焉하며 天地之大也에도
人猶有所憾이니 故로 君子는 語大인댄 天下莫能載焉이요
語小인댄 天下莫能破焉이니라.

『부부의 어리석음으로도 가히 참예하여 알 것이로되 그 지극한

데 미쳐서는 비록 성인이라도 또한 알지 못하는 바가 있으며, 부부의 같잖음으로도 가히 잘 행할 것이로되 그 지극한 데 미쳐서는 비록 성인이라도 또한 잘하지 못하는 바가 있으며, 하늘땅의 큼으로도 사람은 오히려 부족하게 느끼는 바가 있나니 그러므로 군자는 큰 것을 말할진댄 천하가 능히 받아들이지 못하고, 작은 것을 말할진댄 천하가 능히 다하지 못하니라.』

☯ 인간사회에 있어서 자유롭고 평등하게 화합하는 길은 부부생활로부터 출발한다. 따라서 가정의 화목을 위하여 애써 노력하면서도 겸손하여 자랑하지 않고 숨기는 중용의 길은 어리석은 부부라도 참예하여 알 수 있지만 인류의 화합, 자연과의 조화(調和), 하늘과의 합일(合一) 등과 같은 지극한 경지에 이르러서는 비록 성인이라도 또한 알지 못하는 바가 있으며, 가정의 화목을 도모하기 위하여 희생정신으로 헌신봉사하는 것은 똑똑치 못한 부부라도 잘 실행할 수 있지만 천하를 화평하게 만들어 만방(萬邦)이 협력하고 화합하는 탕탕평평(蕩蕩平平)의 도를 실천하는 지극한 일에 이르러서는 비록 성인이라도 또한 잘하지 못하는 바가 있는 것이다. 이것은 모두 군자의 도는 무한한 봉사정신과 희생역량이 있어야 됨을 설파한 것이다. 대개 가깝고 작은 집단의 화합을 위한 헌신봉사의 지혜와 실천력은 누구나 가지고 있는 것이지만 멀고 큰 집단의 화합을 위한 희생적 봉사의 지혜와 실천력은 아무나 할 수 있는 것이 아님을 밝혀서 세계인민을 위한 봉사의 길이 쉽지 않음을 지적했다. 왜냐하면 하늘땅처럼 위대한 은덕에도 사람은 오히려 부족함을 느끼기 때문이다.

그러므로 군자가 밖이 없는 6합(六合) 내외의 8굉(八紘)을 하나의 우주로 생각하고, 하늘과 땅이 결합하여 운행 발전하는 거대한 통일체계 건설을 말함에 천하도 다 담아낼 수 없고, 또한 군자가 안이 없는 최소단체인 가정이나 소집단의 화목과 안정을 구축하는 작은 조직체의 건설을 말함에 천하도 마침내 다 이룩하지 못하는 것이니, 중용의 도는 가장 거대하고도 치밀함을 논했다.

천지지대(天地之大)는 해, 달, 별이 운행하여 봄, 여름, 가을, 겨울이 변하는 영원한 시간과 5대양 6대주의 산과 물이 분포하여 동서남북의 넓은 공간의 결합구조인데 이에 대하여 사람들이 오히려 부족감을 느낀다는 것은 인간사회의 안녕과 화합을 파괴하는 천재지변과 같은 자연의 재난에 하늘땅을 원망함이다. 대(大)는 이 세상에서 가장 큰 조직체를 건설한 중심체이니 대우주의 진리이고, 소(小)는 이 세상에서 가장 작은 조직체를 건설한 결합체니 한 가정의 윤리이다. 천하도 싣지 못한다는 것은 그것을 운용할 만한 더 큰 조직체가 없다는 뜻이고, 천하도 깨지 못한다는 것은 그 가정의 화목을 외부에서 파괴하지 못한다는 뜻으로 해석할 수도 있다.

12-3 ——————————————— 詩云 鳶飛戾天하고 魚躍于淵이라 하니
言其上下察也니라.

『시경에 이르기를 '솔개는 날아서 하늘에 이르고, 고기는 연못에서 뛰도다.'라고 하니 그 위아래에 밝게 나타남을 말하니라.』

● 이 절에서는 중용의 무한한 화합조절역량의 극치를 설명하였

다. 자연계의 조화(調和)와 질서는 자연적이고도 천연적인 결합의 체계에 따라 더욱 활발하게 생동하는 현상으로 발전하는 아름다운 세계임을 밝혔다.

솔개는 새이고 하늘은 공기층이니, 새와 공기층의 만남은 서로를 더욱 활발하게 솟구치게 하고, 연못은 물이니, 고기와 물의 만남은 서로를 더욱 활발하게 솟구치게 한다. 이리하여 새와 공기, 고기와 물은 서로 떨어질 수 없고, 만나면 서로 생동하는 활력이 솟구치는 영원한 동반자의 관계가 되는 것이 중용의 극치이며, 또한 자연의 현상은 위아래에서 그러한 모습으로 뚜렷이 나타나고 있음을 지적하였다. 시는 「시경」 대아(大雅) 한록(旱麓)의 편이다. 여천(戾天)은 높은 하늘에까지도 이르러 가는 상승의 길이며 우연(于淵)은 깊은 심연에까지도 이르러 가는 하강의 길이다. 찰(察)은 밝고 뚜렷한 현상으로 나타남이니, 아래도 같다.

12-4 ─────────────────────

『군자의 도는 부부에서 실마리를 만드니 그 지극함에 미쳐서는 하늘땅에 나타나니라.』

◑ 이 장에서 논급한 중용에 접근하는 방법과 극치를 결론적으로 서술했다.

군자의 도는 전체의 화합을 위하여 애써 노력하면서도 숨기는 희생

정신과 봉사활동이요, 부부생활에서 새롭게 화합하고 협조하여 서로의 장점을 배합함으로써 각각 무한한 활력을 증진하는 공동체의식의 실마리를 만든다는 것은 사회의 기본조직체인 가족단위의 작은 영역으로부터 화목하고 즐겁게 사는 사회생활을 익힌다는 말이며, 그 지극한 데 미쳐서는 하늘땅에 나타난다는 것은 군자가 널리 시대를 구원하고 인민을 해방하여 자유롭고 평등하고 활발한 세상을 만들어 대동세계(大同世界)를 건설함으로써 하늘, 땅, 사람이 모두 빛나는 문명천지를 창조해서 현실로 나타낸다는 뜻이다.

13. 인간화합의 길

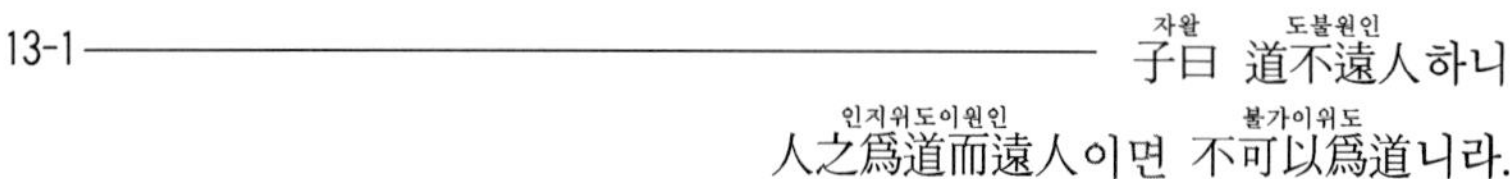

『공자가 말씀하시기를 '도는 사람을 멀리하지 아니 하나니, 사람이 도를 하면서 사람을 멀리하면 도를 할 수 없느니라.'』

◉ 이 장은 인간화합이 통일의 주체임을 설파한 내용이다. 중용의 도는 인간을 중심으로 해서 화합통일의 영역을 확대하여 나가는 인간중심사상이다. 그러므로 인간의 화합통일에 의한 확고한 중심체 건설이 중용의 길을 개척하는 출발점이다. 따라서 중용의 도는 사람을 멀리하지 않고, 모든 인간관계에 있어서 자주적·민주적·평등적인 인격체로서의 화합통일을 추구하는 것이다. 만일 사람이 중용의 도를 모색하면서 배타적·독단적·차별적인 시각을 가지고 사람을 멀리한다면 도저히 중용의 도를 실현할 수 없는 것이다. 도(道)는 중용의 도이고, 원인(遠人)은 고립주의자와 배타주의자 그리고 분열주의자와 편당주의자 및 인류파괴주의자가 인간을 배척하고 절교하는 행동이다.

13-2 ——————————————— 詩云 伐柯伐柯여 其則不遠이라 하니
執柯以伐柯하되 睨而視之하고 猶以爲遠하나니
故로 君子는 以人治人하다가 改而止하니라.

『시경에 이르기를 '도끼자루를 자름이여, 도끼자루를 자름이여! 그 법칙이 멀지 않다.'라고 하니 도끼자루를 잡고 도끼자루를 자르되 흘겨보고 오히려 멀다고 생각하니 그러므로 군자는 사람으로서 사람을 다스리다가 고침에서 그치니라.』

◑ 이 절에서는 인간이 본래 평등함을 밝히고 현우, 귀천, 노소, 강약에 관계없이 인간의 평등한 본질에 기초하여 자율적, 자치적으로 공동체사회를 구성하는 일원으로 모두 참여시켜야 하는 사회구성의 평등원칙을 해설했다.

시는 「시경」 빈풍(豳風)의 벌가(伐柯) 편이다. 도끼자루를 자름에 그 법칙이 멀지 않다는 것은 도끼자루를 자르려면 도끼가 있어야 하고, 새로 만들 도끼자루의 굵기와 길이는 현재 가지고 있는 도끼자루가 표준이 되는 것을 의미한다. 이와 같이 자르는 도끼자루와 잘리는 도끼자루가 질량적으로 서로 같으면서도 사람들은 오히려 차이가 있는 것으로 생각하여 치자와 피치자, 교육자와 피교육자의 계급과 계층을 분류한다. 그러나 군자는 인간의 본질적인 존엄성과 평등성에 기초하여 보편적인 인격의 표준으로써 사람을 다스리고 교육하여 고쳐서 정상인이 되면 더 이상의 간섭을 중지하고, 동등한 사회구성원으로 대우한다.

가(柯)는 도끼자루이고 칙(則)은 법칙이며, 예(睨)는 흘겨보는

것이니 이질감을 느끼는 표현이다. 군자는 자치적인 민주사회건설을 위한 사회통합자의 역할을 하는 지도층인사이다. 개이지(改而止)는 고립주의나 차별사상을 버리고, 이미 감화하여 스스로 사회주의나 평등사상을 가지면 즉각 중지하여 자체적으로 활발한 사회활동을 하도록 해방하는 것이다.

13-3 

『충직과 용서는 도에서 떨어짐이 멀지 않으니, 자기에게 베풀기를 원치 않는 것을 또한 남에게 베풀지 말지니라.』

◉ 이 절은 인간화합의 기본윤리를 밝힌 것이다.

충(忠)은 성실 정직하여 사심 없이 있는 힘을 다하는 마음이요, 서(恕)는 자기 자신을 헤아려서 남을 용서하는 마음이니 곧 봉사정신과 동정심이다. 인간사회에서 적극적인 봉사정신과 두터운 동정심은 인의(仁義)의 인간성을 추구하는 행실이므로 인간화합을 완성하는 중용의 도에서 떨어짐이 멀지 않은 것이다. 위(違)는 떨어짐이니 위도불원(違道不遠)은 화합의 도에 가까이 접근했다는 뜻이고, 자기에게 베풀기를 원치 않는 것은 압박, 침해, 간섭, 수탈, 모독, 배척 등과 같은 악덕이며 또한 남에게 베풀지 말라는 것은 이러한 악덕을 베풀어서 남으로 하여금 위화감이나 소외감을 느끼게 하는 행동을 하지 말라고 경계한 것이다.

13-4 ——————————————————

君子之道가 四에 丘未能一焉이로니
所求乎子로 以事父를 未能也하며
所求乎臣으로 以事君을 未能也하며
所求乎弟로 以事兄을 未能也하며
所求乎朋友로 先施之를 未能也로니
庸德之行하며 庸言之謹하여 有所不足이어든
不敢不勉하며 有餘어든 不敢盡하여 言顧行하며
行顧言이니 君子가 胡不慥慥爾리오.

『군자의 도가 네 가지인데 구(丘, 공자의 이름)는 한 가지도 잘
하지 못하니, 아들에게 요구하는 바로써 아버지 섬기기를 잘하지
못하며, 신하에게 요구하는 바로써 임금 섬기기를 잘하지 못하며,
아우에게 요구하는 바로써 형을 섬기기를 잘하지 못하며, 붕우에게
요구하는 바로써 먼저 베풀기를 잘하지 못하니, 떳떳한 덕은 행하
며, 떳떳한 말은 삼가여, 부족한 바가 있거든 감히 힘쓰지 아니함이
없으며, 나머지가 있거든 감히 다하지 아니하여, 말은 행실을 돌아
보며 행실은 말을 돌아볼지니, 군자가 어찌 독실하지 않으리요』

☯ 이 절은 인간의 네 가지 관계를 실례로 들어서 화합의 길을
닦는 기본자세를 밝혔다.

군자는 사회통합의 주역이므로 가정에서나 국가에서나 사회에서
항상 화목과 단결과 신뢰를 창출해야 되는 책임이 있다. 그러므로
군자는 아버지와 아들 사이에 친함이 있어야 하고, 국민과 공무원
사이에 정의가 있어야 하고, 형제 사이에 우애가 있어야 하고, 붕우
사이에 믿음이 있어야 하는 까닭에 반드시 먼저 살펴서 도리를 다

해야 하는 책임이 있는 것이다.

그러나 또한 인간관계에 있어서 실망감은 대부분 언행의 불일치에서 온다. 말만 하고 실천이 없는 것이 상서롭지 못하고, 행동을 하고 자랑하는 것이 아름답지 못하니 모두 화합을 깨는 짓이다. 따라서 인간화합을 위한 헌신봉사의 길은 반드시 언행일치(言行一致)해야 할 뿐만 아니라 또한 항상 말을 삼가서 독실한 자세를 가져야 하는 것이다.

용덕(庸德)은 평범한 일상적인 덕행이고, 용언(庸言)은 평범한 일상적인 말이다. 지나친 관심은 사람을 부담스럽게 하고, 지나친 무관심은 사람을 쓸쓸하게 하기 때문에 평범하고 일상적인 말과 행실로써 민주적인 화합을 도출해야 한다. 여기에서 군자의 사회통합 방법은 혁혁한 활동으로서가 아니라 평범한 일상의 노력에 의하여 자연스럽게 추진하는 것임을 분명히 알 수 있는 것이다. 부족한 덕을 더욱 힘쓰면 행실이 더욱 돈독할 것이고, 남은 말을 삼가여 다 하지 않으면 말이 더욱 신설할 것이니 돈독하고 신실한 사람이어야 인간관계를 화합으로 이끌 수 있다. 미능(未能)은 아직 잘하지 못한다는 뜻인데 공자가 겸양하여 제자를 훈계한 말이며, 조조(慥慥)는 언행이 일치하여 독실한 모습이다.

14. 현재 위치에서 화합의 중심이 되라

14-1 ──────────────────── 君子(군자)는 素其位而行(소기위이행)이요 不願乎其外(불원호기외)니라.

『군자는 현재 그 위치에서 행하고, 그 밖의 것을 원하지 않느니라.』

◑ 이 장은 때와 장소와 능력에 알맞게 실천하는 중용의 길을 밝혔다.

소(素)는 현재와 같은 의미이고, 기위(其位)는 그 사람이 처한 위치이며, 행(行)은 화합을 위하여 노력함이다. 군자는 독립적인 인격체로서 화합의 중심역할을 하기 때문에 현재위치에서 자주, 민주, 통일을 위하여 헌신 봉사한다. 그러므로 외부의 힘에 의존하지 않을 뿐만 아니라 또한 분수를 벗어난 외부적 조건의 충족을 바라지도 않는 것이다.

만일 외세에 의존하여 화합하면 자연히 독립주권을 침해당할 것이고, 능력의 한계를 초과한 조건으로 화합하면 필연적으로 중심을 잃을 것인즉 모두 안정성도 보장하지 못하고 발전도 기대할 수 없는 것이므로 군자는 그 밖의 것을 원치 않는 것이다.

14-2───────────────────────────── 素富貴하면 行乎富貴하며
素貧賤하면 行乎貧賤하며 素夷狄하면 行乎夷狄하며
素患難하면 行乎患難이니
君子는 無入而不自得焉이니라.

『현재 부귀하면 부귀에서 행하며, 현재 빈천하면 빈천에서 행하
며, 현재 이적이면 이적에서 행하며, 현재 환난하면 환난에서 행하
나니 군자는 들어가서 스스로 얻지 못함이 없느니라.』

☯ 이 절은 현재 그 위치에서 화합하는 실례를 구체적으로 밝힌
내용이다.

현재 부귀하면 그 부귀를 토대로 더욱 발전하기 위하여 화합을
도모하며, 현재 빈천하면 그 빈천을 면하기 위하여 화합을 도모하
며, 현재 이적의 오랑캐 세상이 되었으면 오랑캐를 물리치기 위하
여 단결해서 투쟁하며, 현재 환난을 당했으면 환난을 극복하기 위
하여 단합해서 수습해야 한다. 그러므로 군자는 어떠한 상황에 처
하더라도 스스로 화합단결을 위하여 노력하지 않음이 없는 것이다.
호(乎)는 전치사로 '에서'의 뜻이다.

14-3───────────────────────────── 在上位하여 不陵下하며 在下位하여 不援上이요
正己而不求於人이면 則無怨이니
上不怨天하며 下不尤人이니라.

『윗자리에 있음에 아랫사람을 능멸하지 아니하며, 아랫자리에 있

음에 윗사람을 끌어 잡지 아니하며, 자기 자신을 바르게 하여 남에게 요구하지 않으면 원망이 없나니, 위로 하늘을 원망하지 않고, 아래로 사람을 허물하지 않으니라.』

◑ 이 절은 중용의 자주자립적 화합정신을 설파했다.

윗자리에 있으면서 아래를 능멸함은 민중주체의 민주화합정신을 망각한 행동이고, 아랫자리에 있으면서 위의 세력을 끌어 잡는 것은 자율자치적 화합체제를 파괴한 행위이니 모두 타력에 의한 굴종적 획일주의에 지나지 못한 것이다. 따라서 화합의 중심체인 자기 자신을 바르게 하여 남에게서 구하지 않아야만 원망이 없는 화합체를 건설할 수 있는 것이다. 하늘을 원망하지 않고, 사람을 허물하지 않는 것은 처음부터 끝까지 스스로 책임을 지는 자주독립적 인격주체의 화합인 까닭에 탓할 데가 없다는 말이다.

14-4————————————————— 故고로 君君子자는 居易以俟命거이이사명하고
小小人인은 行險以徼幸행험이요행이니라.

『그러므로 군자는 평이하게 행하여 천명을 기다리고, 소인은 모험을 행하여 요행을 찾느니라.』

◑ 이 절은 현재의 위치에서 자력으로 화합을 추구하는 군자의 합리주의정신과 타력에 의존하여 화합을 추구하는 소인의 모험주의를 비교하여 설명했다.

거이(居易)는 현재의 위치에서 모두 이해할 수 있는 과학적인 방법으로 모순과 갈등과 대립을 해소하는 방법이고, 사명(俟命)은 성공과 실패의 모든 책임을 자체적으로 가지면서 천명을 기다린다는 뜻이다. 행험(行險)은 위기의식을 조성하여 외부세력을 끌어들여서 일시적 안정과 화합을 도모하는 것이며, 요행(徼幸)은 외세가 순순히 물러가 주고, 안정과 화합이 공고하게 유지되기를 바라는 망상이다. 행(幸)은 불가사의한 일이 기적적으로 일어나서 문제가 해결되는 것이니 불로소득이다.

14-5───────────────────── 子曰 射는 有似乎君子하니
失諸正鵠이오 反求諸其身이니라.

『공자가 말씀하시기를 '활쏘기는 군자에게 유사함이 있나니 과녁을 맞히지 못하면 돌이켜서 그 자신에게서 잘못을 찾느니라.'』

◉ 이 절은 분열과 갈등과 모순을 슬기롭게 극복하지 못한 모든 책임을 스스로 지는 군자의 도를 거듭 강조하였다.

정곡(正鵠)은 베와 가죽으로 만든 과녁의 중심인데 화살이 과녁을 맞히지 못하면 반드시 쏘는 순간의 자세를 반성해야 하듯이 군자도 자체적으로 화합을 도모함에 있어서 성공하지 못하면 자기 자신의 역량과 자세를 반성해야 함을 비유하여 역설했다.

15. 가정의 화목은 화합의 기초

15-1 ——————————————
君子之道는 辟如行遠必自邇하며
辟如登高必自卑니라.

『군자의 도는 비유컨대 먼 곳을 감에 반드시 가까운 데로부터 시작함과 같으며, 비유컨대 높은 곳을 오름에 반드시 낮은 데로부터 말미암음과 같으니라.』

☯ 이 장은 가정의 화목이 모든 화합의 기초임을 역설했다.

군자의 도는 군자가 화합을 이루어 나가는 방법이고, 비(辟)는 비(譬)와 같으며, 고원(高遠)은 천하를 화평하게 함과 하늘땅 귀신이 모두 평화로운 이상세계를 뜻하고, 비이(卑邇)는 가족의 화목과 국가사회의 화합을 이루는 현실적 조건을 뜻한다.

15-2 ——————————————
詩曰 妻子好合이 如鼓瑟琴이라도
兄弟旣翕이라야 和樂且耽이라
宜爾室家하여 樂爾妻帑라 하여늘.

『시경에 이르기를 '처자가 잘 화합함이 비파와 거문고를 타는 것처럼 어울리더라도, 형제가 이미 화합하여야 화락하고도 즐거워라.

너의 집안을 의좋게 하여 너의 처자를 즐겁게 하도다.'라고 하거늘.』

　☯ 가족은 혈연집단으로 애정과 의리로 결합한 운명공동체이다. 부자와 형제는 천륜(天倫)관계이니 가장 가깝고, 부부는 혼례로 맺은 천륜(天倫)관계인데 가장 낮은 사이이다. 그러므로 가장 낮은 단계인 처자를 즐겁게 해주기 위해서는 반드시 먼저 가장 가까운 부형(父兄)을 공경하고 사랑해야 되는 정의(情義)가 있다.

　시는 『시경』 소아(小雅) 상체(常棣) 편이고, 슬(瑟)과 금(琴)은 화음이 서로 잘 되는 악기이며, 흡(翕)은 두 날개가 있어야 날듯이 똑같이 힘씀이요, 탐(耽)은 너무나도 즐거움이며, 노(帑)는 자손이다. 이 시는 형제의 우애와 가족의 윤리(倫理)가 있어야만 처자가 잘 화합하고 진정으로 즐거운 가정을 만들 수 있음을 노래하였다.

15-3 ──────────────── 子曰 父母는 其順矣乎인저.

『공자가 말씀하시기를 '부모는 그 화순할진저!'』

　☯ 이 절은 앞 절의 시에 대한 공자의 찬사이다. 자손이 윤리를 밝혀서 형제간에 우애 있고 친척과 의좋게 살면서 처자가 화합하고 일가친척이 친하여 즐거운 가정, 화목한 집안이 되면 부모는 자연히 화순할 것임을 말했다.

　이 절에서 유의할 것은 가정화합의 주역이 부모가 아니라 아들과 며느리라는 점이다. 남의 아들이나 며느리가 된 사람은 이 책임을 잊지 말아야 할 것이다. 전통사회에서 결혼의 의미는 중대하다. 아들이 결혼을 하면 아버지의 대를 이어야 하고, 며느리가 시집에 오면 시어머니의 일을 계승하므로 결혼한 날로부터 그 집안을 화목하게 가꾸는 책무가 아들과 며느리에게 있는 것이다. 따라서 아들은 아버지의 뜻을 자주 묻고, 며느리는 시어머니의 뜻을 자주 물어서 자식의 도리를 지키면 부모는 오히려 자식을 믿고 따르는 것이다.

16. 조상신의 성대한 화합정신

16-1 —————————————————— 子曰 鬼神之爲德이 其盛矣乎인저.

『공자가 말씀하시기를 '귀신의 덕 됨이 그 성대한저!'』

☯ 이 장은 귀신의 성대한 화합력을 말했다.

귀신(鬼神)은 천지 산천의 신명(神明)과 조상신(祖上神)이다. 씨족(氏族), 종족(宗族), 민족(民族)은 하나의 정신으로 화합단결하는 강력한 친화력이 있는데 그 까닭은 무엇인가? 결국 천지자연의 신명과 조상신의 성대한 화합력의 소산이라고 할 것이다. 위덕(爲德)은 사람에게 안정감과 활력을 주는 도덕정신이고, 성(盛)은 왕성하게 충만하다는 뜻이다.

중용의 도는 화합의 길을 창출함에 있어서 합리적이고 성실성이 있는 화합력은 모두 발굴한다. 그러므로 이 장에서 귀신의 화합력까지 논급하여 씨족화합, 종족화합, 민족화합의 길을 열었으나 여기서의 귀신은 자연변화의 헤아릴 수 없는 오묘한 음양(陰陽) 두 기운의 작용을 지칭한 것이요, 결코 괴력난신(怪力亂神)을 지적한 것이 아니다. 오직 정신과 육체가 분리되면 혼(魂)과 백(魄)으로 변화하고, 혼과 백이 변화하여 귀(鬼)와 신(神)이 되는 것이며, 신(神)은 양기(陽氣)의 영(靈)이요, 귀(鬼)는 음기(陰氣)의 영(靈)이니 양기는 발산하고 음기는 수렴하여 두 기능이 작용해서 창조와 변화를 일으키는 것이다. 따라서 유교의 귀신론은 과학적 신비주의로서 인식하는 것이요, 결단코 비과학적 신비주의로서 인정하는 것이 아니다.

16-2────────────────── 視之而弗見하며 聽之而弗聞이로되
體物而不可遺니라.

『보아도 보이지 않고, 들어도 들리지 않으나 만물을 주체하기에
남길 수 없느니라.』

☯ 이 절은 귀신의 화합력이 대단함을 밝혔다.

귀신은 형체도 없고 소리도 없지만 만물을 주체하여 현상세계를
처음부터 끝까지 작용하는 기능이 있으므로 어떠한 존재도 그와 같
은 자연의 현상을 벗어나서 잊어버릴 수 없는 것이다. 보이지 않고
들리지 않는다는 것은 귀신이 본래 형체나 소리가 없는 음양의 기
(氣)이기 때문에 그 기능이나 작용은 현상으로만 나타난다는 뜻이
고, 체물(體物)은 만물을 주체하여 사물을 빠짐없이 화합통일시키
는 강력한 권능이 있다는 의미이다. 그리하여 아래 절과 같은 정신
을 발양시키는 것이다.

16-3────────────────── 使天下之人으로 齊明盛服하여 以承祭祀하고
洋洋乎如在其上하며 如在其左右니라.

『천하의 사람으로 하여금 목욕재계하고, 깨끗한 음식과 성대한

의복으로 제사를 받들게 하고, 훌륭하고 아름답게 그 위에 계신 듯
하며, 그 좌우에 계신 듯하니라.』

☯ 귀신은 보이지도 않고 들리지도 않지만 천하의 모든 사람은 스
스로 목욕재계하고 깨끗한 음식과 성대한 의복으로 제사를 지냄과
동시에 그 순간 훌륭하고 아름다운 신령이 계신 듯한 충만한 기쁨을
느끼는데 이것은 도대체 누가 시킨 것이며, 또 무엇이 나타남인가?
모두 앞 절에서 말한 귀신의 작용으로 자연적인 현상일 따름이다.

　재(齊)는 목욕재계(沐浴齊戒)하여 부정을 피하고 몸과 마음을 깨
끗이 함이요, 명(明)은 깨끗한 제기와 정결한 음식이며, 성복(盛服)
은 화려한 제례복(祭禮服)이다. 제사(祭祀)는 부모와 조상을 추모
하고 그 은덕에 보답하는 의식과 천지산천에 감사하는 예식이며,
양양(洋洋)은 훌륭하고 아름다운 신령의 모습을 형용한 말이다. 결
국 조상을 숭배하고 하늘을 공경하는 제사는 민족을 화합시키고 인
류를 화합시키는 커다란 힘이 있으므로 조상과 자손이 일체가 되
고, 하늘과 사람이 하나로 합하는 것이 화합통일의 영역을 확대발
전시키는 길임을 변증해서 가족애, 종족애, 민족애, 인류애를 발양
해야 함을 주장했다.

16-4─────────────── 詩曰 神之格思를 不可度思온 矧可射思아하니

『시경에 말하기를 '신이 강림하심을 헤아릴 수 없거니와 하물며
싫어하리요?'라고 하니』

◐ 시는 『시경』 대아(大雅) 억지(抑之) 편이고, 격(格)은 강림하여 오는 것이며, 신(矧)은 하물며이고, 역(射)은 싫어하여 배척함이다. 사(思)는 모두 시의 자구를 맞추기 위한 뜻이 없는 글자이다. 이 절은 귀신의 존재를 의식하지 않을지언정 하늘을 무시하고 조상을 모독하여 마침내 역천패륜(逆天悖倫)하는 타락한 인간이 될 것이냐고 경고한 노래이다. 중용의 도는 신성한 모습으로의 화합이요, 타락한 형태로의 결합이 아니기 때문에 하늘의 이치를 거역하고 조상의 정신을 배반한 행위를 규탄했다.

16-5 ──────────────────── 夫微之顯이니 誠之不可揜이 如此夫인저.

『대저 기미(幾微)의 나타남이니 성(誠)을 가릴 수 없음이 이와 같은저!』

◐ 이 절은 앞 절을 받아 이 장을 총결한 말이다.

미(微)는 기미(幾微)이니 사물의 미묘한 기틀로 곧 음양(陰陽)이 동정변화(動靜變化)하는 시발이고, 현(顯)은 그러한 기미가 현상으로 뚜렷이 나타남이며, 성(誠)은 진실공명한 자연의 원리이다. 천지 귀신의 조화(造化)가 진실공명하여 자연현상으로 뚜렷이 나타나므로 그 누구도 그것을 거부하거나 엄폐할 수 없음을 결론적으로 말하여 제사의식의 신성한 화합정신과 희생정신을 높이 찬양했다.

17. 순(舜)임금의 효도와 화합력

17-1 ————————————————————— 子曰 舜은 其大孝也與신저
德爲聖人이시고 尊爲天子이시고 富有四海之內하사
宗廟饗之하시며 子孫保之하니라.

『공자가 말씀하시기를 "순임금은 큰 효자이신저. 덕은 성인이 되었고, 존귀함은 천자가 되었고, 부는 사해 안을 경영하시어, 종묘가 제사를 잡수시며, 자손이 보존하니라.』

◉ 이 장은 순임금의 대효(大孝)를 실례로 들어 인간의 기본도덕인 효도의 위대한 감응력과 화합력을 논증했다.

대효(大孝)는 부모의 극단적인 박해에도 불구하고 조금도 원망함이 없이 오히려 더욱 지성으로 사모하여 마침내 순이 50에 이르러서 아버지를 기쁘게 해서 마음을 돌리게 하였고, 또 효도로 천하를 다스려 천하 사람들로 하여금 효심을 일으켜 부모를 잘 섬기게 함이다. 덕(德)은 중화(中和)를 이룬 마음이고, 성인(聖人)은 요(堯)임금의 윤집궐중(允執厥中)의 중도(中道)를 행하여 성인의 도통(道統)을 계승함이며, 존(尊)은 높은 자리이고 천자(天子)는 위대한 문명으로 천하를 통일하여 다스리는 요(堯)임금의 협화만방(協和萬邦)의 평천하(平天下)를 이룩하여 성왕(聖王)의 대통(大統)을 계승함이다. 학자는 모름지기 사제(師弟)로 이어지는 학통과 성인으로 이어지는 도통을 식별하고, 왕(王)으로 이어지는 왕통(王統)과 성

왕(聖王)으로 이어지는 대통을 구별해야 한다.

부는 사해 안을 경영했다는 것은 유(有)가 경영한다는 뜻이니 전 국토를 균등하게 개발하여 산업을 균형 있게 진흥함으로써 사해 안이 모두 경제적으로 풍족한 시대를 건설하여 만민으로 하여금 위로 부모를 봉양하고 아래로 처자를 양육함에 부족함이 없게 했다는 뜻이다. 종묘(宗廟)는 순임금의 종묘이고, 향(饗)은 제사에 귀신이 잡수심이다. 순임금의 대효(大孝)는 모든 사람이 감동하여 가정화합, 국가화합의 추동력이 되기 때문에 후세인이 대대로 종묘를 세우고 제사를 지냄과 동시에 그 자손을 봉(封)하여 그 종묘를 지키게 한 것이다. 실례로 무왕(武王)은 순임금의 후손을 진(陳)나라 제후(諸侯)로 봉하여 순임금을 종묘에서 제사 잡수시게 하였다.

17-2 —————————————— 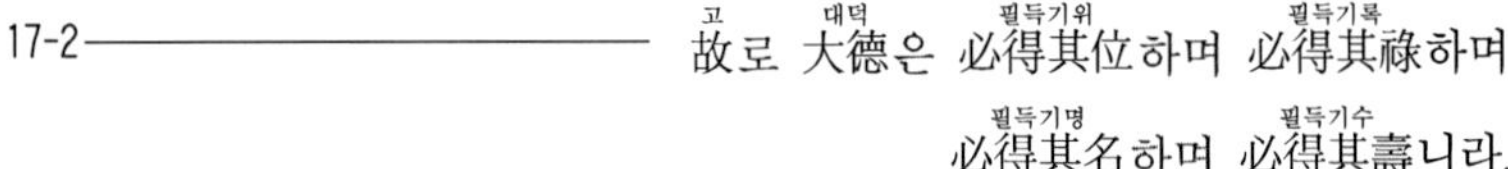

故로 大德은 必得其位하며 必得其祿하며 必得其名하며 必得其壽니라.

『그러므로 큰 덕은 반드시 그 벼슬을 얻으며, 반드시 그 녹을 얻으며, 반드시 그 이름을 얻으며, 반드시 그 수명을 얻느니라.』

◉ 이 절은 앞 절에서 보인 순임금의 사례에서 얻은 결론이다. 대덕(大德)은 대효(大孝), 대지(大知)의 성인으로 화평세계를 건설하는 중심역량이다. 이와 같은 위대한 도덕적 감화력은 인류를 새롭게 떨치고 일어나게 해서 그를 지도자로 추대하고, 분발노력하여 사업을 성공하므로 그 공명을 세우고, 또한 길이 사모하여 받드는

것이다. 위(位)는 정치적 성공으로 얻고, 녹(祿)은 경제정책의 성공으로 얻으며, 명(名)은 문화정책의 성공으로 얻고, 수(壽)는 사회환경정책의 성공으로 얻는다. 순임금은 118세를 누렸다고 한다.

17-3─────────────── 故로 天之生物이 必因其材而篤焉하나니
故로 栽者를 培之하고 傾者를 覆之니라.

『그러므로 하늘이 만물을 생장함이 반드시 그 재질을 인연하여 돈독히 하나니 그러므로 꼿꼿한 것을 북돋워주고 기울어진 것을 거꾸러뜨리니라.』

☯ 이 절은 앞 절의 정치·경제·문화·사회·환경 등의 제반 사업을 성공한 대덕(大德)은 하늘도 돕는다는 것을 논증했다.

천하인류가 화합하는 일은 하늘이 돕는다는 사실은 매우 의미심장한 것으로 민심(民心)과 천심(天心)이 하나로 통하는 것임을 밝혀서 문명한 정치사업은 하늘땅도 정상으로 운행하게 하고, 갈등과 모순으로 대립하여 투쟁만을 일삼는 세상에는 천재지변도 그치지 아니하여 모든 사업이 결단남을 말했다. 재(材)는 재질이요, 독(篤)은 돈독하게 함이니 우수한 재질은 번식하고, 열등한 재질은 소멸됨이다. 재(栽)는 꼿꼿하게 정상으로 심은 것이고, 경(傾)은 기울어져서 비정상으로 심은 것이니 곧 정상적으로 추진한 사업은 북돋워서 성공케 하고, 비정상적으로 추진한 사업은 해쳐서 실패하게 한다는 의미이다.

17-4 ——————————————————————— 詩曰 嘉樂君子의 憲憲令德이 宜民宜人이라
受祿于天이어늘 保佑命之하심을 自天申之라 하니

『시경에 말하기를 '아름답고 즐거운 군자의 어여쁜 덕을 분명하게 밝힘이 인민을 의좋게 하는지라 녹을 하늘에서 받거늘 보호하며 도우며 명령하심을 하늘로부터 거듭하시다'라고 하니』

◉ 시는 『시경』 대아(大雅) 가락(假樂) 편이다. 앞 절의 재배(栽培)와 경복(傾覆)의 논리를 시를 인용하여 변증하였다. 가(嘉)와 헌헌(憲憲)은 『시경』에 가(假)와 현현(顯顯)으로 되어 있다. 가락(嘉樂)은 아름답고 즐거운 친밀감이고, 군자는 정치지도자이며, 헌헌영덕(憲憲令德)은 확실하게 사회모순을 해결하여 화합사회를 경하는 역량이다. 의민의인(宜民宜人)은 인민이 서로 단합하여 자율자치해서 의좋게 사는 것이다. 하늘에서 녹을 받는 것은 군자가 인민을 위하여 봉사하기 때문에 하늘이 사업의 성공을 돕는다는 뜻이다. 보우명지(保佑命之)는 보호하며 도우며 일러보임이고, 자천신지(自天申之)는 군자가 인민의 화목을 위한 도덕을 밝힘에 따라 하늘로부터 거듭 가호가 내린다는 뜻이다.

17-5 ——————————————————————— 故로 大德者는 必受命이니라.

『그러므로 큰 덕이 있는 사람은 반드시 천명을 받느니라.』

◑ 대덕자(大德者)는 천리를 밝히고 도통을 계승하여 인민을 사랑하는 성인이고 수명(受命)은 인민이 최고지도자로 추대하고 하늘의 천명(天命)을 받아서 천하대통을 세운다는 말이다.

18. 무왕과 주공의 제사와 화합력

18-1 ——————————————— 子曰 無憂者는 其惟文王乎신저
以王季爲父하시고 以武王爲子하시니
父作之어시늘 子述之하시니라.

『공자가 말씀하시기를 '근심이 없는 사람은 오직 문왕이신저 왕계로써 아버지가 되시고 무왕으로써 아들이 되시니 아버지가 시작하시거늘 아들이 완성하시니라.'』

● 앞 장에서는 순임금의 효도정신과 인류화합력을 논증하였고, 이 장에서 무왕(武王)과 주공(周公)의 제사(祭祀)정신과 인류화합력을 실증하였다.

순임금은 대지(大知,) 대효(大孝)의 대덕(大德)으로 당대에 천하화합의 대업(大業)을 완수했고, 무왕과 주공은 선대(先代)의 선덕(善德)을 계승함으로서 천하화합의 단결력을 발휘한 것이다. 근심이 없다는 것은 자기의 사업을 더욱 발전시킬 수 있는 자손이 있다는 뜻이다. 문왕의 아버지 왕계(王季)는 주(周)나라의 장래를 위하여 일찍이 공적을 쌓고 인정(仁政)을 베풀었으며, 문왕의 아들 무왕은 폭군 주(紂)를 정벌하고 혁명을 성공적으로 완수하여 인민을 포악한 독재로부터 구제했다.

18-2 ──────────────────────── 武王이 纘大王王季文王之緖하사
壹戎衣而有天下하사대 身不失天下之顯名하사
尊爲天子시고 富有四海之內하사 宗廟饗之하시며
子孫保之하시니라.

『무왕이 태왕, 왕계, 문왕의 실마리를 이어서 한 번 전투복을 입고서 천하를 경영하시되, 몸은 천하의 거룩한 이름을 잃지 아니하사 존귀함은 천자가 되시고, 부는 사해의 안을 경영하사 종묘가 제사를 잡수시며 자손이 보존하니라.』

☯ 이 절은 무왕이 부조(父祖)의 공덕을 바탕으로 전쟁혁명의 단결력을 발휘했다는 내용이다.

찬(纘)은 계승함이고, 태왕(大王)은 무왕의 증조부인 고공단보(古公亶父)이며 서(緖)는 공덕과 사업이다. 일융의(壹戎衣)는 한 번 전투복을 입고 주(紂)를 정벌함이며, 자신이 천하의 거룩한 이름을 잃지 않았다는 것은 제후로서 천자를 정벌하고 전쟁으로 천하를 경영했어도 그것은 부조(父祖)의 문덕(文德)에 기초했기 때문에 모두 무왕을 믿고 따르면서 적극 지지했다는 뜻이고, 천자가 되었다는 것은 천하를 대통일하여 요·순의 대통을 계승하였다는 말이다. 이 절은 자기보다 덕이 많은 선조의 정신을 계승하면 큰 화합력이 생긴다는 사실을 강조했다.

18-3 ——————————— 武王^{무왕}이 末受命^{말수명}이어시늘 周公^{주공}이 成文武之德^{성문무지덕}하사
追王大王王季^{추왕태왕왕계}하시고 上祀先公以天子之禮^{상사선공이천자지례}하시니
斯禮也^{사례야}는 達乎諸侯大夫及士庶人^{달호제후대부급사서인}하니 父爲大夫^{부위대부}요
子爲士^{자위사}면 葬以大夫^{장이대부}요 祭以士^{제이사}하며 父爲士^{부위사}요
子爲大夫^{자위대부}면 葬以士^{장이사}요 祭以大夫^{제이대부}하며
期之喪^{기지상}은 達乎大夫^{달호대부}하고 三年之喪^{삼년지상}은 達乎天子^{달호천자}하니
父母之喪^{부모지상}은 無貴賤一也^{무귀천일야}니라.

『무왕이 말년에 천명을 받으시거늘 주공이 문왕과 무왕의 덕을 이루시어 태왕과 왕계를 왕으로 추존하시고, 위로 선조는 천자의 예식으로 제사를 지내시니 이 예식은 제후, 대부 및 선비, 서인에게 모두 통용하니 아버지가 대부이고 아들이 선비이면 장례는 대부의 예식으로 거행하고 제사는 선비의 예식으로 거행하며, 아버지가 선비이고 아들이 대부이면 장례는 선비의 예식으로 거행하고 제사는 대부의 예식으로 거행하며, 기년의 상은 대부에게까지 공통하고, 3년의 상은 천자에게까지 공통하니 부모의 상은 귀천이 없이 동일하니라.』

☯ 이 절은 주공이 상례(喪禮)와 제례(祭禮)를 제정하여 천하국가의 화합력을 증대한 사실을 밝힌 것이다.

말(末)은 노년기이고, 문무(文武)의 덕은 문왕과 무왕이 인류를 해방한 도덕문명으로 인류역사발전에 공헌한 덕이며, 추왕(追王)은 가까운 조상의 공덕을 추모하여 왕으로 높임이요, 상사선공(上祀先公)은 상대의 먼 조상님께 보답하는 제사를 지냄이다. 달(達)은 모두 공통이란 뜻이고, 서인(庶人)은 서민대중이며, 기(期)는 1주년이

니, 기년상(期年喪)은 3년상(三年喪)보다 가벼운 상(喪)이다. 주공이 제정한 주례(周禮)는 장례 시에는 죽은 사람의 신분으로 장례식을 거행하고, 제사 때에는 제주(祭主)의 신분으로 제사를 지내게 하였으니 이러한 원칙은 서민대중으로부터 천자에 이르기까지 모두 공통적 규율로 하였으며, 또한 부모의 상기(喪期)는 3년상(三年喪)으로 정하여 서민대중으로부터 천자에 이르기까지 공통적으로 통일하였다. 다만 천자와 제후는 천하국가경영의 역할과 책무의 중대성에 비추어 기년상(期年喪) 이하는 상복(喪服)을 면제하도록 했다. 이 절은 주공이 제정한 상례(喪禮)와 제례(祭禮)가 인간 화합의 합리적인 준칙(準則)일 뿐만 아니라 예법으로 생활문화를 통일하는 토대임을 역설한 것이다.

19. 무왕과 주공의 상제례의 준칙

19-1 ———————————————— 子曰 武王周公은 其達孝矣乎신저.

『공자가 말씀하시기를 '무왕과 주공은 그 공통적인 효도이신저!'』

◐ 주공이 제정하고 무왕이 반포한 주례(周禮)는 천하만민이 모두 인정하는 공통적 요소를 수렴하여 그 준칙으로 하였기 때문에 아주 상식적인 내용이다. 이 장에서는 무왕과 주공의 효도방법이 특별하거나 난해한 것이 아니므로 마침내 천하만민을 두루 화합시킬 수 있었음을 실증했다. 달효(達孝)는 천하 사람이 모두 공통적으로 일컫는 효도이다.

19-2 ———————————————— 夫孝者는 善繼人之志하며 善述人之事者也니라.

『무릇 효라는 것은 사람의 뜻을 잘 계승하며 사람의 일을 잘 이어가는 것이니라.』

◐ 이 절은 달효(達孝)의 일반적 내용을 밝힌 것이다. 고금내외에서 공통적으로 말하는 효도는 어버이의 뜻을 계승하고 어버이의 사업을 상속하는 것이다. 그러나 또한 어버이의 특별한 뜻과 특수

한 사업이 없을 수 없으므로 여기에서는 일반적 공통성을 강조하기 위하여 사람의 뜻과 사람의 사업이라고 했다. 따라서 일반인의 공통적인 효도는 일반적인 어버이의 뜻을 받들어 조상께 제사를 지내는 가업(家業)을 유지보존하는 것으로 귀결한다.

19-3─────────────────────
^{춘추} ^{수기조묘} ^{진기종기}
春秋에 修其祖廟하며 陳其宗器하며
^{설기상의} ^{천기시식}
設其裳衣하며 薦其時食이니라.

『봄가을에 그 조상의 사당을 닦고, 그 조상이 간직했던 그릇을 진열하며, 그 의상을 설치하며, 그 철에 나는 음식을 올리느니라.』

◐ 조묘(祖廟)는 조상의 위패를 모신 사당이고, 종기(宗器)는 조상이 간직하던 그릇이며, 상의(裳衣)는 조상이 입던 의복이다. 모두 조상을 잊지 않기 위하여 소중하게 간직한 물건이다. 그 철에 나는 음식을 올리고 조상을 사모하는 것은 바로 그 뜻을 계승하고 그 사업을 상속한 행실로 곧 또한 일반인이 말하는 효자이다. 이와 반대로 그 조상의 사당을 헐어버리고, 그 조상이 간직하던 물건을 팔아버리며, 그 조상의 추억거리를 태워버리며, 그 제사를 지내지 않는 것은 곧 또한 일반인이 말하는 불효자이니 그 효자는 인간적인 친화력을 간직하고, 그 불효자는 인간불신의 위화감을 조성한다.

19-4

宗廟之禮는 所以序昭穆也요
序爵은 所以辨貴賤也요 序事는 所以辨賢也요
旅酬에 下爲上은 所以逮賤也요
燕毛는 所以序齒也니라.

『종묘의 예는 왼쪽과 오른쪽으로 차례를 삼는 원리요, 작위로 차례를 삼는 것은 귀천을 분별하는 원리요, 일로 차례를 삼는 것은 어진 이를 분별하는 원리요, 여러 사람이 함께 음복주를 권함에 아래 사람이 윗사람을 위하는 것은 천한 사람에게까지 미치게 하는 원리요, 수염의 색깔로 모여 앉아 먹음은 나이로 차례를 삼는 원리니라.』

◑ 이 절은 효자가 제사를 지내는 의식은 여러 가지 측면에서 엄숙한 질서와 아름다운 조화(調和)를 추구하는 원리임을 밝혔다.

종묘의 의례제도는 개별적인 존엄성을 기본으로 하면서 전체적인 화합과 통일을 이룩하는 원리이다. 그러므로 여러 조상의 신위(神位)를 배열함에 있어서 중앙을 정위(正位)로 하여 각각 좌우로 세대를 교차하면서 나란히 배열하는데 좌측의 열을 소(昭)라고 하고 우측의 열을 목(穆)이라고 한다. 자손도 이러한 순서에 따라 제주(祭主)를 중심으로 좌우로 항렬을 교차하여 나란히 서도록 하였으니 이것은 여러 조상의 신과 뭇 자손이 직접 대하는 평등성의 원칙이다. 작위를 차례로 하는 것은 헌관(獻官) 등의 순서를 정함이고, 일을 차례로 함은 축관(祝官), 집례(執禮), 집사(執事) 등을 뽑는 일이며, 여수(旅酬)는 여러 사람이 음복주(飮福酒)를 권하고 마시는 의식이며, 연모(燕毛)는 모발의 색깔을 차례로 하여 앉아서 제사음식을 먹는 회식이다. 이것은 모두 친소(親疏), 귀천(貴賤), 현우(賢愚), 상하(上下), 노소(老少) 등의 관계를 분별하여 윤리적 기강을 세움과 동시에 모든 사람이 각각 능력과 신분에 맞는 역할과 기능을 함으로써 참여의식을 높이고 서로 화합하고 협조해서 조상을 빛내는 제사의례의 준칙이다. 여기에서 제사의례는 사람과 사람이 화합해야 사람과 귀신이 화합하는 원리를 알 수 있는 것이다.

19-5────────────

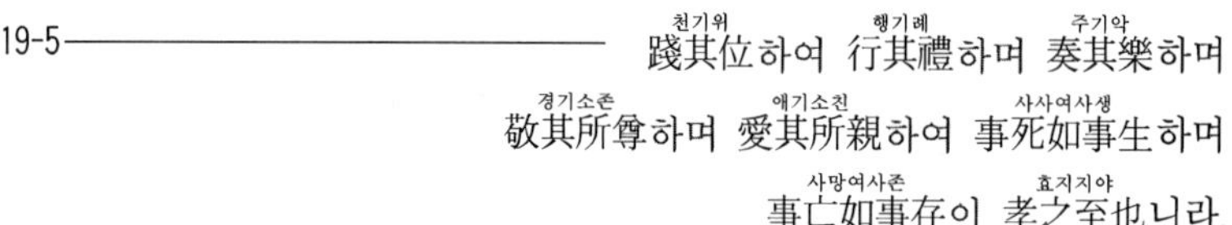

『그 자리를 이어서 그 예식을 거행하며, 그 음악을 연주하며, 그 존경한 바를 공경하며, 그 친애한 바를 사랑하여, 죽은 사람 섬기기를 산 사람을 섬기듯이 하며, 죽어서 없는 사람 섬기기를 생존할 때처럼 섬기는 것이 효도의 지극함이니라.』

◉ 앞 절에서는 제사의 합리적인 의례절차를 말했고, 이 절에서는 제사의 조상숭배정신을 말하였다. 천기위(踐其位)는 종통(宗統)을 이어받아 제주(祭主)가 되는 것이며, 기(其)는 모두 선조이다. 선조의 예악(禮樂)을 따르고, 선조가 존친(尊親)한 바를 지키는 것은 조상의 뜻과 사업을 받드는 일이요, 죽은 뒤에도 살아 있을 때처럼 변함없이 섬기는 것은 지극한 효도이다. 사(死)는 처음 죽어서 시신(屍身)이 있음이요, 망(亡)은 장례를 거행하고 혼백(魂魄)만 집에 모심이다.

19-6 ―――――――――――――――――――――――――― 郊社之禮는 所以事上帝也요
宗廟之禮는 所以祀乎其先也니 明乎郊社之禮와
禘嘗之義면 治國은 其如示諸掌乎인저.

『교사(郊社)의 예는 하느님을 섬기는 원리요, 종묘의 예는 그 선
조를 제사 지내는 원리이니, 교사의 예와 체상(禘嘗)의 의리에 밝
으면 나라를 다스리는 것은 그 손바닥을 보는 것과 같을진저!』

◑ 이 절은 국가의 최고지도자가 천지귀신에게 제사를 지내는 의
례제도와 그 숭고한 정신을 체득하면 정치에 있어서의 국민화합정신
을 창출하기가 아주 쉬움을 밝혔다.

교(郊)는 교외에서 천지신명께 제사를 지내는 교제(郊祭)이고,
사(社)는 국토신과 곡식신을 모신 사직(社稷)이며, 상제(上帝)는
황천상제(皇天上帝)로 만물을 창조하여 주재하는 하느님이며, 체
(禘)는 천자가 태묘(太廟)에서 여름에 제사를 지내면서 그 하느님
을 배향(配享)하는 대제(大祭)이며, 상(嘗)은 가을에 지내는 종묘
제사의 이름이다. 이상은 효도와 제사를 통하여 천지의 위대한 정
신으로 인민을 통일하면 무한한 활력과 단결력이 응집되는 것을 논
증한 것이다. 다음 장부터는 인간 자체의 화합역량에 대하여 논하
므로 효도와 제사에 의한 화합역량은 이 장으로 마친다.

20. 인간에 의한 인민의 화합방법

20-1 ——————————————————— 哀^{애공}公이 問政^{문정}한대

『애공이 정치를 물으니』

☯ 애공(哀公)은 노(魯)나라의 임금으로 공자가 13년간의 천하유세를 끝내고 고향에 돌아오자 여러 번 공자에게 정치사업에 관한 내용을 물었으나 끝내 공자를 등용하지는 않았다.

20-2 ——————————————— 子曰 文武之政^{문무지정}이 布在方策^{포재방책}하니
其人^{기인}이 存則其政^{존즉기정}이 擧^거하고
其人^{기인}이 亡則其政^{무즉기정}이 息^식이니라.

『공자가 말씀하시기를 '문왕과 무왕의 정치사업이 널리 기록에 있으니 그 사람이 있으면 그 정치가 일어나고, 그 사람이 없으면 그 정치가 그치니라.'』

☯ 이 절은 정치사업의 성공과 실패는 오로지 국가지도자의 정치역량에 달려 있음을 지적했다.

문왕과 무왕의 정치는 덕치인정(德治仁政)으로써 인민을 위하여 봉사하고, 문덕(文德)으로 국가를 유신(維新)하였다. 포(布)는 널리

분포함이고, 방책(方策)은 판간(版簡)으로서 고대의 서적이니 곧 기록물이다. 문왕과 무왕의 정치제도와 행정사업이 책으로 남아 있지만 문왕과 무왕 같은 정치지도력이 있어야 실현이 가능하다고 말하는 것은 정치는 한갓 제도와 법률만을 갖추었다고 되는 것이 아니라 국가목표를 구현할 수 있는 덕망을 가진 인간에 의한 국민화합력이 근본이라는 뜻이다. 기인(其人)은 문왕과 무왕 같은 문화적 감화력과 도덕적 화합력으로 인민을 새롭게 떨치고 일어나게 하여 합심협력하고 희생봉사하는 기풍을 조성할 수 있는 정치지도자이고, 식(息)은 멸절이다.

20-3 ─────────────────── 人道는 敏政하고 地道는 敏樹하니
夫政也者는 蒲盧也니라.

『인간의 도는 정치에 민감하고, 땅의 도는 나무에 민감하니, 무릇 정치라고 하는 것은 개버들과 갈대처럼 살리기 쉬운 것이니라.』

◐ 이 절은 인간의 도덕적 품격이 정치를 신속하게 발전시키는 원동력임을 논증했다.

인도(人道)는 인도주의로서 사랑, 정의, 예절, 지식, 믿음의 도덕률이고, 지도(地道)는 음양오행(陰陽五行)에 의한 물, 불, 나무, 쇠, 흙과 같은 지질이다. 인간의 도덕성을 구비한 정치지도자는 감화력과 화합력이 있으므로 정치를 신속하게 발전시키고, 대지의 지질을 완비한 땅은 영양분이 있으므로 나무를 신속하게 자라게 한다. 그

러므로 정치라는 것은 인도주의로 하면 아주 신속하게 일어남을 알
수 있는 것이다. 포로(蒲盧)는 심괄(沈括)이 포위(蒲葦)라고 하였
으니 곧 개버들과 갈대로 아주 잘 자라는 초목이다.

20-4 ——————————————

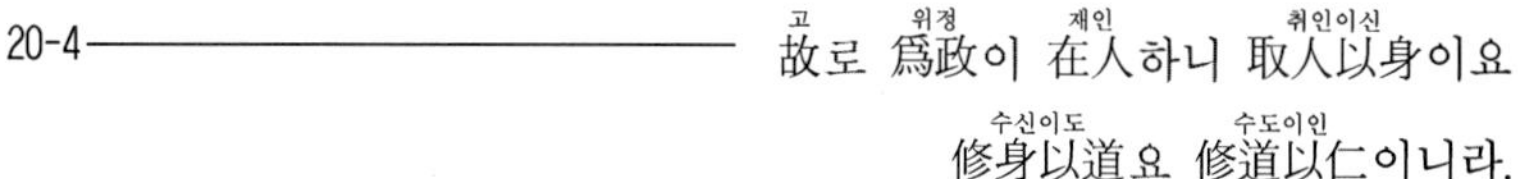

『그러므로 정치를 함은 사람에게 있나니 사람을 취하되 자기의
몸으로 할 것이요, 몸을 닦되 도로써 할 것이요, 도를 닦되 인(仁)
으로 할 것이니라.』

◉ 이 절은 앞 절에서 말한 인도(人道)의 완성방법을 제시했다.
정치를 부흥하기 위해서는 정치지도자와 행정책임자들이 인도주의
에 철저해야 되는 까닭에 인재를 선발하여 등용함에 있어서 임명권
자 자신이 몸소 어진 이를 찾는 노력이 앞서야 하고, 어진 이는 도
덕을 숭상하므로 임명권자 자신이 먼저 인도(人道)로써 몸을 닦아
야 하며, 도는 인간의 본성인 인(仁)으로써 닦아야만 인간의 정치,
사랑의 정치가 가능함을 밝혔다. 인(人)은 정치인과 행정관료이고,
신(身)은 임명권자 지신의 식견과 품격이며, 도(道)는 인도(人道)
요, 인(仁)은 인간본성으로 공변되고 착하여 살리기를 좋아하는 사
랑의 원리이다.

20-5 ——————————————————— 仁者는 人也니 親親이 爲大하고
義者는 宜也니 尊賢이 爲大하니
親親之殺와 尊賢之等이 禮所生也니라.

『인(仁)이라는 것은 인간성이니 어버이를 친애함이 중대하고, 의라는 것은 합리성이니 어진 이를 존경함이 중대하니, 어버이를 친애함의 비김과 어진 이를 존경하는 등급이 예절이 생기는 바이니라.』

◉ 이 절은 앞 절에서 말한 인(仁)으로 수도(修道)하는 실천방법을 제시하였다.

인(仁)은 사람을 사람답게 하는 인간의 고유한 본성으로써 만인평등의 덕성이다. 이와 같이 어진 인간성은 처음부터 끝까지 어버이를 친히 사랑하는 데서 나타나기 때문에 어버이를 친히 사랑하는 효도가 중대하고, 의(義)는 사물을 분별하여 인간답게 처리하는 합리성이다. 그러므로 사회를 합리적으로 경영함에 있어서 어진 합리주의자를 존경하는 것이 중대하다. 가정에서는 인(仁)의 인간성을 말미암아 어버이를 친히 사랑하는 효도를 다하여 화목하고, 사회에서는 의(義)의 합리성을 말미암아 어진 이를 존경하여 받들고 화합하는 것이 바로 수도(修道)하는 방법임을 역설했다.

인(人)은 만인이 평등한 인간이요, 의(宜)는 사물을 합리적으로 경영하여 각각 조화를 얻음이다. 쇄(殺)는 비김이고, 등(等)은 등급이니 친친지쇄(親親之殺)는 모든 사람이 각각 자기의 부모를 친히 사랑하므로 서로 똑같은 효도를 하는 까닭에 결국 비긴다는 뜻이요, 존현지등(尊賢之等)은 지도력과 경영능력의 정도에 따라 존경함의

차등이 있다는 말이다. 예(禮)는 사양하고 공경하는 마음을 표현하는 절도로써 곧 인간사회를 자연스럽게 화합시키는 모범적 공동규율이다. 따라서 예절은 인(仁)의 인간성을 발휘하고, 의(義)의 합리성을 밝히는 절차와 도수(度數)로서의 가치를 가진다. 여기에서 질서와 조화를 소중히 여기는 유교의 화합논리가 획일적이 아니고 화합적이며, 강제적이 아니고 자연적인 면을 확인할 수 있을 것이다.

20-6 ——————————— 在下位하여 不獲乎上이면 民不可得而治矣리라.

『아랫자리에 있으면서 윗사람에게 신임을 얻지 못하면 인민을 얻어 다스리지 못하리라.』

☯ 이 절은 아래 20~17절에 있으니 착오로 중복되었다고 선유(先儒)들이 말했다.

20-7 ——————————— 故로 君子는 不可以不修身이니 思修身인댄
不可以不事親이요 思事親인댄 不可以不知人이요
思知人인댄 不可以不知天이니라.

『그러므로 군자는 몸을 닦지 않을 수 없으니, 몸을 닦으려고 생각할진대 어버이를 섬기지 않을 수 없고, 어버이를 섬기려고 생각할진대 사람을 알지 않을 수 없고, 사람을 알려고 생각할진대 하늘

을 알지 않을 수 없느니라.』

　◑ 이 절은 몸을 닦음에 있어 인의(仁義)를 말미암아 효제충신 (孝悌忠信)의 예절을 실천함에는 반드시 사람을 알고 하늘을 아는 고도의 인문주의적 지성을 갖추어야 됨을 강조했다.

　수신(修身)은 개인의 인격을 수양해서 자립적인 인격체를 확립하는 일이요, 사친(事親)은 어버이를 친히 섬겨서 조상의 정신을 계승하고 자손을 잘 교육하여 화목한 가정을 만드는 것이며, 지인(知人)은 인간의 도리와 인생의 본의(本義)를 아는 것이고, 지천(知天)은 천리(天理)의 자연과학적 지식을 통달함이다.

　군자가 대화합의 중심체를 확립하기 위해서는 먼저 수신(修身)을 해야 하고 수신을 하기 위해서는 또한 자기 몸의 근본인 어버이를 잘 섬겨야 하며, 어버이를 잘 섬기기 위해서는 진정 인간의 본질을 탐구하는 인문과학적 지식이 있어야 하고, 인간을 알기 위해서는 나아가 천지만물의 자연법칙을 깨달아야 함을 말해서 결국 화합통일의 중심체는 인의예지(仁義禮智)로 몸을 수양한 인격임을 논증했다.

20-8 ──────────────
天下之達道가 五에 所以行之者는 三이니
曰君臣也와 父子也와 夫婦也와 昆弟也와
朋友之交也의 五者는 天下之達道也요
知仁勇三者는 天下之達德也니
所以行之者는 一也니라.

『천하의 공통적인 도가 다섯인데 그것을 행하는 원리는 셋이니 말하건대 군신과 부자와 부부와 형제와 붕우의 교제의 다섯은 천하의 공통적인 도요, 지식과 인애와 용기의 셋은 천하의 공통적인 덕이니 그것을 행하는 원리는 하나이니라.』

◑ 이 절은 화합을 추구해야 하는 다섯 가지의 기본범위를 밝히고, 세 가지의 실천덕목과 한 가지의 주체적 행동원리를 제시하였다.

달(達)은 누구에게나 항상 똑같은 공통적 기본이라는 뜻이다. 5달도(五達道)는 만인이 공통적으로 지켜야 하는 도리로서『서전(書傳)』에서는 5품(五品), 5교(五敎), 5전(五典)이라고 하였고, 『맹자(孟子)』에는 5륜(五倫)이라고 했다. 군신은 상하관계요, 부자는 본말(本末)관계요, 부부는 내외관계요, 곤제(昆弟)는 전후(前後)관계요, 붕우는 좌우(左右)관계인즉 누구에게나 없을 수 없는 기본적인 인간관계이므로 그 관계를 정상화하는 상식적인 도리가 없을 수 없는 것이다. 민관(民官) 사이에 정의가 있고, 부자 사이에 친함이 있으며, 부부 사이에 분별이 있고, 장유(長幼) 사이에 질서가 있고, 붕우 사이에 믿음이 있는 것은 국가사회를 화합시키는 기본윤리강령이다. 다만 맹자(孟子)는 군신(君臣)보다 부자(父子)를 앞에 놓았는데 여기에서는 부자보다도 군신을 앞에 놓았으니, 일반서민대중은 부자관계가 군신관계보다도 더욱 절실하고, 국가의 지도자와 공무원은 공적인 신분이 사적인 관계보다 더욱 우선하기 때문이다.

3달덕(三達德)은 모든 사람이 천부적으로 가지고 있는 지(知), 인(仁), 용(勇)의 덕성으로 천하만인이 공인하는 선덕(善德)이니 밝은 지식, 두터운 사랑, 힘찬 용기로써 5달도(五達道)를 실천하면 아주 잘 화합하여 정의와 친애와 분별과 질서와 믿음이 절로 넘치는 것이다. 그러나 또한 3달덕의 봉사정신을 주체적으로 행동에 옮기는 힘은 결국 자기의 성실성에서 나오는 것이므로 하나의 원리를 말했으니 하나는 곧 성(誠)이다.

20-9 ——————————————————
或生而知之하며 或學而知之하며
或困而知之하나니 及其知之하여는 一也니라.
或安而行之하며 或利而行之하며 或勉强而行之하나니
及其成功하여는 一也니라.

『혹 나면서 알며, 혹 배워서 알며, 혹 어려움을 겪어서 알기도 하나니 그 아는 데 미쳐서는 한가지이니라. 혹 편안히 행하며, 혹 이롭게 행하며, 혹 힘써 노력하여 행하나니 그 성공에 미쳐서는 한가지이니라.』

☯ 이 절은 앞 절에서 말한 5달도(五達道)와 3달덕(三達德) 및 하나의 성(誠)을 인식하고 실천하는 다양한 방법을 논증했다.

혹(或)은 불특정 약간인이며, 생(生)은 생득관념(生得觀念)이고, 학(學)은 논증적 인식이며, 곤(困)은 경험적 지식이다. 안(安)은 안심결정(安心決定)이고, 리(利)는 유리선택(有利選擇)이며, 면강(勉强)은 전념집착(專念執着)이다. 인간의 기본적 도덕심과 자기 자신의 성실성을 깨달아 실천함에 있어서 생득적 관념으로 알아서 안심하고 결정하여 실천한 사람도 있고, 학문과 교육을 통한 논증적 지식으로 알아서 유리한 길을 선택하여 실천한 사람도 있으며, 어려움을 당해본 경험적 지식으로 알아서 전념 집착하여 힘써 실천하는 사람도 있지만 그 진리를 확인하고, 그 화합을 이룩하는 결과는 모두 동일한 것이다. 이 절의 요점은 지(知)와 행(行)을 아울러 닦아야 하는 당위성을 말한 것이요, 결코 인간의 본질적인 자질이나 능력의 차이를 구분함이 아닌즉 학자는 깊이 헤아려야 한다. 왜냐하면 자질이나 능력은 개발함에 따라 그 기질이 변화하기 때문이다.

20-10 ──────────────────────────

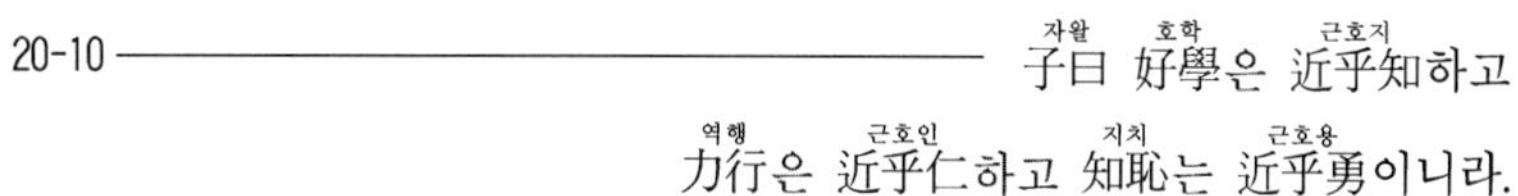

『공자가 말씀하시기를 '배우기를 좋아함은 지혜에 가까워지고, 힘써 행함은 인애에 가까워지고, 부끄러움을 앎은 용기에 가까워지나니라.'』

☯ 이 절은 지혜, 사랑, 용기의 3달덕(三達德)에 접근해 가는 초보적 방법을 말했다.

무지(無知)를 자각했으면 배우기를 좋아해야 되고, 불인(不仁)을 자각했으면 노력하여 사랑을 실천해야 되며, 무용(無勇)을 자각했으면 부끄러운 면을 알아서 힘차게 분발하여야 된다. 진실로 이와 같이 하여 이치를 통달하고, 인간성을 발휘하고, 사회정의에 투철하면 3달덕(三達德)을 완비할 수 있는 것이다.

자왈(子曰) 두 자는 주자(朱子)가 잘못하여 글 가운데 낀 쓸데없는 글자라고 했다. 호학(好學), 역행(力行), 지치(知恥)는 인격수양의 방법이고, 지(知), 인(仁), 용(勇)은 몸에 갖추는 덕(德)이다. 모름지기 학자는 인격수양을 통해 덕을 기르는 방법을 몸소 체득해야 한다.

20-11 ——————————————————
知斯三者면 則知所以修身이요
知所以修身이면 則知所以治人이요
知所以治人이면 則知所以治天下國家矣리라.

『이 세 가지를 알면 몸을 닦는 원리를 알 것이요, 몸을 닦는 원리를 알면 사람을 다스리는 원리를 알 것이요, 사람을 다스리는 원리를 알면 천하국가를 다스리는 원리를 알 것이니라.』

☯ 이 절은 앞에서 말한 지혜, 사랑, 용기가 수신(修身)의 덕목일 뿐만 아니라 또한 치국(治國), 평천하(平天下)의 도덕률임을 결론적으로 논증했다. 3자(三者)는 지(知,) 인(仁), 용(勇)에 접근해 가는 세 가지 방법이니, 곧 배우기를 좋아하고, 힘써 실행하고, 부끄러움을 아는 것이다. 치인(治人)은 사람을 다스리고 교육하는 것이요, 치천하국가(治天下國家)는 정치적으로 정의로운 도덕사회를 건설하고, 경제적으로 이용후생(利用厚生)의 사업을 성공하여 대통을 계승하고 천하국가를 대화합하는 일이다.

20-12 ——————————————————
凡爲天下國家에 有九經하니 曰
修身也와 尊賢也와 親親也와 敬大臣也와
體群臣也와 子庶民也와 來百工也와 柔遠人也와 懷諸侯也니라.

『무릇 천하국가를 다스림에 아홉 가지 대원칙이 있으니 말하건대 몸을 닦음과 어진 이를 존중함과 어버이를 친애함과 대신을 공경함과 뭇 신하를 일체감으로 대함과 서민을 아들처럼 사랑함과 일백 기능공을 오게 함과 먼 나라 사람을 부드럽게 대함과 제후를 안정하게 함이니라.』

◐ 이 절은 천하국가를 다스림에 대화합을 이룩하는 아홉 가지 대원칙을 차례로 밝혔다.

9경(九經)은 천하를 대통일한 정치지도자가 반드시 지켜야 하는 불변의 대도(大道)인즉 「서전(書傳)」의 홍범9주(洪範九疇)와 더불어 도덕정치의 최고이념이다. 수신(修身)은 대화합의 중심체를 확립하여 윤집궐중(允執厥中)의 도통(道統)을 계승하는 길이므로 제일 먼저 거론했고, 그 다음 여덟 가지 항목은 각계각층을 화합통일하여 협화만방(協和萬邦)의 대통(大統)을 계승하는 길이다. 도통과 대통을 모두 계승하면 황극(皇極)이 세워져서 가장 완벽한 화합사회인 대동세계(大同世界)가 이룩된다. 존현(尊賢)이 친친(親親)보다 먼저 놓인 것은 천하의 선덕(善德)을 모아 공명정대한 지도력을 함양하는 것이 더욱 중요하기 때문이고, 친친(親親)이 경대신(敬大臣)보다 앞에 놓인 것은 제가(齊家)가 치국(治國)의 선행조건인 까닭이다. 뭇 신하를 일체감으로 자기의 분신처럼 생각하고, 서민대중을 친아들처럼 사랑함은 국민적 화합을 이루는 길이요, 일백 기능공을 오게 하고 먼 나라 사람을 부드럽게 대하는 것은 세계 인류와 화합하는 민간교류이며, 회제후(懷諸侯)를 가장 끝에 말한 것은 만방(萬邦)의 자치권을 완전히 보장해 주기 위해서는 간섭을 최소화해서 자율성을 신장시켜야만 진정한 세계평화를 달성할 수 있기 때문이다. 회(懷)는 안정하도록 배려함이다.

20-13 　　　　　　　　　　　　　修身則道立하고 尊賢則不惑하고
親親則諸父昆弟가 不怨하고 敬大臣則不眩하고
體群臣則士之報禮가 重하고 子庶民則百姓이 勸하고
來百工則財用이 足하고 柔遠人則四方이 歸之하고
懷諸侯則天下가 畏之니라.

『몸을 닦으면 도가 서고, 어진 이를 존중하면 의혹하지 않고, 어버이를 친애하면 여러 아버지와 형제들이 원망하지 않고, 대신을 공경하면 현혹하지 않고, 뭇 신하를 일체감으로 생각하면 선비가 예를 갚음이 두텁고, 서민을 아들처럼 사랑하면 백성이 권하여 부지런하고, 일백 기능공이 오면 재정이용이 풍족하고, 먼 나라 사람을 부드럽게 대하면 사방이 돌아오고, 제후를 안전하게 하면 천하가 두려워하며 공경하니라.』

◎ 이 절은 9경(九經)의 효과를 말했다.

도립(道立)은 도통(道統)을 계승하여 황극(皇極)을 건립해서 천하화합의 모범이 되는 것이고, 불혹(不惑)은 이치에 밝아 도덕적 양심에 한 치의 의혹이 없는 부동심(不動心)이며, 불원(不怨)은 아버지와 아들의 천륜(天倫)을 온전히 지켜서 가족이 화목하므로 큰아버지나 작은아버지 및 형제가 원망을 하지 않음이다. 불현(不眩)은 정부조직의 체계를 확립하고 대신에게 행정권을 위임하여 내각이 책임을 지고 국민의 신임을 얻도록 함으로써 정치사업추진에 혼란이 없음이다. 선비가 예를 갚음이 두터움은 충직한 선비들이 애국심을 가지고 헌신노력함이며, 백성이 권하여 부지런함은 국민의

의무를 완수하기 위하여 서로 권하면서 자치정신을 배양함이다. 재용(財用)이 풍족함은 농업, 공업, 상업 등의 산업을 개발하여 국가자본이 풍족함이며, 사방이 돌아오는 것은 사방에서 문화중심국의 선진문명을 관광(觀光)하기 위하여 모여드는 것이고, 천하가 두려워함은 대동화합하는 도덕사회에 감히 대적할 도전자가 없다는 뜻이다. 이것은 모두 각계각층의 합리적 질서를 수립하여 사회전체의 안정을 이룩하는 공동분수(共同分數)주의의 실천효과이다.

20-14

齊明盛服하여 非禮不動은 所以修身也요

去讒遠色하며 賤貨而貴德은 所以勸賢也요

尊其位하며 重其祿하며 同其好惡는 所以勸親親也요

官盛任使는 所以勸大臣也요 忠信重祿은 所以勸士也요

時使薄歛은 所以勸百姓也요 日省月試하여 旣禀稱事는

所以勸百工也요 送往迎來하며 嘉善而矜不能은

所以柔遠人也요 繼絶世하며 擧廢國하며 治亂持危하며

朝聘以時하며 厚往而薄來는 所以懷諸侯也니라.

『몸과 마음을 깨끗이 하고, 성대한 복장을 갖추어 예가 아니면 움직이지 아니함은 몸을 닦는 방법이요, 참소를 물리치고 여색을 멀리하며, 재화를 천시하고 덕을 귀하게 여김은 어진 이를 권하는 방법이요, 그 작위를 높이고 그 녹을 무겁게 하며, 그 좋음과 싫음을 같이함은 어버이를 친함을 권하는 방법이요, 관직이 성대하고 사명을 책임지게 함은 대신을 권하는 방법이요, 진실로 믿고 녹을 무겁게 함은 선비를 권하는 방법이요, 때로 부역을 시키고 세율을 얄팍하게 함은 백성을 권장하는 방법이요, 날로 살피며 달로 시험하여 일의 성과에 따라 먹을거리를 더 지급함은 일백 기능공을 권장하는 방법이요, 가는 사람을 보내고 오는 사람을 맞이하며, 착함을 칭찬하고 할 수 없는 사람을 긍휼함은 먼 나라 사람을 부드럽게 대하는 방법이요, 끊어진 역사를 이어주고 황폐한 나라를 일으켜주며, 혼란을 다스리고 위험을 붙잡아주며, 조빙을 때로써 하며 가져감은 후하게 하고 가져옴은 얄팍하게 하는 것은 제후를 안정하게 하는 방법이니라.』

◐ 이 절은 9경(九經)의 구체적인 사업내용을 말했다. 천하는 천하사람의 것이므로 천하사람이 화합할 수 있는 다양한 노력을 다하는 것이 바로 지도자의 책무이다.

재(齊)는 목욕재계하여 부정(不淨)을 금기(禁忌)함이고, 명(明)은 마음과 정신을 깨끗하게 간직함이며, 성복(盛服)은 정장을 갖추어 입음이요, 예가 아니면 움직이지 아니함은 사욕을 극복하고 예의를 지켜서 어진 인간성을 발휘함이니 곧 모두 몸을 닦아서 인격을 함양하는 방법이다. 참(讒)은 참소이니 소인배가 군자를 거짓으로 헐뜯는 말이고, 색(色)은 여색이며, 화(貨)는 재화(財貨)이다. 소인배를 가까이하고, 여색을 좋아하고, 재화를 탐하는 것은 모두 덕(德)을 잃어서 어진 이를 떠나가게 하는 것들이다. 위(位)는 관위(官位)가 아니고 작위(爵位)이다. 국가최고지도자의 친척은 일체 관위(官位)는 주지 않고, 명예로운 작위만 높여서 생활보장책을 충분히 세워주며, 그 좋아하고 싫어하는 정리(情理)를 함께함은 어버이를 친하는 효도의 길이다.

관성(官盛)은 관직이 높고, 관원(官員)이 많아서 권력을 분립(分立)하여 처리하는 정부의 체제를 확립함이고, 임사(任使)는 국무원의 행정권을 보장하여 내각이 책임행정하도록 함인즉 대신의 권력과 기능을 자체적으로 수행하는 조직이다. 충신(忠信)은 진실하게 대하여 신임함이요, 중록(重祿)은 공무원의 봉급을 무겁게 주는 것이며, 사(士)는 중하위급의 관료이다. 이것은 모두 업무처리의 재량권을 주어서 멸사봉공의 공무원 기강을 세우는 길이다.

시사(時使)는 농한기에 일정한 시일을 정하여 부역이나 군사동원훈련을 시키는 것이고, 박렴(薄斂)은 세율을 연 수익의 10분의 1로 정하여 세금을 걷는 것이니 국민의 생업을 장려하고 국가산업을 진흥하는 길이며, 날로 살피고 달로 시험하여 생산량과 숙련도를 평가하고, 사업성과에 따라서 보수를 더 지급하는 것은 과학의 발달과 기술의 향상을 이루는 길이다. 희름(旣禀)은 희름(餼禀)이니 고기와 음식을 조금 더 주는 것으로 곧 성과급이다. 칭사(稱事)는 일의 성과를 헤아려서 상·중·하로 구별하여 대우함이니 일백 기능공을 알아주는 방법이다. 가는 사람을 보내고 오는 사람을 맞이함은 국가를 개방하여 자유로운 왕래를 보장하는 것이며, 가선(嘉善)은 착한 말이나 유익한 일을 한 사람을 포상하여 기리는 것이요, 긍불능(矜不能)은 곤경에 처하여 스스로 해결할 능력이 없는 사람을 동정해서 도와줌으로써 외국인이 안심하고 여행할 수 있게 함이다. 계절세(繼絶世)는 단절된 역사의 정통성을 계승발전하도록 함이고, 거폐국(擧廢國)은 피폐하여 망하는 나라를 원조해서 일으켜 부흥케 함이며, 치란(治亂)은 정치, 경제, 사회적인 혼란을 다스려 안정을 회복케 함이요, 지위(持危)는 국가존망의 위기에 구원군을 파병하여 국가안전을 보장해 주는 것이며, 조빙이시(朝聘以時)는 지방국가의 통치권자가 연방국가의 영도자를 직접 만나보는 조례(朝禮)와 물품만을 선사하는 빙례(聘禮)를 때로써 한다는 뜻으로 「왕제」(王制)에 매년마다 한 번 소빙(少聘)하고, 3년마다 한 번 대빙(大聘)하고, 5년마다 한 번 조(朝)한다고 하였다. 가져감은 후하게 하고 가져옴은 얄팍하게 한다고 함은 문화와 문명을 신속하게 보급해 주면서도 그 보답을 바라지 아니함으로써 지방국가의 부담을 줄이려는 뜻이다. 이것은 천하국가가 서로 화합하여 평화롭게 사는 대동세계건설의 실천방략이다.

20-15————————————————————

凡爲天下國家에 有九經하니
所以行之者는 一也니라.

『무릇 천하국가를 다스림에 아홉 가지 대원칙이 있나니 그것을 행하는 원리는 하나이니라.』

◑ 이 절은 9경(九經)의 사업을 성공적으로 추진하는 힘은 바로 인간의 성실성이 근본임을 밝혔다.

일(一)은 성(誠)이다. 성실성은 스스로 지식능력과 봉사정신과 책임의식이 충만하기 때문에 안팎이 없이 두루 미치고 처음과 끝이 한결같을 수 있는 것이다.

20-16 ─────────────── 凡事는 豫則立하고 不豫則廢하나니
言前定則不跲하고 事前定則不困하고
行前定則不疚하고 道前定則不窮이니라.

『모든 일은 미리 하면 성립하고, 미리 하지 않으면 폐지하나니, 말을 먼저 예정하면 엎어지지 않고, 일을 먼저 예정하면 곤란하지 않으며, 행로를 미리 예정하면 병들지 않고, 도를 먼저 예정하면 궁하지 않으니라.』

☯ 이 절은 앞 절에서 말한 하나의 행동원리인 성(誠)에 접근하는 방법을 밝혔다. 성(誠)의 지극한 진실성을 함양하는 방법은 모든 일을 미리미리 준비해서 예정계획을 세우고 단계적으로 추진하여 무리 없이 사업을 성공하는 역량을 기르는 것이다.

사업추진능력도 없으면서 갑자기 실행하면 실패할 것인즉 미리 준비해야만 성공할 수 있는 것이다. 말을 사전에 예정해서 하면 자가당착에 떨어지지 않을 것이고, 일을 사전에 예정해서 하면 의외의 곤경에 처하지 않을 것이며, 여행을 사전에 예정해서 하면 질병으로 고생하지 않을 것이요, 도리를 사전에 예정하고 하면 궁박하지 않을 것이다. 예(豫)는 사전에 지식을 넓히고, 인간성을 기르며, 실천의지를 확고하게 해서 지극한 정성을 갖추려는 만반의 준비노력이다.

20-17 —————————— 在下位^{재하위}하여 不獲乎上^{불획호상}이면 民不可得而治矣^{민불가득이치의}리라

獲乎上^{획호상}이 有道^{유도}하니 不信乎朋友^{불신호붕우}면 不獲乎上矣^{불획호상의}리라

信乎朋友^{신호붕우}가 有道^{유도}하니 不順乎親^{불순호친}이면 不信乎朋友矣^{불신호붕우의}리라

順乎親^{순호친}이 有道^{유도}하니 反諸身不誠^{반저신불성}이면 不順乎親矣^{불순호친의}리라

誠身^{성신}이 有道^{유도}하니 不明乎善^{불명호선}이면 不誠乎身矣^{불성호신의}리라.

『아랫자리에 있으면서 위에서 얻지 못하면 인민을 얻어 다스리지 못하리라. 위에서 얻음이 도가 있나니 붕우에게 믿지 못하면 위에서 얻지 못하리라. 붕우에게 믿음이 도가 있나니 어버이에게 순종하지 아니하면 붕우에게 믿지 못하리라. 어버이에게 순종함이 도가 있나니 자신에게 돌이켜 성실하지 못하면 어버이에게 순종하지 못하리라. 자신을 성실하게 함이 도가 있나니 선에 밝지 못하면 자신에게 성실하지 못하리라.』

◐ 이 절은 화합의 영역을 넓혀 나가는 예비적 조건을 단계적으로 논증했으니 하위직에 있는 사람이 예비단계를 거쳐서 화합에 이르는 길이다.

정부조직의 하위직에 있는 관료가 그 영역 내에 있는 인민을 얻어서 화합적으로 다스리기 위해서는 먼저 상부조직으로부터 활동을 보장받아야 된다. 상부로부터 권한을 위임받는 전제조건은 붕우로부터 신뢰하는 사람이 되는 것이다. 붕우에게 신뢰를 얻기 위해서는 또한 먼저 어버이에게 순종하는 품성이 있어야 하며, 어버이에게 순종하려면 자기 자신에 돌이켜서 성실함이 있어야 한다. 그리고 자기 자신을 성실하게 하기 위해서는 먼저 선덕(善德)에 밝아야

한다. 이것은 모두 가깝고 낮은 데로부터 화합을 이루어 멀고 높은 곳에까지 대동화합하는 단계적 일관성의 논리로 예비의 도를 밝힌 것이다. 획(獲)은 직무처리의 자유재량권을 얻음이고, 치(治)는 지방자치이며, 반저신(反諸身)은 자신의 내면성을 돌이켜 구함이다. 선(善)은 인간의 고유한 선덕으로 만인 공동의 선이다. 이 공동선(共同善)에 기초해야만 만인을 두루 화합할 수 있는 것이다.

20-18 ─────────────────────

誠者는 天之道也요 誠之者는 人之道也니

誠者는 不勉而中하고 不思而得하여 從容中道하나니

聖人也요 誠之者는 擇善而固執之者也니라.

『성(誠)이라는 것은 하늘의 도요, 성(誠)하는 것은 사람의 도이니, 성이라는 것은 힘쓰지 않아도 적중하며, 생각하지 않아도 잘하여, 조용히 도에 적중하나니 성인이요, 성하는 것은 선을 골라서 굳게 붙잡는 것이다.』

◐ 이 절은 성(誠)의 천도(天道)와 성지(誠之)의 인도(人道)를 분석하여 성(誠)과 예(豫)의 차이점을 비교했다.

성이라는 것은 천도자연의 진실체로서 털끝만치도 사망(邪妄)이 없을 뿐만 아니라 인위적인 노력이나 의식적인 활동이 없어도 조용히 도에 적중하는 성인의 실천원리이다. 인도는 이와 같은 천도의 성(誠)을 체현하기 위하여 부지런히 노력하고 생각해서 공동선(共同善)을 선택하여 굳세게 지키는 것이니 곧 사전에 미리 준비해서 성(誠)하는 길이다. 성(誠)은 현재 진실하고 당시 적중하여 혼연일체가 되고 자연 화합하는 사물의 궁극적 실존이다. 그것은 진실하고 정직하며 무한하고 영원하기 때문에 성인이어야만 자체정성을 완성하여 대화합의 길로 일관할 수 있는 것이다.

하늘의 도는 천지자연이 대화합하여 변화하는 진리이고, 성지(誠之)는 성(誠)을 인식하여 성실하려고 노력함이며, 사람의 도는 자립적 인격체로서 인생의 본의를 찾아 현재의 직분을 다하여 서로 돕고 사랑하는 것이다. 중(中)은 적중함이고, 득(得)은 자득(自得)이며, 택선(擇善)은 밝은 지식이 있음이요, 고집(固執)은 불굴의 용기가 있음이니 밝은 지식과 불굴의 용기가 있어야만 경쟁심과 증오심을 극복하고, 모순과 분열의 벽을 허물어 진정 널리 사랑으로 화합할 수 있음을 변증한 것이다.

20-19 —————————————————— 博學之하며 審問之하며 愼思之하며
明辨之하며 篤行之니라.

『널리 배우며, 살펴 물으며, 신중하게 생각하며, 밝게 분별하며, 돈독하게 행할지니라.』

◯ 이 절은 사전예비의 과정을 거쳐 단계적으로 수양해서 성지(誠之)하는 조목을 밝혔다.

박학(博學)과 심문(審問)은 사물의 이치를 연구하여 지식을 연마하는 경험론(經驗論)적인 진리탐구의 길이고, 신사(愼思)와 명변

(明辨)은 인간의 밝은 덕성으로 공동선(共同善)을 선택하는 이성론(理性論)적인 인간성 함양의 길이며, 독행(篤行)은 경험에서 얻은 지식과 이성으로 판단한 공동선에 철저하여 실천론(實踐論)적인 인격수양의 길이다. 이것은 인간의 성실성을 기르기 위해서는 경험지(經驗知)와 이성(理性) 그리고 실천력을 개발하는 것이 그 공부의 기본과목임을 밝힌 것이다. 「대학(大學)」에서 말한 8조목 가운데 격물(格物)과 치지(致知)는 학문의 영역이고, 성의(誠意)와 정심(正心)은 사변(思辨)의 영역이며, 수신(修身)은 실천의 영역이다. 그러므로 경험학습을 천시하고 이성적 사유만을 고귀하게 여기거나 또는 지식만을 존중하고 실천을 가볍게 아는 것은 모두 성실성을 해치는 것이므로 언제나 학덕(學德)이 겸비하고 지행(知行)이 일치하도록 노력하는 것이 유학(儒學)의 본래 가르침이다.

20-20

有弗學이언정 學之인대 弗能을 弗措也하며
有弗問이언정 問之인대 弗知를 弗措也하며
有弗思이언정 思之인대 弗得을 不措也하며
有弗辨이언정 辨之인대 弗明을 弗措也하며
有弗行이언정 行之인대 弗篤을 弗措也하여
人一能之어든 己百之하며 人十能之어든 己千之니라.

『배우지 않음이 있을지언정 배울진대 능통하지 못함을 내버려두지 않으며, 묻지 않음이 있을지언정 물을진대 알지 못함을 내버려두지 않으며, 생각지 않음이 있을지언정 생각할진대 깨닫지 못함을 내버려두지 않으며, 분별치 않음이 있을지언정 분별할진대 밝지 못함을 내버려두지 않으며, 행하지 않음이 있을지언정 행할진대 돈독지 못함을 내버려두지 아니하여 남이 하나를 능통하거든 나는 백을 하며, 남이 열을 능통하거든 나는 천을 할지니라.』

☯ 이 절은 앞 절에서 말한 성지(誠之)의 다섯 가지 과목에 대하여 분발노력할 것을 강조했다.

인간의 성실성은 결국 자체노력의 산물이다. 스스로 강렬한 진리탐구의 정신을 가지고 철저하게 극기(克己)해서 공동체의식을 길러 힘써 실천하려는 용왕매진의 자세가 있어야만 인간성실의 길로 들어갈 수 있는 것이다. 그러므로 사람이 성실하게 살려면 항상 남보다 백배의 노력이 있어야 한다. 불능(弗能)은 능통하지 못함이고, 불조(弗措)는 그대로 있도록 내버려두지 않고, 즉각 조치를 취함이다. 남이 하나를 능통하면 나는 백을 하고, 남이 열을 능통하면 나는 천을 하는 것은 내가 남보다 백 배의 노력공부를 더 함인즉 재능이 있는 사람은 남보다 백 배 이상 성실할 것이고, 재능이 없는 사람일지라도 또한 마침내 성실하게 될 것이다. 인일기백(人一己百), 인십기천(人十己千)은 남이 한 번에 잘하면 나는 백 번을 하고, 남이 열 번에 잘하면 나는 천 번을 한다고 해석할 수도 있다.

20-21 ——————————————— 果能此道矣면 雖愚나 必明하며
雖柔나 必强이니라.

『과연 이 도를 능통하면 비록 어리석어도 반드시 밝으며, 비록 나약해도 반드시 굳세니라.』

◉ 이 절은 앞 절에서 말한 백 배의 노력을 한 결과 기질이 변화하여 성실하게 됨을 변증했다.

차도(此道)는 학문과 사변과 실천을 통하여 자체성실을 추구하는 길이고, 우(愚)와 유(柔)는 기질이 탁박(濁駁)하여 우매(愚昧)하고 유약(柔弱)함이요, 명(明)과 강(强)은 노력공부의 결과 탁박했던 기질이 청수(淸粹)하게 변화하여 영명(英明)하고 강건(强健)하게 됨이다.

이 장은 모두 공자가 애공(哀公)에게 밝힌 정치적 지도력을 함양하여 정부의 신뢰를 회복하고, 인민의 화합을 이루는 원리이다. 그 분량이 많고 내용도 또한 광범위함에도 별도로 장을 나누지 않은 것은 「공자가어(孔子家語)」의 애공문정(哀公問政)을 참고할 때에 이 내용이 더욱 자상하게 문답형식으로 하나의 단원에 기재되어 있기 때문이다. 그러나 이 장은 하나의 주제를 가지고 다양한 방면에서 서술한 내용이므로 각 절마다의 중대한 의미를 간과해서는 안 된다.

21. 성(誠)과 명(明)은 화합의 원동력

21-1 ────────────────────

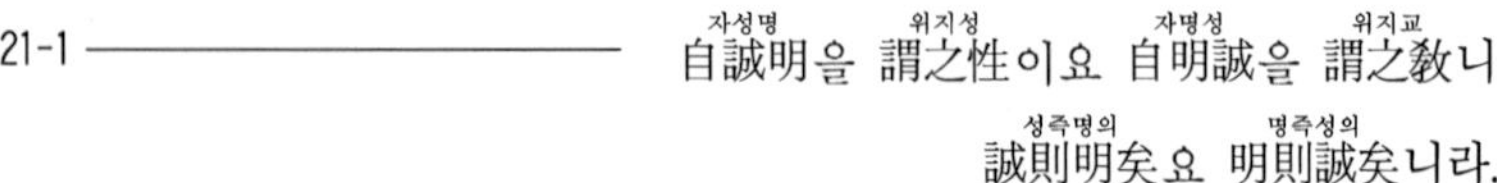

自誠明을 謂之性이요 自明誠을 謂之敎니
誠則明矣요 明則誠矣니라.

『성(誠)으로부터 밝음을 성(性)이라 이르고, 밝음으로부터 성(誠)함을 가르침이라 이르나니 성(誠)하면 밝고, 밝으면 성(誠)하니라.』

◑ 이 장은 중용의 자율적이고 합리적인 화합질서의 중심체인 성(誠)과 명(明)의 본질을 규명했다.

성(誠)은 인간본연의 성실성이고, 명(明)은 사물을 정확하게 인식하는 총명(聰明)한 지능이다. 인간본연의 성실성을 통하여 사물을 정확하게 인식하는 총명한 지능을 가지는 것은 인간본성의 순리적 발현(發現)이고, 사물을 정확하게 인식하는 총명한 지능을 통하여 인간본연의 성실성을 간직하는 것은 교육과 학문으로 기질을 변화한 효과이다. 그러나 성실성은 곧 총명한 지능이고, 총명한 지능은 곧 성실성이기 때문에 천품의 아름다운 자질과 노력공부를 통하여 기질을 변화한 인품은 모두 화합질서의 중심체가 되기에 충분한 것이다. 이것은 앞 장에서 말한 성신(誠身)과 명선(明善), 그리고 천도(天道)와 인도(人道)의 논리를 성(性)과 교(敎)로 분해하여 자사(子思)가 체계를 세운 것으로 성명(誠明)통합의 중요성을 논증한 것이다. 왜냐하면 성실성과 정확성을 겸비해야만 지도력이 완벽하고, 지도력이 완벽해야만 사람을 감동시켜 화합단결을 도출할 수 있기 때문이다.

22. 지성(至誠)의 통일역량은 하늘과 같아

22-1

唯天下至誠이어야 爲能盡其性이니
能盡其性則能盡人之性이요
能盡人之性則能盡物之性이요
能盡物之性則可以贊天地之化育이요
可以贊天地之化育則可以與天地參矣니라.

『오직 천하의 지극한 성실성이어야 능히 그 본성을 다하게 되나니 능히 그 본성을 다하면 능히 사람의 본성을 다할 것이요, 능히 사람의 본성을 다하면 능히 사물의 본성을 다할 것이요, 능히 사물의 본성을 다하면 가히 하늘땅의 변화와 생육을 도울 것이요, 가히 하늘땅의 변화와 생육을 도우면 가히 하늘땅과 더불어 셋이 되니라.』

☯ 이 장은 중용의 중심체인 성(誠)의 주체적, 인간적, 과학적, 발전적 화합통일역량의 극치를 말했다.

천하의 지성(至誠)은 천하를 모두 살피는 총명한 지능과 천하를 두루 사랑하는 넓은 인애심(仁愛心)과 천하를 위하여 헌신봉사하는 실천력을 완벽하게 갖춘 성인이다. 그 본성을 다함은 자기의 본성을 온전하게 길러서 자유자재하는 독립인격체를 확립하는 것이고, 사람의 본성을 다함은 인(仁), 의(義), 예(禮), 지(智)의 인간성을 발휘하여 인도주의에 철저한 것이며, 사물의 본성을 다함은 사물개체의 본성을 정밀하게 과학적으로 연구하여 합리적으로 이용하는 것이요, 하늘땅의 변화와 생육을 도움은 자연의 변화와 만물의 진화를 경영조절하여 문명세계를 건설하고 발전된 역사를 창조하는 것이다. 천지와 더불어 셋이 되는 것은 성인의 화합적 통일역량과 진보적 창조력이 하늘땅과 동일하여 3위1체(三位一體)가 된다는 뜻이다. 능진(能盡)은 능동적으로 남김없이 발휘함이고, 찬(贊)은 찬조하여 고무하고 발양함이며, 화육(化育)은 변화하고 생육(生育)함이다. 여천지참(與天地參)은 천(天), 지(地), 인(人)의 3극(三極)이 나란히 서서 합일(合一)함이다.

23. 부분적 노력을 통하여 화합력을 배양

23-1 ──────────────── 其次는 致曲이니 曲能有誠이니 誠則形하고
形則著하고 著則明하고 明則動하고 動則變하고
變則化니 唯天下至誠이어야 爲能化니라

『그 다음은 곡진함을 이룸이니, 곡진함에 능히 정성이 있나니, 성실하면 나타나고, 나타나면 뚜렷하고, 뚜렷하면 분명하고, 분명하면 움직이고, 움직이면 변하고, 변하면 화하니 오직 천하의 지극한 정성이어야 능히 화하느니라.』

☯ 이 장은 부분적 노력을 통하여 단계적으로 발전해 나가는 변증법적 실천과정을 해설하였다.

기차(其次)는 인간본연의 성실성이 아직 부족한 사람이고, 치곡(致曲)은 일정한 영역에 관한 전문적 식견을 가지고 부분적으로 상세하고도 곡진(曲盡)함을 완벽하게 이루는 것이다. 이것은 자체정성이 아직 미약함을 알기 때문에 부분적 완벽성을 기하면서 점진적으로 성장발전하는 방법을 선택한 것이다. 비록 부분적인 영역에 관한 일이라도 전심노력해서 자세한 곳까지 상세히 통달하여 세밀한 조리를 분명히 밝혀 곡진(曲盡)함을 다하면 그 가운데 능히 성실성이 있는 것이다.

이러한 내면의 작은 성실성이라도 있으면 반드시 밖으로 형상이 나타나고, 이에 더욱 성실하면 그 나타남이 현저(顯著)하며, 현저하

게 충만한 성실성은 사물을 정확하게 인식하는 총명한 지능을 가지게 된다. 형(形)은 성실성의 형식이고, 저(著)는 그 성격이며, 명(明)은 그 기능이니 모두 자체정성을 지극하게 응결하는 요건이다.

이와 같이 곡진함이 발전하여 성실한 내용을 담아서 나타난 형식이 있고, 뚜렷한 성격을 가지며, 밝은 지능을 구비하면 마침내 사물을 감동케 하여 변화시키는 현상조절능력을 획득한다. 동(動)은 처음 감동하여 따라서 움직임이고, 변(變)은 옛것을 버리고 새로운 것을 취하여 형식과 내용이 바야흐로 바뀌는 것이며, 화(化)는 새롭게 바뀐 상태가 그대로 굳어져 버린 것이니 모두 사물을 구조적으로 개혁하여 화합통일의 새 질서를 영구하게 구축하는 현상조절방법이다.

오직 천하의 지극한 정성이어야 영원히 모순과 대립과 갈등이 없는 화합질서를 정착시킬 수 있는 것이다. 현인 이하로부터 일반 대중에 이르기까지 치곡(致曲)을 통하여 천하의 지극한 성실성에 도달한 과정이 이보다 자상한 것이 없으니 학자는 스스로 음미하라.

24. 지극한 정성은 귀신처럼 먼저 알고

24-1 ──────────────────────── 至誠之道는 可以前知니 國家將興에
必有禎祥하며 國家將亡에 必有妖孽하여 見乎蓍龜하며
動乎四體라 禍福將至에 善을 必先知之하며
不善을 必先知之하나니 故로 至誠은 如神이니라.

『지성의 도는 앞에 알 수 있나니 국가가 장차 흥함에 반드시 상
서로움이 있으며, 국가가 장차 망함에 반드시 요망한 재앙이 있나
니 산가지와 거북점에 나타나며, 몸의 팔다리에 발동하는지라. 재앙
과 복이 장차 이르름에 좋을 것을 반드시 먼저 알며, 좋지 못할 것
을 반드시 먼저 아나니 그러므로 지극한 정성은 귀신과 같으니라.』

　☯ 이 장은 합리주의에 철저한 지성(至誠)의 길에는 분별없는 의
욕이나 무모한 모험주의를 단호히 배제함을 밝혔다. 지성의 의식은
사물인식에 있어서 언제나 정확한 기억력과 추리력과 판단력을 보
유하기 때문에 현재를 기준으로 해서 미래를 정확히 예측하는 밝은
지능이 있는 것이다.
　전지(前知)는 선지(先知), 선각(先覺)이고, 정상(禎祥)은 인민이
화합통일하려는 사회적 분위기가 조성된 상서로운 조짐이며, 요얼
(妖孽)은 정치사회적 모순과 갈등이 파생하여 민심이 이탈하게 되
는 요망한 재앙이다. 시(蓍)는 산가지로 괘효(卦爻)를 얻어 서점
(筮占) 치는 도구이고, 귀(龜)는 거북을 불에 구어서 균열의 상을

얻어 복점(卜占)을 치는 물체인즉 모두 선험적으로 미래의 결과를 예단(豫斷)하는 방법이다. 동호사체(動乎四體)는 몸의 손발에 미래를 알 수 있는 기운이 발동한다는 것이니 이미 보고 듣고 느끼는 경험을 통하여 앞으로 올 일을 추측하는 방법이다. 선(善)은 일을 성공적으로 완수하여 국가사회에 이바지함이요, 불선(不善)은 사업을 실패하여 국가사회에 해독을 끼치는 것이다.

이것은 지극한 성실성의 밝은 지능은 선험적 원리로 그리고 경험적 법칙으로 미래의 좋음과 나쁨을 판단함에 있어 전지전능한 귀신과 같은 신통력을 가지기 때문에 정치사업의 추진결과를 정확히 판단하여 결단코 국가사업에 실패가 없음을 밝힌 것이다.

25. 성(誠)의 구조와 작용

25-1 ──────────── 誠者는 自成也요 而道는 自道也니라.

『성(誠)이라는 것은 스스로 이루는 것이요, 그 도는 스스로 행하는 도리이니라.』

◉ 이 장은 성(誠)의 실체를 분해하여 그 본질적 구조와 현상적 작용을 논증했다.

성(誠)은 스스로 이루는 것이라는 말은 성(誠)이 자주독립적 실체이기 때문에 본래 종속하거나 의지하지 않은 까닭에 절대로 양여하거나 박탈할 수 없는 고유성을 가진다는 뜻이고, 그 도는 스스로 행하는 도리라는 말은 성(誠)이 추구하는 길이 어떤 조건이나 목적을 따로 가지지 않은 까닭에 절대로 배반하거나 포기할 수 없는 필연성을 가진다는 뜻이니 곧 자체성실성을 극진히 하는 길임을 뜻한다. 그러므로 성(誠)은 자체적으로 완성하는 자성성(自成性)이 있기 때문에 그 도도 또한 자체정성을 극진히 하는 도리를 추구한다. 이(而)는 대명사이고 자도(自道)는 스스로 이룬 성실성의 내용을 자기 도리의 형식에 온전히 담아서 인격의 중심체를 확립한 사람의 길이다. 따라서 대화합을 추구하는 사람은 마땅히 스스로 성실한 인간이 되어 자기의 도리를 다하는 천하국가의 봉사자로 나서야 한다.

25-2 ——————————————— 誠者는 物之終始니 不誠이면 無物이니
是故로 君子는 誠之爲貴니라.

『성(誠)이라는 것은 만물의 끝이요 시작이니 성실하지 않으면 물자체(物自體)가 없나니 이런 까닭으로 군자는 성실함을 귀중히 여긴다.』

◐ 이 절은 성(誠)이 현상만물을 존재하게 하는 궁극적 실존의 자성체(自性體)임을 변증했다.

물지종시(物之終始)는 현상만물의 존재를 가능하게 해주는 근원적 원인과 현상만물의 변화를 불가피하게 해주는 궁극적 결정이다. 따라서 성(誠)은 만물이 존재하고 변화하는 전 과정을 원인적으로 결정해 버리는 만물의 실질적인 자성체(自性體)이다. 그러므로 성실하지 않으면 사물의 자성체가 없는 것이고, 사물의 본질적 속성과 형식적 구조를 규정하는 자성체가 없으면 그 현존하는 물체의 본래 가치를 찾을 수 없는 것이다. 이런 까닭으로 군자는 성실성을 최고의 가치로 삼아서 자기의 존재가치를 끊임없이 확인한다.

25-3 ——————————————— 誠者는 非自成己而已也라 所以成物也니
成己는 仁也요 成物은 知也니 性之德也라
合內外之道也니 故로 時措之宜也니라.

『성(誠)이라는 것은 스스로 자기를 완성할 뿐만 아니라 사물을 완성하는 원리이니, 자기를 완성함은 인(仁)이요 사물을 완성함은

지(知)이니 본성의 덕이라, 안과 밖을 합하는 도이니 그러므로 때로 조치함이 알맞은 것이다.』

◑ 이 절은 성(誠)의 실천원리가 자주, 민주, 통일의 원칙을 말미암기 때문에 언제나 대동공화(大同共和) 사회건설의 경영철칙임을 논증했다.

스스로 자기를 완성함은 자체정성으로 자주독립적 인격을 완성하여 주체정신을 발휘하는 것이고, 사물을 완성하는 원리란 합리적으로 사물을 개발하여 공동발전하는 공존상생(共存相生)의 민주의식이다. 자기를 완성함이 인(仁)이라는 것은 자체적으로 어진 인간성을 간직했다는 뜻이고, 사물을 완성함이 지(知)라는 것은 슬기로운 지혜를 활용했다는 뜻이다. 인(仁)과 지(知)는 모두 만인통성의 공동선이므로 안과 밖을 화합하여 통일하는 근본인자이다. 따라서 지혜, 사랑, 용기로 자주, 민주, 통일을 추구하는 성(誠)의 실천도덕은 대동공화사회를 경영함에 있어 시대상황에 임하여 조치함에 가장 합리적인 정당성을 가지는 것이다. 시조지의(時措之宜)는 대동공화사회를 건설함에 있어 자주, 민주, 통일의 3원칙을 가지고 상황변화에 따라 조치하면 시의적절한 합당성을 얻는다는 말이다.

26. 지극한 정성은 영원한 자체활력

26-1 ——————————————————— 故로 至誠은 無息이니

『그러므로 지극한 정성은 그침이 없나니』

　◉ 이 장은 화합통일의 중심체인 성(誠)의 구조가 자유지성(自由知性), 평등박애(平等博愛), 의리용기(義理勇氣)로 구성되었기 때문에 영원히 일관(一貫)하는 자체활력이 있음을 논증했다.

　지성(至誠)은 인도(人道)의 극치로서 성(誠)의 천도(天道)에 거의 접근한 경지이므로 성(誠)의 자성체(自性體)를 양생(養生)했기 때문에 자체활력이 있어서 스스로 일관하므로 간격이나 단절이 없는 것이다.

26-2 ——————————————————— 不息則久하고 久則徵하고

『그치지 않으면 오래하고, 오래하면 징험하고』

　◉ 성(誠)의 자체활력이 그치지 않으면 화합력이 오래가고, 대동화합사회를 추구하는 일에 걸림이나 막힘이 없어서 오래 화합하면 객관적으로 그 합당성을 징험하게 된다. 이것은 자체정성을 통한

사회통합의 길이 가장 공명정대하고 순수정밀하다는 사실을 시간이 지남에 따라 점차 객관적 실증으로 공인받게 된다는 뜻이다.

징(徵)은 화합사회가 문명하면서도 인정과 활력이 넘치는 것을 현실적으로 경험하는 것이다.

26-3 ──────────────── 徵則悠遠하고 悠遠則博厚하고
博厚則高明이니라.

『징험하면 아주 오래하고, 아주 오래되면 널리 두텁고, 널리 두터우면 높이 밝으니라.』

◐ 이 절은 지극한 정성이 객관적으로 징험이 나타나면 시간과 공간 그리고 인간을 통일하는 무한한 화합력이 생기는 것을 변증하였다.

성(誠)의 덕(德)은 인(仁)과 지(知)이니 인간의 완벽한 지성이며, 성(誠)의 도(道)는 안과 밖을 합하는 통일의 길이며, 성(誠)의 실용적 가치는 상황에 따라 때로 조치함에 합당성을 얻음이다. 지극한 정성은 이러한 도덕성과 실용성이 있음을 객관적으로 확인받았을 때에 그 정성의 화합역량은 대단한 활력을 가져서 시간적으로 공간적으로 인간적으로 더욱 화합의 영역을 넓혀가는 것이다. 유원(悠遠)은 시작도 끝도 없이 아득히 오랜 시간 동안 일관하는 본성적 추동력이 있는 것을 뜻하고, 박후(博厚)는 공간적으로 널리 두텁게 포용하여 안팎이 없는 수용력이 있는 것을 뜻하며, 고명(高

明)은 인문적 지성을 고도로 개발하여 이론과 실천력을 겸비하여 때에 따라 조치함이 그 실용적 합당성을 얻어서 완전히 성공하는 경영능력이 있는 것을 뜻한다. 이것은 정성으로 화합한 세계가 가장 오래가고, 가장 두텁고, 가장 밝은 사회로 가는 길임을 설파한 것이다.

26-4 ────────────

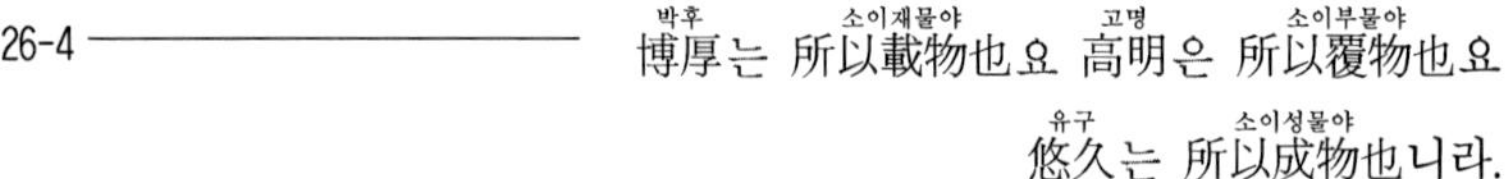

博厚는 所以載物也요 高明은 所以覆物也요
悠久는 所以成物也니라.

『널리 두터움은 만물을 싣는 원리요, 높이 밝음은 만물을 덮는 원리요, 오래 길이 함은 만물을 이루는 원리이니라.』

☯ 이 절은 지극한 정성의 화합력이 현상만물을 생성변화하는 기본적 질서에 철저함을 설파했다.

재물(載物)은 만물을 수용하여 안정시킴이고, 부물(覆物)은 만물을 포용하여 통일시킴이며, 성물(成物)은 만물을 경영하여 완전하게 성취시킴이다. 이것은 지극한 정성이 화합통일하여 사업을 성공하는 방법은 언제나 자연현상이 만물을 화합통일하여 성공하는 원리와 일치함을 논증한 것이다. 유구는 유원(悠遠)보다도 더욱 오랜 시간이다.

26-5 ──────────────────────── 博厚는 配地하고 高明은 配天하고
悠久는 無疆이니라.

『널리 두터움은 땅과 짝하고, 높이 밝음은 하늘과 짝하고, 아득히 오램은 끝이 없음이니라.』

◑ 이 절은 지극한 정성의 넓고 두터운 수용력과 안정성, 높고 밝은 포용력과 통일성, 아득하고 오랜 경영력과 완벽성의 극치를 말했다.

배(配)는 둘이 하나로 배합(配合)하여 서로 협조하는 동등한 관계로 결합한 것인즉 배지(配地)는 땅처럼 만물을 모두 수용하여 안정시키는 경지에 도달한다는 뜻이고, 배천(配天)은 하늘처럼 만물을 모두 포용하여 통일시키는 경지에 이르른다는 뜻이며, 무강(無疆)은 인간이 사물을 경영하여 완벽하게 성공한 문명사(文明史)가 영원히 발전한다는 뜻이다. 이것은 지극한 정성으로 화합한 세계가 하늘과 땅과 역사를 모두 배합통일하여 우주와 함께 영원히 발전하는 길임을 갈파한 것이다.

26-6 ──────────────────────── 如此者는 不見而章하며
不動而變하며 無爲而成이니라.

『이와 같은 사람은 나타나지 않아도 밝으며, 움직이지 않아도 변하며, 함이 없어도 이루느니라.』

◯ 이 절은 하늘과 땅과 사람의 덕(德)을 배합한 지극한 정성의 신비로운 작용력을 극언하였다.

여차자(如此者)는 앞 절에서 말한 바와 같이 성실성이 하늘땅과 같은 성인(聖人)이고, 현(見)은 나타남이니 불현이창(不見而章)은 넓고 두터운 땅의 본질처럼 그 실체는 나타내지 않으면서도 그 형질에 따라 만물의 현상이 스스로 밝게 나타난다는 말이고, 움직이지 않아도 변한다는 것은 높고 밝은 하늘의 본체처럼 그 본체는 움직이지 않으면서도 그 운행에 따라 사물의 현상이 스스로 변화하여 바뀐다는 말이며, 함이 없어도 완성한다는 것은 고도의 지성으로 전지(前知)의 지능이 있어서 미리미리 조치하여 자연스럽게 완성하는 것으로 무위(無爲)는 자유방임하거나 갑자기 조작하는 것이 아니고, 순리로 자연스럽게 해서 무리한 억지가 없는 것이다. 이것은 모두 지극한 정성의 투명성이고 감화력이며 지도력이다.

26-7 ────────────────────────

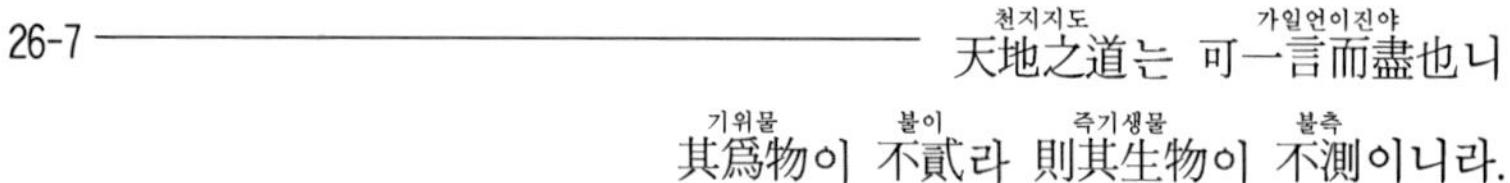

天地之道는 可一言而盡也니

其爲物이 不貳라 則其生物이 不測이니라.

『하늘땅의 도는 말 한 마디로 다할 것이니 그 만물을 만듦이 둘이 아니라 곧 그 만물을 낳음이 헤아릴 수 없느니라.』

◯ 이 절은 만물을 창조진화하는 원리가 다른 것이 아니라 바로 하늘땅의 성실한 도임을 해명했다.

천지의 도는 만물을 창조하여 진화발전하는 자연법칙이고, 말 한 마디로 다할 수 있다는 것은 오로지 성(誠)일 뿐이라는 뜻이다. 위물(爲物)은 조물(造物)이며, 불이(不貳)는 만물을 창조하는 법칙이 두 가지가 아니라 오로지 성(誠) 하나뿐이라는 뜻이요, 생물(生物)은 만물을 변화하여 생성하게 하는 것으로 곧 만물을 진화(進化)함이며, 헤아릴 수 없음은 만물의 종류가 다양하고 그 수가 많아서 무한히 번성한다는 뜻이다. 위물(爲物)은 정(精)과 기(氣)가 화합(化合)하여 새로운 물질을 창조하는 기화(氣化)이고, 생물(生物)은 체(體)와 질(質)이 변화하여 새로운 물질로 진화하는 형화(形化)이다. 천지만물은 천지개벽 이래로 한결같이 성실한 자연법칙에 따라서 기화의 창조와 형화의 진화에 의하여 무한히 발전한다.

26-8 ——————————— 天地之道는 博也厚也高也明也悠也久也니라.

『하늘땅의 도는 넓고, 두텁고, 높고, 밝고, 멀고, 오랜 것이니라.』

☯ 이 절은 하늘땅의 도가 현상사물을 가장 크고 완벽하게 그리고 영원히 화합통일하는 전지전능(全知全能)의 법칙임을 강조하였다. 그것은 하늘땅의 도가 성(誠)의 실리(實理)로 일관하기 때문에 천연의 질서를 구현하여 조금도 어그러짐이나 거스림이 없는 까닭이다.

26-9 —————————————

今夫天은 斯昭昭之多니 及其無窮하여는
日月星辰이 繫焉하며 萬物이 覆焉이니라
今夫地는 一撮土之多니 及其廣厚하여는
載華嶽而不重하며 振河海而不洩하며 萬物이
載焉이니라 今夫山은 一卷石之多니 及其廣大하여는
草木이 生之하며 禽獸가 居之하며 寶藏이 興焉이니라
今夫水는 一勺之多니 及其不測하여는 黿鼉蛟龍魚鼈이
生焉하며 貨財가 殖焉이니라.

『이제 저 하늘은 이 반짝이는 밝음이 많음이니 그 무궁함에 미쳐서는 해, 달, 별들이 매어 있고, 만물이 고루 펼치느니라. 이제 저 땅은 한 줌의 흙이 많음이니 그 넓고 두터움에 미쳐서는 화악(華嶽)을 실어도 무겁지 않으며, 하해(河海)를 담아도 새지 않으며, 만물이 가득하니라. 이제 저 산은 한 주먹만 한 돌이 많음이니 그 넓고 큼에 미쳐서는 풀과 나무가 자라고 새와 짐승이 살며 천연자원의 보고(寶庫)가 되니라. 이제 저 물은 한 잔이 많음이니 그 헤아리지 못함에 미쳐서는 큰 자라, 악어, 이무기, 용, 물고기, 자라가 살며 값진 재물이 번식하니라.』

◐ 이 절은 비록 작은 지혜, 사랑, 용기라도 한결같이 닦고 길러서 노력을 쌓으면 마침내 넓고 두텁고 높고 밝고 멀고 오랜 성실성의 도에 이르는 것을 하늘, 땅, 산, 물의 질량변화로 비교했다. 사물에 있어서 적은 양으로는 별로 쓸모가 없는 것일지라도 양이 많으면 그 효용가치가 상승하는 것이 있다. 이와 마찬가지로 한 사람의

지혜는 한계가 있지만 인류의 지혜를 모으면 그 지혜는 끝이 없는 것이다.

소소(昭昭)는 반짝이는 작은 밝음이고 성(星)은 움직이는 별이며, 신(辰)은 고정하여 있는 별이다. 부(覆)는 고루 분포함이며, 촬토(撮土)는 한 줌의 흙이요, 진(振)은 수용이며, 재(載)는 가득함이다. 권석(卷石)은 주먹만 한 작은 돌이고, 화악(華嶽)은 중국에 있는 명산이며, 보장(寶藏)은 부존자원의 보고(寶庫)이며, 일작(一勺)은 한 잔의 물이요, 하해(河海)는 강과 바다이다. 원(黿)은 큰 자라이며, 타(鼉)는 악어이며, 교(蛟)는 이무기이며, 별(鼈)은 자라이며 화재(貨財)는 진주, 조개, 산호와 같은 값진 재물이다.

이것은 모두 적은 것이라도 무한히 쌓이면 대단한 가치를 창출하듯이 작은 정성을 모아서 그 지극한 데 미치면 헤아릴 수 없는 화합역량이 나오는 것임을 역설한 것이다. 하늘, 땅, 산, 물을 예로 든 것은 현상사물의 이치가 양적 변화에 따라 질이 바뀌고, 질적 변화에 따라 양이 바뀌는 질량변화의 법칙을 증명하기 위함이요, 결코 천지창조의 논리가 이렇다는 것이 아님을 알아야 한다.

26-10 詩云 維天之命이 於穆不已라 하니 蓋曰 天之所以爲天也요 於乎不顯하시니 文王之德之純이여 하니 蓋曰 文王之所以爲文也니 純亦不已니라.

『시경에 이르기를 '생각하건대 하늘의 명이 아, 그윽하여 그치지 아니하도다.'라고 하니 대개 하늘이 하늘 된 까닭을 말함이요, '아,

나타내지 않으시니 문왕의 덕의 순수함이여'라고 하니 대개 문왕이 문이 된 까닭을 말함이니 순수함도 또한 그치지 아니하니라.』

　❂ 이 절은 천명(天命)이 성(誠)으로 일관하여 현상만물을 화합통일하는 원리와 문왕(文王)이 순수성으로 일관하여 국가사회를 화합통일하는 원리를 시를 인용하여 설명했다.

　시는 「시경(詩經)」의 주송(周頌) 유천지명(維天之命) 편이다. 하늘의 명은 하늘이 만물의 존재를 규정하는 지상명령이고, 오(於)는 감탄사이며, 목(穆)은 소리나 움직임이 없이 그윽이 감춘 덕의 모양이며, 불이(不已)는 그치지 않고 한결같이 계속함이다. 개왈(蓋曰)은 개연성으로 말함이고, 하늘이 하늘 된 까닭은 형이상의 리(理)가 있어서 현상만물이 생성변화하는 통일구조를 영원히 간직함이다. 불현(不顯)은 나타내지 않음이고, 문왕의 덕은 국가사회를 화합통일하는 덕이며, 순(純)은 공명심이나 사리사욕이 전혀 없는 순수성이다. 문왕이 문(文)의 시호를 받은 까닭은 그 공덕을 숨겨서 나타내지 않은 순수성이 있었기 때문이며, 이러한 순수성은 또한 그침이 없기 때문에 영원한 화합역량을 간직한다.

　이것은 결국 합리적인 문명사회의 지도자는 자기의 지도력과 공덕을 감추고 인민의 자율적 화합질서를 지극히 존중하는 것이 바로 화합통일을 오래 지속하는 방법임을 설파한 것이다.

27. 성인의 도는 가장 완벽한 화합세계

27-1 ─────────────────────────── 大哉라 聖人之道여

『크도다, 성인의 도여!』

◐ 이 장은 성인의 중용의 도가 가장 합리적이고, 최고의 문명사회건설이념임을 설파했다.

대재(大哉)는 최대의 찬사이고, 성인(聖人)은 요(堯), 순(舜), 우(禹), 탕(湯), 문무(文武), 주공(周公), 공자(孔子)이며, 도는 중용(中庸)의 도이다.

27-2 ─────────────────── 洋洋乎發育萬物하야 峻極于天이로다.

『양양하게 만물을 발육하여 높고 큼이 하늘에 다하였도다.』

◐ 이 절은 중용의 도는 그 작용에 있어서 만물의 개체를 무한히 활발하게 함과 동시에 그 규모에 있어서 현상세계의 전체를 남김없이 포괄하여 망라하는 진리임을 밝혔다.

양양(洋洋)은 자유롭고 평등하여 걸림이나 막힘이 없이 성대하게 활력이 솟아나는 모습으로 만물이 모두 각각 최적의 상태에서 무한히 발전하면서도 전체적으로 완전히 화합통일을 이룩하여 끝없이 생

동하는 기상이다. 만물을 발육하는 것은 만물의 개체적 본성을 해침이 없이 활발하게 생육하여 개체를 충실하게 완성함이고, 준(峻)은 높고 큼이며, 극(極)은 다함이니 준극우천(峻極于天)은 활발하게 화합통일하는 도의 규모가 높고 커서 하늘에 다했다는 뜻이다.

이것은 중용의 도가 최대의 도이고, 최고의 도이기 때문에 한 가지도 제외한 것이 없고, 한 가지도 거스림이 없는 절대진리임을 밝힌 것이다.

27-3 ──────────────── 優優大哉라 禮儀三百이요 威儀三千이로다.

『넉넉하고 성대하도다. 예법의 의식이 삼백 조항이요, 몸가짐의 법도가 삼천 조목이로다.』

◐ 이 절은 중용의 도가 그 실천방법에 있어서 인간의 윤리에 철저한 자율질서를 존중함을 밝혔다.

우우(優優)는 넉넉하여 여유가 있음이고, 예의(禮儀)는 길례(吉禮), 흉례(凶禮), 군례(軍禮), 빈례(賓禮), 가례(嘉禮) 등의 전체적인 진행방식을 제정한 기본규범으로 이른바 경례(經禮)이며, 삼백은 300조항이다. 위의(威儀)는 행사를 함에 있어서 세부적인 몸가짐을 규정한 절차범절이니, 이른바 곡례(曲禮)이며, 삼천은 3,000조목이다.

이것은 공동분수주의(共同分數主義)에 철저한 합리적 조리체계를 완전히 갖추어야만 바야흐로 아름답고 성대한 인문주의적 통일문화

를 창조할 수 있다는 뜻이니, 곧 예(禮)를 회복해서 천하가 인(仁)
으로 돌아가는 길이다.

27-4 ──────────────────────────── 待其人而後에 行이니라.

『그 사람을 기다린 다음에 행하느니라.』

◑ 이 절은 중용의 도를 실행하는 주체는 인간임을 논증했다.

　기인(其人)은 대통(大統)과 도통(道統)을 계승한 성인(聖人)이
고, 행(行)은 성인의 도덕과 예법을 천하국가에 실제로 써서 시행
함이다.

27-5 ──────────────── 故로 曰 苟不至德이면 至道가 不凝焉이니라.

『그러므로 말하기를 진실로 지극한 덕이 아니면 지극한 도가 엉
기지 않는다고 하니라.』

◑ 이 절은 인간의 지극한 덕이 지극한 중용의 도를 이룩하는 중
심체임을 결론적으로 설파했다.

　지덕(至德)은 성실하고, 투명하고, 순수한 덕성이고, 지도(至道)
는 활발하게 생육하고, 전체를 망라하여 화합하며, 인문적 예의법도
를 갖춘 중정(中正)한 도이다. 응(凝)은 사회도덕을 정착해서 대화
합을 완성함이다.

27-6 ——————————————— 故^고로 君子^{군자}는 尊德性而道問學^{존덕성이도문학}이니
致廣大而盡精微^{치광대이진정미}하며 極高明而道中庸^{극고명이도중용}하며
溫故而知新^{온고이지신}하며 敦厚以崇禮^{돈후이숭례}니라.

『그러므로 군자는 덕성을 높이되 학문을 말미암나니 광대함을 이루면서도 정미함을 다하며, 높고 밝음을 다하면서도 중용을 말미암으며, 옛것을 익혀서 새로운 것을 알며, 돈독하고 두터움으로써 예의를 숭상하니라.』

☯ 이 절은 군자가 지극한 덕을 닦아 지극한 도를 이루는 방법을 과학적으로 분석하여 논했다.

덕성을 높이는 것은 고유한 인간성을 함양하여 성실한 인격의 중심체를 확립하는 것이고, 문학(問學)은 학문으로 과학적 지식을 연마함이다. 인간의 존엄한 주체적 성실성이 과학적 지식에 철저할 때에 자주성과 공정성, 그리고 투명성을 갖춘 완벽한 중심기능을 발휘할 수 있기 때문에 덕성을 높이되 학문을 말미암는 것은 도덕학의 근본원리이다. 치광대(致廣大)는 규모를 무한히 넓고 크게 확장함이고, 진정미(盡精微)는 조리를 세밀하게 분석하여 정밀한 뜻과 미세한 내용을 모두 밝힘이다. 이것은 도덕학의 규모가 모든 영역을 포괄하는 거대한 구조임과 동시에 그 체계는 정밀하게 관찰하고 미세하게 분석하여 모든 조리질서를 빠짐없이 갖추는 충실한 내용이라는 뜻이다. 극고명(極高明)은 지극히 식견이 높고 사리가 밝음이고, 도(道)는 말미암는다는 뜻이며, 도중용(道中庸)은 전체를 화합통일하는 중용의 도를 말미암아서 실천함이다. 도덕학의 지도력이 대단히 고매해서 매우 이상적인 경륜을 가지고 있으면서도 그 경영방법은

결코 독단하거나 독주하지 않고, 모든 사람이 스스로 떨치고 일어나서 화합단결하고 협동 노력하는 중용의 도를 말미암아서 추진하는 것이니 곧 대동민주사회의 공화자치를 이루는 길이다.

온(溫)은 따뜻하게 하여 익히는 것이고, 고(故)는 지나가 버린 옛것이다. 지나가 버린 옛것을 익히고 연구해서 새로운 진리를 발견하여 아는 것은 도덕학이 역사발전법칙에 철저하여 항상 정통성을 확립하고, 새 시대 창조의 진취적 역동성을 확보한다는 뜻이다. 돈후(敦厚)는 인정이 넘쳐서 사회의 풍속이 두터운 것이고, 숭례(崇禮)는 예의법도를 숭상하는 것이다. 이것은 도덕학의 사회성이 인간의 본능적인 친화력을 기초로 함과 동시에 문화적 공동체 규범의 자율질서를 숭상한다는 뜻이다. 결국 군자의 도덕학은 천하의 중심체를 세우고, 과학적 지식에 통달하여 대규모적으로 영역을 포괄하고, 정밀하고 미세한 체계를 밝혀서 경륜이 있는 지도력으로 중용의 도를 말미암아 사업을 추진하면서 역사적 정통성을 확립하고, 영원한 발전을 보장하며, 사회에 친화력이 넘치면서도 고도로 발달한 인문주의적 지성을 추구하는 것임을 여기에서 명확히 밝혔다.

27-7 ──────────────────────────
시고　　거상불교　　　위하불패
是故로 居上不驕하며 爲下不倍라
국유도　기언　　족이흥　　　국무도　　기묵
國有道에 其言이 足以興이요 國無道에 其默이
족이용　　시왈　기명차철　　　이보기신
足以容이니 詩曰 旣明且哲하여 以保其身이라 하니
기차지위여
其此之謂與인저.

『이런 까닭으로 위에 있어도 교만하지 않으며, 아래가 되어도 배반하지 않은지라, 나라에 도의가 있으면 그 말이 족히 일어나고 나라에 도의가 없으면 그 침묵이 족히 용납하나니 시경에 말하기를 '이미 밝고 또 어질어서 그 몸을 보존한다.'라고 하니 그 이것을 말함인저!』

◑ 이 절은 앞 절에서 말한 도덕학의 시대변천사를 결론적으로 말했다.

거상(居上)은 천하국가를 지도하는 최상의 위치에 앉아 있는 것이고, 교만하지 않음은 독재를 하지 않음이다. 이것은 요(堯), 순(舜), 우(禹), 탕(湯), 문무(文武)가 임금이 되어 화합적으로 자율 자치하는 중용의 정치철학을 끝까지 지켰음을 말한다. 위하(爲下)는 신하가 됨이고, 불패(不倍)는 배반하지 않음이다. 이것은 설(契), 이윤(伊尹), 부열(傅說), 주공(周公), 공자(孔子)가 신하가 되어 국가의 지도자를 중심으로 화합단결하는 중용의 사회철학을 끝까지 지켰음을 말한다.

나라에 도가 있는 것은 도덕을 존중하는 나라이고, 나라에 도가 없는 것은 도덕을 부정한 나라이다. 도덕을 존중한 나라에서는 가장 성실하고 가장 현명한 중용의 도를 주장하는 말이 충분히 받아 들여져서 시대발전의 중심사상이 되는 것이다. 그러나 도덕을 부정한 나라에서는 초야에 은둔하면서 침묵하는 것이 중용의 도를 후세에 전해주는 사명을 완수하는 방법이다. 이것은 시대의 변천에도 불구하고 중용의 도는 영원히 멸절하지 않고, 인류의 희망으로 전해진다는 뜻이다. 시는 『시경』 대아(大雅) 증민(烝民)의 편이고, 명철보신(明哲保身)은 자애(自愛) 자중(自重)하여 어진 이가 도를 후세에 전하는 사명을 완수한다는 말이다.

28. 화합질서 창출의 몇 가지 도구와 조건

28-1 子曰 愚而好自用하며 賤而好自專이요
生乎今之世하여 反古之道면
如此者는 烖及其身者也니라.

『공자가 말씀하시기를 어리석으면서도 자기의 재능만 쓰기를 좋아하며, 천하면서도 자기의 마음대로 결정하기를 좋아하고, 지금의 세상에 살면서 옛날의 도를 돌이키려고 하면 이와 같은 사람은 재앙이 그 몸에 미칠 것이니라.』

◐ 이 장은 중용의 도가 시대의 발전에 따라 실천방법이 바뀌는 변화의 철학임을 논증했다.

지도자가 어리석으면서도 자기의 재능만 쓰기를 좋아하면 어진 이가 떠나갈 것이고, 신하가 천하면서도 자기의 마음대로 결정하기를 좋아하면 의심을 받을 것이며, 문명이 발달하고, 사회가 복잡하게 변화한 현대에 살면서 옛날의 미개했던 단순사회의 문화제도를 돌이키려고 한다면 인민이 따르지 않을 것이다. 이것은 모두 화합을 깨는 독재요 독단임과 동시에 역사발전을 거역하는 반동이기 때문에 재앙이 그 몸에 미치는 것이다. 자용(自用)은 자기의 재능을 믿고 남의 말을 듣지 않는 것이니 곧 걸(桀)과 주(紂)의 독재를 지칭함이고, 자전(自專)은 자기의 독자적인 생각으로 전결(專決)하는 것으로 곧 관중(管仲)의 법에 따라 전결하는 법치주의를 지칭함이

240

며, 금세(今世)는 인지가 개발되고 문명이 발달한 시대라는 뜻이고, 반(反)은 돌이킨다는 뜻이며, 고도(古道)는 고대국가의 단순사회제도와 소박한 통치술로서 곧 노자(老子)의 무위자연(無爲自然)적인 정치사상을 지적한 것이다. 재(裁)는 재앙으로 천도가 어그러지고 인심이 불화하여 변고와 사변이 일어나는 것이다.

28-2 ──────────── 非天子면 不議禮하며 不制度하며 不考文이니라.

『천자가 아니면 예법을 의결하지 못하며, 제도를 제정하지 못하며, 문체를 고안하지 못하니라.』

◑ 이 절은 새 시대에 알맞은 화합질서는 천하를 통일한 천자만이 창출할 수 있음을 말했다.

천자(天子)는 세계만방을 화합하고 협력하게 해서 천하를 평화롭게 다스리는 대통(大統)을 계승한 세계적인 정치지도자이다. 의(議)는 의논하여 결정함이며, 예(禮)는 공동체사회에서 화합을 추구하는 일상적인 생활규범이다. 제(制)는 제정함이고, 도(度)는 공동체사회생활의 기준이 되는 제반사물의 도수(度數)로서 도량형기(度量衡器)가 그 표준이다. 고(考)는 고안(考案)하여 완성함이고, 문(文)은 문자(文字)와 여러 가지 문체(文體)로서 사람이 뜻을 표현하는 도구이다. 예법과 제도와 문체는 천하국가를 화합통일하는 기본시설이므로 반드시 도덕적으로 사회를 응집하는 응결력이 있고, 정치적으로 시행하여 전파력이 있는 사람만이 결의하고 제정하고 고안할 수 있는 것이다.

28-3 ───────────── 今天下는 車同軌하며 書同文하며 行同倫이니라.

『이제 천하는 차의 궤도 폭을 같이하며, 글은 문체를 같이하며, 행실은 윤리를 같이하니라.』

☯ 이 절은 춘추전국(春秋戰國) 시대의 정치적 분열상에도 불구하고 아직 화합통일할 수 있는 동질적 요건이 많이 남아 있음을 강조했다.

금천하(今天下)는 무왕(武王)이 혁명을 하여 주(周)나라를 세워서 천하를 통일하여 대통(大統)과 도통(道統)을 계승하고, 주공(周公)이 예법을 제정하고 음악을 창작하여 아름다운 문화제도를 모두 갖춘 주례(周禮)가 천하에 널리 행해지던 영향이 아직 남아 있는 자사(子思) 당시의 사회로서 곧 주나라 말기요 전국시대의 초기이다.

차의 궤도 폭을 동일하게 함은 차의 규격과 도로 폭을 같게 해서 교통을 자유롭게 하여 문물을 널리 교류함으로써 사회통합을 원활하게 하는 제도의 하나이고, 문서의 문장체를 동일하게 함은 각종 문서에 있어서 문법과 문장체의 격식을 같게 함으로써 의사전달을 서로 원활하게 하여 공동체문화를 건설해서 고도의 문명을 창조보급하는 전달도구의 하나이고, 행실에 윤리를 동일하게 함은 국가사회에 있어서 생활윤리를 동일하게 하여 공동체사회의 행동규범과 가치관을 통일함으로써 개인의 자유로운 권리와 평등한 의무를 기초로 전체적으로 친화력을 높이고 화합질서를 정립하는 예법의 하나이다. 이러한 요소가 남아 있는 사회는 다음 절에서 말한 것처럼 대통(大統)과 도통(道統)을 계승한 영도자만 출현하면 즉각 통일세계를 건설할 수 있음을 역설했다.

28-4 ──────────────
雖有其位나 苟無其德이면 不敢作禮樂焉이며
雖有其德이나 苟無其位면 亦不敢作禮樂焉이니라.

「비록 그 벼슬은 있으나 진실로 그 덕이 없으면 감히 예와 악을 창작하지 못하고 비록 그 덕은 있으나 진실로 그 벼슬이 없으면 감히 예와 악을 창작하지 못하니라.」

☯ 이 절은 천하를 통일하여 대통을 계승한 최고 정치지도자가 천하화합의 중심체를 확립하여 도통을 계승하였을 때에만 예와 악을 새로 제정하여 일으킬 수 있음을 말했다.

기위(其位)는 천하국가를 통일하여 다스리는 최고 영도자의 자리로서 대통을 계승한 위치이고, 기덕(其德)은 천하국가를 화합하고 협력하게 하는 최대의 친화력을 가진 덕망으로서 도통을 계승한 성인(聖人)이다. 덕이 없는 정치지도자는 자율적 화합질서를 일으킬 역량이 부족하고, 통치권이 없는 성인은 자율적 화합질서를 제정하여 공인받을 방법이 없기 때문에 모두 예와 악을 새로 만들어 일으킬 수 없는 것이다. 작(作)은 창작하여 정착시키고 흥행하게 함이다.

28-5 ──────────────
子曰 吾說夏禮나 杞不足徵也요 吾學殷禮하니
有宋이 存焉이어니와 吾學周禮하니
今用之라 吾從周하리라.

『공자가 말씀하시기를 '내가 하나라 예법을 말하나 기나라가 증거하기에는 족하지 못하고, 내가 은나라 예법을 배우니 송나라 정권이 간직하고 있거니와 나는 주나라 예법을 배우니 지금 쓰는지라 나는 주나라를 따르리라.'』

☯ 이 절은 대통과 도통을 아울러 계승한 나라에서 제정한 예법이 여러 가지가 있을 때에는 역사발전법칙에 의하여 최근의 예법을 쓰는 것이 합당함을 논증했다.

하례(夏禮)는 인도(人道)를 본위로 하여 충직(忠直)을 최고의 가치로 삼는 예법이고, 은례(殷禮)는 지도(地道)를 본위로 하여 질박(質朴)을 최고의 가치로 삼는 예법이며, 주례(周體)는 천도(天道)를 본위로 하여 문화(文化)를 최고의 가치로 삼는 예법이다. 고대 사회에 있어서 외부적 삶의 여건을 갖추지 못하였을 때에는 인간 자체의 성실성이 가장 중요한 인간화합의 매개물이었고, 중고사회에 있어서 약간의 물질적 조건을 충족하자 물질의 내용적 충실성이 가장 중요한 인간화합의 매개물이었으며, 근고사회에 있어서 삶의 외적 조건을 구비하자 모든 형식적 절차와 격식까지 갖춘 존엄성이 가장 중요한 인간화합의 매개물이었다. 기(杞)는 주나라 무왕이 천하혁명을 완수한 뒤에 하나라 우(禹)임금의 후손을 봉한 나라인데 이미 하나라의 예법을 찾아볼 수 없게 되었고, 유송(有宋)은 현존하는 송나라 정권이란 뜻이며, 존(存)은 자료만 보존하고 있는 것이므로 무왕이 은나라 탕(湯)임금의 후손을 봉한 송나라는 은례(殷禮)를 보존하고 있는 까닭에 다시 활용할 수 있다는 말이다. 주나라 예법은 현재 실용하고 있으므로 공자가 주례(周禮)를 따르리라고 함은 공자는 대통을 계승하지 못하고 도통만 계승했기 때문에 예법을 창작할 수 없으므로 현재 통용하는 주공(周公)의 예법을 따르겠다는 뜻이다.

29. 진리의 기준

29-1 ——————————— 王天下에는 有三重焉이니 其寡過矣乎인저.

『천하에 왕을 함에는 세 가지 중요함이 있나니 그 허물이 적으린저!』

◑ 이 장은 화합사회를 경영하는 진리의 기준을 변증했다.

왕천하(王天下)는 최고 정치지도자가 되어 천하를 화합통일하여 잘 다스리는 것이고, 3중(三重)은 의례, 제도, 문서체를 충직을 본위로 함과, 질박을 위주로 함과, 문화를 숭상함의 세 가지 중요한 가치 가운데서 순환반복하면서 선택하는 기준이다. 허물이 적다는 것은 역사발전의 순리를 거스르지 않음이다. 하늘, 땅, 사람의 3재(三才)를 갖추어야만 화합을 이루어 안정과 발전을 기약할 수 있기 때문에 천하를 혁명해서 새 세상을 경영하는 지도자는 모름지기 천도(天道)와 지도(地道)와 인도(人道) 가운데서 중점가치를 선택하여야만 허물이 없는 것이다.

29-2 ——————————— 上焉者는 雖善이나 無徵이니 無徵이라 不信이요 不信이라 民弗從이니라 下焉者는 雖善이나 不尊이니 不尊이라 不信이요 不信이라 民弗從이니라.

『상고시대의 것은 비록 좋으나 증거가 없으니, 증거가 없는지라 믿지 않고, 믿지 않는지라 민중이 따르지 아니하니라. 근세의 것은 비록 좋으나 존중하지 않으니, 존중하지 않는지라 믿지 않고, 믿지 않는지라 민중이 따르지 아니하니라.』

◑ 이 절은 하(夏), 은(殷), 주(周)의 예법이 모두 민중 속에서 사라진 이유를 검증했다.

상언자(上焉者)는 상고시대의 것으로 곧 하나라의 예법이고, 하언자(下焉者)는 근세의 것으로 곧 은나라와 주나라의 예법이다. 하례(夏禮)는 인도주의를 숭상하여 충직성을 최고의 가치로 삼는 좋은 예법이지만 이미 기(杞)나라에도 증거할 만한 사적이 없고, 은례(殷禮)는 실용주의를 숭상하여 질박성을 최고의 가치로 삼는 좋은 예법으로 송(宋)나라가 그 전범을 보존하고 있으며, 주례(周禮)는 이상주의를 숭상하여 문명성을 최고의 가치로 삼는 좋은 예법으로 당시에 쓰고 있었다. 그러나 춘추전국시대의 제후들이 이것을 존중하지 않고 패권(霸權)을 다투면서 세속적 이익을 추구하는 실리주의를 숭상하므로 끝내 불신풍조가 일어나서 민중이 그 예법을 지키지 않게 된 현실을 자사(子思)가 고발하였다.

29-3 ——————— 故로 君子之道는 本諸身하여 徵諸庶民하며
考諸三王而不謬하며 建諸天地而不悖하며
質諸鬼神而無疑하며 百世以俟聖人而不惑이니라.

『그러므로 군자의 도는 자신에게서 근본하여 서민에게서 증거하며, 3왕에게 상고하여도 어긋나지 아니하며, 하늘땅에 세워도 어그러지지 아니하며, 귀신에게 질정해도 의심이 없으며, 백 세대 동안

에 성인을 기다려도 의혹하지 아니하니라.』

◐ 이 절은 천하를 화합적으로 경영하는 진리의 기준을 밝혔다.

군자는 새 시대의 화합질서를 창출하는 사람이고, 도는 중용의 진리이다. 저(諸)는 지어(之於)를 합한 글자뜻이다. 자신에게서 근본함은 자기의 본성을 말미암아서 인간성에 철저한 것이며, 서민에게서 증거함은 서민대중이 변증하여 사회적으로 공인함이며, 3왕(三王)은 하나라의 우(禹), 은나라의 탕(湯), 주나라의 문무(文武)이고, 3왕에게 서로 견주어 고증해도 어긋남이 없음은 역사적 정통성을 계승함이며, 하늘땅에 세워도 어그러지지 아니함은 과학적 진리에 철저하여 자연의 현상에 어그러짐이 없는 것이며, 질(質)은 질정(質正)이니 귀신에게 질정해도 의심이 없음은 귀신에게 알아보기 위하여 장례(葬禮)나 제례(祭禮) 등을 행하여도 확실히 저세상에서도 그대로 통함이며, 백세(百世)는 3,000년이고 3천년 동안 성인을 기다려도 의혹하지 아니함은 영원한 생명력을 가진다는 것이다. 이것은 군자의 도가 인간성, 사회성, 역사성, 자연성, 절대성, 영원성을 가지고 있는 위대한 진리이기 때문에 그 화합통일의 영역이 전체인민을 화합하고, 과거와 미래를 통합하며, 천지와 귀신을 통일하는 데까지 이르는 것이다.

29-4 ──────────────────────

質諸鬼神而無疑는 知天也요
百世以俟聖人而不惑은 知人也니라.

『귀신에게 물어보아도 의심이 없음은 하늘을 아는 것이요, 백 세대

동안 성인을 기다려 보아도 의혹하지 않음은 사람을 아는 것이니라.』

　◑ 이 절은 군자의 도가 자연의 진리와 인간의 본의에 통달한 내용임을 변증했다. 하늘의 이치를 알기 때문에 저 세상과 이 세상을 아울러 두루 통할 수 있고, 사람의 본성을 알기 때문에 과거의 성인과 미래의 성인을 합하여 모두 확신할 수 있는 진리를 밝히는 것이다.

29-5 ──────────────

是故로 君子는 動而世爲天下道니
行而世爲天下法하며 言而世爲天下則이라
遠之則有望이요 近之則不厭이니라.

『이런 까닭으로 군자는 움직임에 대대로 천하의 도가 되니, 행함에 대대로 천하의 법이 되며, 말함에 대대로 천하의 준칙이 되는지라. 멀리하면 바라봄이 있고, 가까이하면 싫지 않으니라.』

　◑ 이 절은 군자의 진리에 철저한 모범적인 인격이 사람을 널리 따르게 하는 친화력이 있음을 결론적으로 말했다.

　동(動)은 정치사업을 추진하는 활동이고, 행(行)은 공동체사회를 위하여 봉사하는 행실이며, 언(言)은 공동선(共同善)을 밝히는 말이다. 그러므로 천하의 도는 천하를 화평하게 다스리는 도이며, 법은 사회생활의 모범법도이며, 칙(則)은 착하고 아름다운 말씨의 표준원칙이다. 이와 같이 위대한 인격을 갖춘 군자는 사람을 멀리하여 숨으면 민중들이 사모하여 잊지 못하며 바라보고 있고, 사람을 가까이하여 나오면 민중들이 적극 따르면서 조금도 싫어하지 않는 것이다. 세(世)는 대대로 이어가는 것이며, 원지(遠之)는 군자가 멀리 떠나가는 것이요, 근지(近之)는 군자가 가까이 가는 것이다. 유망(有望)은 희망을 가지고 있음이고, 불염(不厭)은 가까이 있을수록 더욱 좋아한다는 뜻이다.

29-6 ──────────────────────── 詩曰 在彼無惡하며 在此無射이라.
庶幾夙夜하여 以永終譽라 하니
君子는 未有不如此而蚤有譽於天下者也니라.

『시경에 말하기를 '저기에 있어도 미워함이 없으며 여기에 있어도 싫어함이 없는지라 아침저녁으로 가까이하여 명예를 길이길이 다한다'라고 하니 군자는 이와 같이 하지 않고 일찍이 천하에 명예를 가진 이가 있지 아니하니라.』

◉ 이 절은 군자의 친화력이 대단히 순수해서 추호도 증오심이나 경쟁심이 없음을 『시경』을 인용해서 논증했다.

시는 『시경』 주송(周頌) 진로(振鷺) 편이고, 피(彼)는 지방, 차(此)는 중앙이요, 무오(無惡)는 증오심이 없는 것이며, 무역(無射)은 경쟁심이 없어서 싫은 사람이 없는 것이다. 서기(庶幾)는 가까움이고, 숙야(夙夜)는 이른 새벽부터 늦은 밤까지이다. 이것은 군자가 지방정부에 있어도 증오심이 없고, 중앙정부에 있어도 잘 화합하는 인간성을 찬미한 내용이다. 그리고 아침부터 저녁까지 하루

종일 이에 가깝게 살기 때문에 길이 명예를 잃지 않음을 노래했다. 결국 군자의 명예는 인간의 존엄성을 깨달아 사람을 공경하고 인류를 사랑하여 화합을 주도하고 통일을 선도하는 통합자의 역할을 수행함으로써 천하에 아름다운 명예를 얻을 수 있는 것이다.

30. 공자의 도통(道統)

30-1 ——————————— 仲尼^{중니}는 祖述堯舜^{조술요순}하시고 憲章文武^{헌장문무}하시며
上律天時^{상률천시}하시고 下襲水土^{하습수토}하시니라.

『중니는 요순을 근본으로 하시고, 문왕과 무왕을 헌장으로 하시며, 위로 천시를 본받으시고 아래로 물과 흙을 따르시니라.』

◉ 이 장은 공자의 도통연원(道統淵源)과 그 범위 및 작용을 자사(子思)가 논증했다.

중니(仲尼)는 공자의 자(字)이다. 조술(祖述)은 근본원리로 해서 계승함이고, 헌장(憲章)은 기본이념으로 해서 받듦이며, 율(律)은 활동준칙을 세워서 본받아 지킴이요, 습(襲)은 현실적 조건을 인정하고 따름이다. 공자의 도는 요임금과 순임금의 중도(中道)를 근본으로 하고, 문왕의 나타내지 않는 덕치인정(德治仁政)과 무왕의 예악문화(禮樂文化) 창조정신을 헌장으로 하여서 도통(道統)을 계승하였을 뿐만 아니라 위로 천시(天時)의 변화에 따라 역사가 발전해야 하는 천도(天道)를 본받고, 아래로 물과 흙 같은 지도(地道)의 현실적 조건을 인정하는 진리임을 설파했다. 이것은 공자의 학문이 최고의 인문과학이며, 사회과학이며, 자연과학임을 해명한 말이다.

30-2 ──────────────────────────── 辟如天地之無不持載하며 無不覆幬하며
辟如四時之錯行하며 如日月之代明이니라

『비유하건대 하늘과 땅이 받아서 싣지 않음이 없으며 뒤덮지 않음이 없는 것과 같으며, 비유하건대 네 철이 바뀌어 가고 해와 달이 교대로 밝음과 같으니라.』

☯ 이 절은 공자의 도가 천지만물을 망라하여 포괄한 천지의 대도임을 비유해서 말했다.

비(辟)는 비(譬)이고, 지재(持載)는 땅이 만물을 받아 실음이요, 부도(覆幬)는 하늘이 만물을 뒤덮어주는 것이며, 착행(錯行)은 네 철이 조금씩 변하여 돌아감이며, 대명(代明)은 해와 달이 교대로 뜨고 지는 것이다. 공자의 도는 하늘땅과 같은 포용력을 가지고 네 철이 차례로 변화하듯이 사물을 변화하는 발전력이 있을 뿐만 아니라 해와 달처럼 밝은 문화역량이 있음을 말하였다.

30-3 ──────────────────────── 萬物이 並育而不相害하며
道가 並行而不相悖라 小德은 川流요
大德은 敦化니 此가 天地之所以爲大也니라.

『만물이 함께 자라면서 서로 해치지 아니하며, 도가 함께 행하면서 서로 어그러지지 아니하는지라. 작은 덕은 시냇물이 흐르듯 하고, 큰 덕은 두텁게 변화하니 이것이 하늘땅이 크다고 하는 까닭이니라.』

❂ 이 절은 공자의 도가 개체의 세밀한 조리법칙을 밝혀서 개체성을 남김없이 발양함과 동시에 전체의 거대한 화합체계를 갖추어 하나의 통일체로서 활발하게 변화하는 운동역량이 있음을 논증했다. 만물이 함께 자라는 것은 이 세상 이 땅에서 만물이 다 같이 생장 발육하는 자연현상이고, 서로 해치지 않음은 그 생태계의 발전체계가 서로 연결되어 있어서 상호의존적 관계에 있기 때문에 완전히 분리하여 고립될 수 없는 존재라는 뜻이다. 도가 함께 행하는 것은 천하 사람이 모두 아버지와 아들이 친하고, 국민과 공무원이 정의롭고, 남편과 아내가 분별이 있고, 어른과 어린이가 차례를 지키고, 벗이 믿는 5륜(五倫)의 도를 다 같이 실천함이요, 서로 어그러짐이 없는 것은 서로 사랑하고 서로 존경하기 때문에 아무런 모순이나 갈등이 파생하지 않는다는 의미이다. 이것은 공자의 도가 상부상조(相扶相助)하는 상생공화(相生共和)의 체계와 구조임을 발명한 것이다. 소덕(小德)은 개체의 선덕(善德)이고, 천류(川流)는 시냇물이 흘러가는 물줄기이다. 이것은 개체의 활동영역은 시냇물의 줄기처럼 활발하게 자기의 길을 흘러가면서도 그것은 결국 전체가 모두 하나로 합하여 강물이 되고 바다에 이르는 과정에 있는 것이다. 대덕(大德)은 전체의 선덕이고, 돈화(敦化)는 전체가 완전히 화합(化合)하여 혼연(渾然)하게 변화함이다. 이것은 다양한 개체가 모두 하나의 통일체를 형성하여 대단한 자체발전의 활력을 분출함이다. 공자의 도가 위대함은 만물을 생육하고 전체를 화합통일해서 대동통일세계를 창조하는 인(仁)의 원리이기 때문이다. 그것은 하늘땅의 진리와 완전히 일치하므로 또한 하늘땅과 똑같이 위대한 것이다. 이 장에서 학자는 공자의 학문연원과 덕성도량과 도통원리를 확실히 체찰해야 한다.

31. 공자는 하느님과 똑같아

31-1 ——————————— 유천하지성
唯天下至聖이어야 위능총명예지
爲能聰明睿知하여
족이유림야
足以有臨也니 관유온유
寬裕溫柔가 족이유용야
足以有容也며
발강강의
發强剛毅가 족이유집야
足以有執也며 제장중정
齊莊中正이 족이유경야
足以有敬也며
문리밀찰
文理密察이 족이유별야
足以有別也니라.

『오직 천하의 지극한 성인이어야 능히 총명예지하여 족히 임함이 있나니 너그럽고 넉넉하고 따뜻하고 부드러움이 족히 포용함이 있으며, 씩씩하고 힘차고 굳세고 꿋꿋함이 족히 지킬 수 있으며, 가지런하고 장중하고 중립하고 바름이 족히 공경함이 있으며, 문명하고 조리 있고 상세하고 밝게 살핌이 족히 분별함이 있느니라.』

☯ 이 장은 공자의 학문과 도덕은 하늘땅 사람의 진리를 모두 꿰뚫어 통하였기 때문에 이미 지극한 성인의 경지에 올라서 하느님과 똑같음을 말했다.

천하의 지극한 성인은 공자를 높여서 일컬음이요, 그 다섯 가지 덕목은 하늘땅의 위대한 진리를 철저히 밝혀서 성인이 되는 길이다. 총(聰)은 귀밝음이고, 명(明)은 눈이 밝음이며, 예(睿)는 마음이 밝음이요, 지(知)는 본성의 밝음이다. 총명은 인식기관이 완벽한 것이고, 예지는 인식주체가 완전한 것으로서 이와 같은 완벽한 인식기능을 갖추어야만 비로소 정확한 인식을 할 수 있기 때문에 바야흐로 총명예지는 진리 인식의 기원(起源)이다. 족히 임(臨)할 수

있다는 것은 사물에 직접 임하여 그 실상을 정확히 파악할 수 있는 인식능력이 있다는 뜻이다. 관유온유(寬裕溫柔)는 너그럽고 풍족하고 따뜻하고 부드러움으로서 곧 인간성을 가지고 만물을 차별 없이 사랑하는 인(仁)의 도량이요, 인식의 성질이다. 족히 포용할 수 있다는 것은 사물을 차별 없이 수용하여 그 전체를 하나로 통일할 수 있는 인식의 성질이 있다는 뜻이다. 발(發)은 씩씩함이고 강(强)은 힘찬 것이며, 강(剛)은 기질이 굳센 것이요, 의(毅)는 기상이 꿋꿋함이다. 이것은 모두 맑고 깨끗한 정신으로서 정의의 기상이요, 인식의 범위이다. 족히 지킬 수 있다는 것은 인식의 범위가 지극히 높고 넓기 때문에 가장 정의로운 식견을 끝까지 고수할 수 있다는 뜻이다. 제(齊)는 균등하여 가지런함이고, 장(莊)은 장엄함이며, 중(中)은 시기적절함이요, 정(正)은 공정함이다. 이것은 모든 사물의 실체를 공명정대하게 평가하는 기준으로서 곧 예(禮)의 규범이요, 인식의 가치이다. 족히 공경할 수 있다는 것은 그 본질적 의미와 현실적 가치를 충분히 인정한다는 뜻이다. 문(文)은 문명(文明)함이요, 리(理)는 이지(理智)가 있음이며, 밀(密)은 치밀성이고, 찰(察)은 관찰력이다. 이것은 모든 사물의 본질과 현상을 투명하게 꿰뚫어 그 조리와 체계를 세우는 지능이니 지혜의 빛이요, 인식의 논리이다. 족히 분별할 수 있다는 것은 현상세계의 만물을 충분히 분별해서 논리적 체계를 세울 수 있다는 뜻이다. 이 절은 총명예지한 인식능력, 관유온유한 인식의 성질, 발강강의한 인식의 범위, 제장중정한 인식의 가치, 문리밀찰한 인식논리를 갖추어야만 천지만물을 대화합하여 통일하는 진리를 창출할 수 있음을 설파하였다.

31-2 ——————————————————— 溥博淵泉하여 而時出也니라.

『두루 넓으며 못처럼 깊고 샘처럼 솟아서 때로 보이느니라.』

☯ 이 절은 성인의 탁월한 인식역량은 사회의 현실문제를 구체적으로 해결하는 방안을 제시해 주는 지혜의 샘임을 논증했다.

보박(溥博)은 두루 넓은 식견을 뜻하고, 연(淵)은 깊은 생각을 뜻하며, 천(泉)은 샘솟는 지혜를 뜻한다. 이것은 모두 앞 절에서 말한 인식의 능력, 성질, 범위, 가치, 논리는 지극히 완벽한 기억력과 사유력과 판단력을 가지고 있음을 비유한 것이다. 시(時)는 사회의 갈등과 대립모순이 심각한 때요, 출(出)은 사회문제를 슬기롭게 극복할 수 있는 해결책을 말과 행동으로 보이는 것이다. 공자는 춘추시대의 혼란을 바로잡는 방안으로 인(仁)의 인간성을 회복할 것, 정명대의(正名大義)를 밝혀 명실상부(名實相符)할 것, 전통예절과 음악을 개발 보급할 것, 평등교육으로 인문주의적 지성을 높일 것 등을 제창하여 모두 각각 효도하고 우애하고, 충직하고 믿음직한 사람이 되어 스스로의 직분에 충실하면서 사회의 보편적 질서를 존중하고 인류문명을 창조하면 천하는 대동화합하여 길이 평화로운 세계를 건설할 수 있다고 역설하였다.

31-3 ——————————————————— 보박 여천 연천 여연
溥博은 如天하고 淵泉은 如淵이라
현이민막불경 언이민막불신
見而民莫不敬하며 言而民莫不信하며
행이민막불열
行而民莫不說이니라.

『두루 넓음은 하늘과 같고, 못처럼 깊고 샘처럼 솟음은 못과 같은지라, 나타남에 인민이 공경하지 않음이 없으며, 말함에 인민이 믿지 않음이 없으며, 행함에 기뻐하지 않음이 없느니라.』

☯ 이 절은 성인의 현실조절방안이 대단히 합리적이어서 인민의 절대적인 지지와 호응을 받는 내용임을 변증했다.

두루 넓음이 하늘과 같다는 것은 성인의 현실조절능력이 하늘처럼 자연스럽게 만물을 빠짐없이 생성발전케 한다는 뜻이고, 못처럼 깊고 샘처럼 솟음이 못과 같다는 것은 성인의 현실문제에 대한 해결역량이 무한히 많아서 자유자재함을 뜻한다. 현(見)은 성인이 세상에 나옴이고, 언(言)은 성인이 현실문제의 해결방안을 제시함이며, 행(行)은 성인의 말씀을 실행하여 현실을 개조해서 화합사회를 건설함이다. 인민이 공경하고, 인민이 믿고, 인민이 즐거워함은 전체 인민의 지지와 호응을 받아서 민주적으로 사람답게 사는 대동세계를 건설하는 이념을 설파했다는 말이다.

31-4 ──────────────── 是以로 聲名이 洋溢乎中國하여
施及蠻貊하여 舟車所至와 人力所通과 天之所覆와
地之所載와 日月所照와 霜露所隊에 凡有血氣者는
莫不尊親하니 故로 曰配天이니라.

『이래서 세상에 널리 떨친 이름이 가운데 나라에 넘쳐서 퍼짐이 만맥(蠻貊)에까지 미치어 배와 차가 이르는 곳과 사람의 힘으로 통하는 곳과 하늘이 덮은 곳과 땅이 실은 곳과 해와 달이 비치는 곳과 서리와 이슬이 내리는 곳에 무릇 혈기가 있는 사람은 존경하고 친하지 않음이 없나니 그러므로 말하기를 하늘에 짝한다고 하니라.』

◑ 이 절은 공자의 경세철학(經世哲學)이 인류전체를 화합해서 안락태평한 대동사회를 건설하는 천연의 진리이므로 전 인류가 다같이 존경하고 친하는 까닭에 그 덕이 마침내 하늘의 덕과 일치함을 명확하게 변증했다.

성명(聲名)은 유사 이래 천하의 도덕과 학문을 집대성하여 영원히 빛나는 진리를 밝힌 공자의 명성이고, 중국(中國)은 가운데 나라이니 문화중심국이며, 만맥(蠻貊)은 중심국 주변의 외국을 지칭한다. 그 다음 배와 차가 이르는 곳으로부터 서리와 이슬이 내리는 곳까지는 아주 멀리 있는 나라를 지칭하는 것이니 곧 전 세계를 망라한다는 뜻이다. 추(隊)는 추(墜) 자이고, 혈기(血氣)는 생동하는 피와 기운이요, 존친(尊親)은 존경하여 친근히 스승으로 섬기는 것이다. 배천(配天)은 인류에게 있어서 공자의 도덕은 하늘의 도덕과 일치하므로 바야흐로 공자는 하느님과 똑같다는 말이다.

32. 성인만이 성인의 도를 다 알아

32-1 ────────────── 唯天下至誠이어야 爲能經綸天下之大經하며
(유천하지성)　(위능경륜천하지대경)

立天下之大本하며 知天地之化育이니 夫焉有所倚리요.
(입천하지대본)　(지천지지화육)　(부언유소의)

『오직 천하에 지극한 정성이어야 천하의 큰 원리를 능히 경륜하며, 천하의 큰 근본을 세우며, 하늘땅의 변화와 생육을 주재하나니 대저 어찌 의지한 바가 있으리요?』

☯ 이 장은 성인이 천하를 경륜하는 지극한 법도를 분석하고, 그 자유자재한 추진력의 신비성을 말했다.

경륜(經綸)은 사물의 실체를 분석하여 체계적으로 종합해서 정리함이고, 대경(大經)은 공명정대한 원리원칙이다. 천하만물의 실체를 치밀하게 분석하여 천하에서 가장 공명정대한 원리원칙을 체계적으로 종합해서 정리하는 것은 태극(太極)이 만물을 생성하고 만물이 하나의 태극을 경영하는 대통일의 원리를 발명한 것이며, 천하의 큰 근본을 세움은 인간의 본성을 주체하여 인(仁), 의(義), 예(禮), 지(智)의 덕성을 만천하에 밝혀 사람이 천하의 주인이 되는 사회를 만들어 모든 사람이 각각 당당하고 떳떳하게 살도록 하는 것이며, 지(知)는 주재(主宰)함이고, 화육(化育)은 변화와 생육이다. 천지자연의 변화와 생육을 주재하는 것은 만물을 개발하여 자연의 변화를 촉진하고 환경을 보호하여 생물을 진화해서 풍요로운 복지낙원을

인간이 자체적으로 건설하는 것이다. 소의(所倚)는 외부의 힘에 의지한 바로서 타율적인 힘이나 종속적인 논리 또는 조건부적인 한계이다. 그러므로 대저 어찌 의지한 바가 있으리요는 결코 어떠한 권위나 제약도 용납하지 않고 오직 진리에 의해 인간이 중심이 되어 세계를 무한히 발전시킬 뿐이라는 말이다.

32-2 —————————————— 肫肫其仁이며 淵淵其淵이며 浩浩其天이니라.

『성실하고 지극한 그 인(仁)이며, 고요하고 깊은 그 못이며, 넓고 넓은 그 하늘이니라.』

☯ 이 절은 앞 절에서 말한 의지한 바가 전혀 없는 성인의 무한히 자연스러운 응집력과 파급력과 추진력을 상징적으로 표현했다. 순순(肫肫)은 성실하고 지극한 모습이고, 인(仁)은 본성의 온전한 덕을 완성한 높은 인격이다. 못은 고요하고 하늘은 넓으니 모두 측량할 수 없는 무한한 활발성을 가지고 있다.

32-3 —————————————— 苟不固聰明聖知達天德者면 其孰能知之리요.

『진실로 총명하며 성스럽고 지혜로워서 하늘의 덕을 참으로 통달한 사람이 아니면 그 누가 능히 알리요.』

◑ 이 절은 성인의 무한히 자연스러운 응집력과 파급력과 추진력을 쉽게 알 수 없는 면을 지적했다. 천덕(天德)은 공평무사하면서도 자연스러운 덕이다. 그 누가 능히 알리요는 오직 성인만이 성인의 도를 안다는 뜻이니 대통이 단절된 난세에 도통을 계승하여 전하는 사업의 역사적 중대성을 변론하였다.

33. 대화합의 중심체는 나타냄이 없어

33-1 ──────────────────────────
詩曰 衣錦尙絅이라 하니 惡其文之著也라
故로 君子之道는 闇然而日章하고 小人之道는
的然而日亡하나니 君子之道는 淡而不厭하며
簡而文하며 溫而理니 知遠之近하며 知風之自하며
知微之顯이면 可與入德矣리라.

『시경에 말하기를 '비단 옷을 입고 쓰개옷을 걸친다.'라고 하니 그 문채가 뚜렷한 것을 싫어한 것이니라. 그러므로 군자의 도는 어두운 듯하되 날로 밝아지고, 소인의 도는 명백한 듯하되 날로 잃어버리나니 군자의 도는 담박하면서도 싫지 않으며, 간결하면서도 문채로우며, 따뜻하면서도 바르니 먼 데가 가까운 데로부터 말미암음을 알며, 바람이 스스로 일어남을 알며, 은미한 것이 뚜렷이 나타남을 알면 더불어 덕으로 들어갈 수 있으리라.』

◑ 이 장은 대화합, 대통일을 이룩하는 중심적 위치에 있는 인물은 결코 자기의 역할이나 공적을 내세워서는 안 되는 철칙을 시구를 인용하여 변증했다.

시는 『시경』 국풍(國風) 위(衛) 석인(碩人) 편이고, 상(尙)은 더함이며, 경(絅)은 『시경』에는 경(褧)으로 썼으니 모두 홑옷인즉 바로 쓰개옷이다. 아름다운 화합은 자율적이고 자연스러운 가운데서 이루어진 것이므로 혁혁한 지도력을 나타내지 않는 것이다. 그런 까닭에 그 문채가 뚜렷하게 나타나는 것을 싫어해서 비단 옷을 입고도 수수한 쓰개옷을 걸쳐서 스스로 감추는 시구를 인용하여 비유했다. 군자의 도는 도덕을 중심으로 화합하는 길이고, 소인의 도는 이익을 중심으로 화합하는 길이다. 암연(闇然)은 어두운 듯함이고, 적연(的然)은 뚜렷한 듯함이다. 일장(日章)은 날로 사물의 이치가 밝아짐이며, 일망(日亡)은 날로 화합의 논리를 잃음이다. 군자는 의리와 도덕을 밝히는 데 헌신봉사하기 때문에 현실적 이해득실을 계산함에 있어서 비록 어두운 듯하지만 그러나 화합의 정당성은 날로 뚜렷이 밝혀지고, 소인은 이해득실을 확실히 계산하여 이익을 추구하는 일에만 열중하기 때문에 비록 그 목적이 적확한 것 같지만 그러나 그 화합의 정당성을 날로 상실하게 되는 것이다.

따라서 군자의 도는 도리를 숭상하기 때문에 이해득실에 초연하여 담박하면서도 싫지 않으며, 자기의 의리를 자율적으로 자연스럽게 실천하기 때문에 예법이 고상하여 쉽고 간단하면서도 인문주의적 지성미를 풍기며, 또한 화합에 있어서 인간적인 정분을 윤리적인 가치로 평가하기 때문에 인정과 윤리를 모두 온전히 하여 따뜻하면서도 조리가 있는 것이다.

먼 것이 가까운 것임을 아는 것은 행실이 가까운 데서 행하여 먼 곳에까지 미치는 영향력을 아는 것이고, 바람이 스스로 일어남을 아는 것은 아름다운 풍속이 자기로부터 일어남을 아는 것이며, 은미한 것이 뚜렷함을 아는 것은 은미한 생각이 외형으로 뚜렷이 나타남을 아는 것이다. 입덕(入德)은 인간의 이성을 찾아 친화력을 발휘하는 영역으로 들어간다는 뜻이다.

33-2 ─────────────── 詩云 潛雖伏矣나 亦孔之昭라 하니
故로 君子는 內省不疚하여 無惡於志니
君子之所不可及者는 其唯人之所不見乎인저.

『시경에 이르기를 '깊이 잠기어 비록 엎드려 있으나 또한 매우 밝게 나타난다.'라고 하니 그러므로 군자는 안으로 반성함에 괴롭지 아니하여 뜻에 미움이 없나니 군자에게 미칠 수 없는 바는 그 오직 사람이 보지 못하는 바인저.』

◑ 이 절은 군자가 화합을 도모함에 있어서 사리사욕이나 공명심이 전혀 없는 면을 시구를 인용하여 설파했다.

시는 『시경』 소아(小雅) 정월(正月) 편이고, 깊이 숨어서 잠복해 있어도 또한 매우 소명(昭明)하다는 것은 이 세상에는 숨을 곳이 없다는 뜻이다. 내성(內省)은 마음속으로 자기를 돌이켜 살핌이고, 불구(不疚)는 괴로워하지 않음이니 내면에 병통이 없으므로 부끄럽지 않다는 뜻이다. 뜻에 미움이 없다는 것은 뜻이 고결하여 추호도 미워할 점이 없다는 말이다. 그러므로 군자에게 미치지 못할 바의 것은 바로 사람이 볼 수 없는 군자의 순결한 마음과 뜻일 뿐이라는 사실을 거듭 강조했다.

33-3 ─────────────── 詩云 相在爾室한대 尙不愧于屋漏라 하니
故로 君子는 不動而敬하며 不言而信이니라.

『시경에 이르기를 '너의 방에 있음을 보건대 거의 서북쪽 방구석

에서도 부끄럽지 아니하도다.'라고 하니 그러므로 군자는 움직이지 않아도 경건하며, 말하지 않아도 신실하니라.』

◑ 이 절은 군자의 내면적 성실성을 시구를 인용하여 해부했다. 시는 『시경』 대아(大雅) 억(抑) 편이고, 상(相)은 보는 것이며, 옥루(屋漏)는 집의 서북쪽 구석방이니 은밀하여 사람의 눈에 잘 뜨이지 않는 곳이다. 남이 보지 않는 은밀한 곳에서도 부끄럽지 않다는 것은 마음이 깨끗하여 한점의 부끄러움도 없다는 뜻이다. 이것은 군자의 일상생활이 언제나 성실해서 움직이기 전에 이미 경건하고, 말하기 전에 이미 신실한 면을 지적함과 동시에 대화합의 중심체는 어디에서든지 떳떳하게 존재해야 함을 강조한 것이다.

33-4 ——————————————————
詩曰 奏假無言에 時靡有爭이라 하니
是故로 君子는 不賞而民勸하며
不怒而民威於鈇鉞이니라.

『시경에 이르기를 '나아가 신령이 이르심에 말이 없어도 이에 다툼이 있지 않으니라'라고 하니 이런 까닭으로 군자는 상을 주지 않아도 인민이 권장하며, 성내지 않아도 인민이 작두와 도끼보다도 두려워하니라.』

◑ 이 절은 군자의 외부적 감화력을 시구를 인용하여 해명했다. 시는 『시경』 상송(商頌) 열조(烈祖) 편이고, 주(奏)는 나아감이니

제사를 지내기 위하여 제단 앞에 나아가는 것이며, 격(假)은 격(格)으로 신령이 강림하여 이르름이다. 제사의 처음에 제주(祭主)가 분향강신(焚香降神)을 하면 아무 말이 없어도 이에 모두 엄숙경건한 자세로 돌아가서 자리다툼이나 말다툼이 있지 않으니 이것은 바로 제주의 정성이 위로 신령을 감격하고, 아래로 사람을 감화하였기 때문이다. 이러한 성실성을 가진 군자는 인민을 스스로 감화하게 해서 자체적으로 화합하여 근면 노력하도록 하는 정치력을 발휘하기 때문에 상을 주기도 전에 인민이 서로 권하여 부지런히 일하고, 성내기도 전에 인민이 잘못을 반성하여 즉각 개과천선(改過遷善)하는 것이다. 위(威)는 무서워함이고, 부월(鈇鉞)은 작두와 도끼로서 죄인을 처단하는 형구(刑具)이다.

33-5 ───────────────────────────

시왈　　불현유덕　　　　백벽기형지
詩曰 不顯惟德을 百辟其刑之라 하니
시고　　군자　　　독공이천하평
是故로 君子는 篤恭而天下平이니라.

『시경에 말하기를 '나타내지 않는 덕을 일백 제후가 본받는다.'라고 하니 이런 까닭으로 군자는 공손함을 돈독히 함에 천하가 화평하니라.』

☯ 이 절은 군자가 내면적으로 성실성을 간직하고, 외부적으로 감화력을 발휘하여도, 오히려 나타내지 않고 공손하여야만 천하를 화평하게 다스릴 수 있음을 논증했다.

시는 『시경』 주송(周頌) 열문(烈文) 편이고, 불현(不顯)은 26장

10절에서 설명했으며, 백벽(百辟)은 일백 제후요, 형(刑)은 본받음이다. 문왕의 덕은 순수하여 스스로 나타내지 아니하므로 모든 제후들도 그것을 본받아 자기의 공덕을 나타내지 않았던 것이다. 군자는 천하의 인민을 위하여 순수하게 봉사하는 정신으로 일관하기 때문에 항상 공손한 자세를 잃지 않는 것이다. 공손함을 돈독히 함은 요임금과 순임금이 돈독하고 공손한 자세로 천하를 다스림에 인민이 감화하여 스스로 분발하므로 가르칠 필요가 없는 불언지교(不言之敎)와 지시할 필요가 없는 남면지치(南面之治), 의상지치(衣裳之治), 자연지치(自然之治)를 하는 것이다. 이것은 세계적 정치지도자로서의 지성과 사랑과 용기를 구비하여 언제 어디서나 성실하며 또한 전체 공무원과 인민이 근면하고 어질어서 스스로의 권리와 의무를 다할 때에 정치사회의 자율성을 존중하는 태도이다. 천하평(天下平)은 온 세상이 문명하여 서로 협조하고 화합해서 평화세계를 창조하는 것이다. 이것은 중용의 극치이고, 성인의 지극한 공덕이며, 인류의 평화이다.

33-6 ────────── 詩云 予懷明德하니 不大聲以色이라 하거늘
子曰 聲色之於以化民에 末也라 하시니
詩云 德輶如毛라 하니 毛猶有倫이어니와
上天之載가 無聲無臭라야 至矣니라.

『시경에 이르기를 '나는 밝은 덕을 사모하나니 소리나 색깔로 확대 않도다.'라고 하거늘 공자가 말씀하시기를 소리와 색깔은 인민을 교화함에 말단적 방법이라고 하시니 시경에 이르기를 '덕의 가벼움

이 털과 같다.'라고 하니 털도 오히려 견줌이 있거니와 위에 하늘이 실음이 소리도 없고 냄새도 없어야 지극하니라.』

◑ 이 절은 세계적인 정치지도자가 대통(大統)을 계승하여 협화만방(協和萬邦)하고, 도통(道統)을 계승하여 윤집궐중(允執厥中)해서 천하를 대통일, 대화합하는 거룩한 정치적 업적을 세우고도 전혀 흔적을 남기지 않는 봉사정신의 극치를 밝혀서 중용사상을 종결했다.

두 시는 『시경』 대아(大雅) 황의(皇矣) 편과 증민(烝民) 편이고, 성색(聲色)은 밖으로 나타내서 전달하는 도구이다. 밝은 덕은 하늘이 준 사명을 다할 뿐이므로 결코 소리나 색깔로 나타내서 위엄을 과시하거나 생색을 내는 일이 없는 것을 노래하였다.

이에 공자는 인민을 감화함에 있어서 소리나 색깔은 사회를 화합 통일하는 말단적 수단임을 지적해서 움직이기 전에 경건하고 말하기 전에 신실하는 성실성과 상을 주기 전에 인민이 권하고, 성을 내기 전에 인민이 무서워하는 감화력과 공적을 나타내지 아니하고, 명성을 확대하지 아니하는 공손한 민중민주의식을 높이 평가했다.

유(輶)는 가벼움이요, 륜(倫)은 견주어 비교함이다. 덕은 본래 스스로 베푸는 것이므로 아무런 제약이나 부담감이 없는 것이다. 그리하여 덕은 가볍기가 털과 같다고 하지만 그러나 털은 아무리 작고 미미할지라도 오히려 형체가 있으므로 견주어 비교할 수 있는 대상인 것이다. 그러므로 위에 하늘이 싣고 있는 천덕(天德)처럼 소리도 없고, 냄새도 없어야만 전혀 비교할 수도 없는 지극한 덕이라고 할 수 있는 것이다. 성학(聖學)에서 제시한 중용의 덕이 여기에 이르니 더 할 말이 없도다.

새 시대를 위한 예운(禮運)

역주자의 말

　『예운』은 지치(至治)의 정통(正統)을 밝혀 대동세계(大同世界)를 경영하는 도덕사업의 이념서이다. 지치(至治)의 정통사상은 요(堯)임금으로부터 비롯한다. 요임금은 큰 덕을 밝혀 서민대중을 온화하게 어울리게 하고 순천응시(順天應時)의 정책을 베풀어 하늘땅과 사방이 찬란하게 빛나는 지치(至治)를 이룩하였으니 『서경(書經)』 요전(堯典)의 여민(黎民)이 오변시옹(於變時雍)과 흠약호천(欽若昊天)하야 역상일월성신(曆象日月星辰)하야 경수인시(敬授人時)가 이것이다.

　요임금의 도덕사업을 계승한 순(舜)임금은 인민대중을 정직하면서도 온화하며, 너그러우면서도 자상하며, 용감하면서도 포악함이 없으며, 간소하면서도 오만함이 없게 하고 천체(天體)의 구조와 운행원리를 정밀하게 살펴서 하늘이 다스리는 원리와 법칙으로 정치사업의 체제를 완비하여 천공(天功)을 도와서 지평천성(地平天成)의 태평성대(太平聖代)를 건설하였는바 순전(舜典)에서 말한 교주자(敎冑子)하되 직이온(直而溫)하며 관이률(寬而栗)하며 강이무학(剛而無虐)하며 간이무오(簡而無傲)케 하라와 재선기옥형(在璿璣玉衡)하사 이제칠정(以齊七政)하시다가 이것이다.

　순임금의 정치사업을 계승한 우(禹)임금이 즉위하자 고요(皐陶)가 요순(堯舜)의 지치(至治) 정통을 계승할 것을 역설하였는바 곧 너그러우면서도 자상하며, 유순하면서도 독립하며, 착실하면서도 공손하며, 잘 다스리면서도 경건하며, 순하게 따르면서도 꿋꿋하며, 정직하면서도 온화하며, 간소하면서도 청렴하며, 굳세면서도 충실하며, 씩씩하면서도 정의로운 9덕(德)이 있는 사람을 관리로 등용하여 그들로 하여금 천공(天工)을 대행(代行)케 하되 하늘이 만물을 창조하여 베풀어 펼침에는 전범(典範)이 있나니 우리 인민대중에게 5전(五典)을 단단히 일러 경계시키면 5륜(五倫)의 관계가 돈독하고, 하늘의 운행질서에는 예절이 있나니 우리 인민대중에게 5례(五禮)를 말미암게 하시면 친근함이 떳떳하므로 다 같이 삼가 협력하고 공경하여 화목하고 착하게 된다는 것으로 우임금이 즉각 채택하여 홍범(洪範)으로 정치의 헌장을 삼아 억조인민의 행복을 보장하는 소강(小康)사회를 건설하였으니 고요모(皐陶謨)의 관이률(寬而栗), 유이립(柔而立), 원이공(愿而恭), 난이경(亂而敬), 요이의(擾而毅), 직이온(直而溫), 간이렴(簡而廉), 강이색(剛而塞), 강이의(疆而義)와 천서유전(天叙有典)하니 칙아오전(勅我五典)하시면 오돈재(五惇哉)인저 천질유례(天秩有禮)하니 자아오례(自我五禮)하사 유용재(有庸哉)하시면 동인협공(同寅協恭)하야 화충재(和衷哉)인저가 그것이다.

탕(湯)임금은 하(夏)나라의 전장제도(典章制度)를 파괴하며 인민을 포악하게 다스린 걸(桀)을 정벌하고 은(殷)나라를 세워서 우임금의 정통을 계승하였고 무왕(武王)은 탕임금의 정강정책을 배척하며 인민을 학대한 주(紂)를 정벌하고 주(周)나라를 세워서 탕임금의 정통을 계승하였다.

그러나 주(周)나라 말기에 여왕(厲王: 기원전 ? ~ 878)이 문왕과 무왕의 예악(禮樂)을 외면하며 인민을 포악하게 다스리다가 축출당하고 또 유왕(幽王: 기원전 782 ~ 771)은 포사(褒姒)를 총애하여 예법을 허물다가 살해되니 주나라 왕실의 권위가 땅에 떨어져서 춘추의 난세가 되어 지치(至治)의 정통이 끊어지고 공리주의(功利主義)를 숭상하는 패권(覇權)통치 시대로 전락하였던 것이다.

이에 공자가 자유(子游)의 질문을 통하여 지치(至治)의 정통을 재건하는 정강정책을 자세하게 언급하시니 자유가 정리하여 예운편을 엮었다. 그리하여 후에 『예기』에 편집되어서 다행히 오늘에 전해진 것이다.

아! 예운 편은 그 이상(理想)이 높고 그 문장이 난해하여 2500여 년 동안 정치가나 학자로부터 『대학(大學)』과 『중용(中庸)』처럼 주목을 받지 못했다.

그 이유는 학자들이 지치(至治)를 실현하는 요건으로 대통(大統)의 국체(國體)와 도통(道統)의 정체(政體)만을 거론하고 정통(正統)의 사체(事體)를 간과하였기 때문이다.

대학의 3강령과 8조목은 대통을 계승하여 천하국가의 체제를 확립해서 억조만민의 민생경제를 해결하는 것을 정치의 기본으로 삼았기 때문에 천덕왕도(天德王道)의 체제와 규모절차를 밝혔으며, 중용의 3달덕(三達德)과 5달도(五達道)와 9경(九經)은 도통(道統)을 계승하여 정치행정의 체제를 갖추어서 억조만민의 민심화합을 도모하는 것을 제왕(帝王)의 기본으로 삼았기 때문에 천명(天命)을 받은 천자(天子)의 덕성을 구비하여 나타내지 않은 정치지도력이 있어야 됨을 밝혔고 예운의 의(衣), 식(食), 주(住) 제도와 7정(情), 10의(義), 10측(則), 대순(大順)은 정통을 계승하여 정치사업의 체제를 확정해서 억조만민의 민간풍속을 진흥하는 것을 정책의 기본으로 삼았기 때문에 천공(天工)을 실현하여 천복(天福)을 누리는 환경을 조성하는 길을 밝혔다.

그러므로 대통의 국체를 갖추고 또한 도동의 정체를 확립하였어도 반드시 정통의 사체를 구비하여야 지치(至治)를 성공할 수 있는 것이니 비록 나라의 체제를 갖추고 훌륭한 정치지도자가 있다고 하여도 그 정책사업이 두서가 없고 민간풍속이 난잡하다면 어떻게 태평성대를 건설하리오.

일찍이 공자가 말씀하시기를 제(齊)나라를 한 번 변혁하면 노(魯)나라에 이르고 노(魯)나라를 한 번 변혁하면 도덕정치에 이른다고 하였으니 이것은 법치(法治)에서 예치(禮治)로 발전하고 예치(禮治)를 통해 덕치(德治)로 발전하는 이상국가 건설방안인즉 여기에 예운 편의 중대한 가치가 있는 것이니 『대학』, 『중용』과 더불어 3서(三書)로 존신(尊信)하면 새 시대의 도덕국가를 앉아서 볼 수 있을 것이다.

이에 감히 『예운』 편을 『예기』에서 뽑아 단행본으로 엮어 대학·중용과 함께 역주하여 새 시대를 위한 책으로 발간하니 대동세계건설에 이정표가 되기를 간절히 바란다.

2006. 9. 9.

동양문화연구소장 서정기 씀

일러두기

1. 이 책은 명(明)나라 한림원에서 칙찬(勅纂)한 예기집설대전(禮記集說大全)을 대본으로 하였다.

2. 원문 앞에 고유번호를 넣었는데 앞자리의 수는 장을 나타내고 뒷자리의 수는 절을 나타내서 찾아보기 쉽게 했다. 다만 장절의 분류는 내가 처음 나누었으나 원문의 순서는 그대로 따랐다.

3. 현토(懸吐)와 구두법은 우리나라 민족문화추진회에서 국역연수원의 교재로 영인한 『예기』에 옛사람이 구결(口訣)로 토를 달아 놓았기 때문에 참고하고 문법에 어긋난 것은 바로잡았다.

4. 원문의 한글번역은 『 』표기 안에 간명하게 직역하였으며 성인의 말씀이므로 옛 말투를 그대로 살려두었다.

5. 주해는 ☯표를 넣어 필자의 『새 시대를 위한 예운』임을 밝히고 원칙적으로 한글로만 설명하고 고유명사나 꼭 필요한 곳에서만 괄호 안에 한자를 넣어서 한글세대가 알기 쉽게 하였다.

6. 『예운』을 읽고 가장 경계해야 될 점은 대동(大同)의 이상에 심취한 나머지 현실을 무시하고 급진적 개혁주의에 빠져서 독선독주하거나 또는 현실에 안주하여 아예 예절부흥운동을 포기하는 것이다. 독자는 높은 이상을 가지되 현실을 말미암아 법치주의를 구현하여 예치(禮治)주의를 실현하고 예치주의를 통하여 덕치(德治)주의를 완성하는 순리를 지키기 바란다.

7. 각 장에 새로 제목을 붙였으니 독자의 이해를 돕고자 함이다.

8. 바라건대 이 책을 읽음에 있어서 교양서로만 대하지 말고 안으로 자주, 민주, 통일의 과제와 밖으로 개방화, 세계화의 현실문제를 해결하여 아시아적 가치와 한류의 근원을 밝히는 방향에 초점을 두고 깊이 연구하기 바란다.

9. 경서원문위에 한글로 음을 달았으니 한글세대가 읽기 쉽도록 배려한 것이다.

예운역주(禮運譯註) 전문(前文)

예(禮)는 사람이 천부적인 인의예지신(仁義禮智信)의 본성을 갖추어 함양(涵養)해서 인격을 완성하고 사회정의를 실현하여 복지낙원을 건설하는 원리이고 운(運)은 운동(運動)이니 능동적으로 진작(振作)하고 인위적으로 홍행(興行)케 하는 활동인즉 예운(禮運)은 인민대중에게 예절의 실천을 강조하는 자발적인 활동이다.

예운 편은 대동세계를 건설하는 사업요강과 경영방법으로 이보다 더 구체적이고 절실한 것이 없으니 학자는 정밀하게 연구하기 바란다. 대저 법은 규제하여 단속하는 강제규범이고 예절은 자발적으로 절제하는 자율규범이기 때문에 예절풍속을 일으킴에는 반드시 자발적인 활동에 맡길 수밖에 다른 방법이 없다.

예운 편이 후세에 전하여 민중으로 하여금 이상세계(理想世界) 건설의 희망을 가지게 된 것은 오로지 자유(子游)의 공로이다. 자유(子游)는 성이 언(言)이고 이름이 언(偃)인데 오(吳)나라 사람으로 공자에게 수업(受業)하여 공문십철(孔門十哲)에 올랐고 문학(文學)에 능통하고 예학(禮學)에 뛰어나서 공자로부터 칭찬을 받았으며 또한 노(魯)나라에 벼슬하여 무성(武城)의 읍장(邑長)으로 있으면서 예악(禮樂)을 크게 보급하니 공자가 직접 가셔서 확인하고 인정하였다.

살피건대 자유는 대중적 이상주의자로 공자보다 45세가 적고 증자(曾子)보다 한 살이 위인 만년제자로 증자와 함께 공자의 사상을 후세에 펼치기 위하여 적극 노력하면서도 증자는 예절의 실용성을 강조하였고 자유는 예절의 원칙성을 강조하였으니 자유의 정확성은 의심할 여지가 전혀 없는 것이다. 그러므로 예운 편은 자유의 질문에서 비로소 공자가 말씀하신 것이며 그 내용까지 정확하게 기록한 공로는 자유에게 돌리지 않을 수 없다고 하리라.

예운 편은 덕치(德治)의 대동세계(大同世界)와 예치(禮治)의 소강세계(小康世界) 및 법치(法治)의 패권세계(覇權世界)를 서민대중의 삶의 질에서 분석 정리한 논술이기 때문에 그 정치적 이념과 목적이 대단히 숭고하고 그 정책적 사업과 방법이 대단히 절실하여 도덕적으로나 문학적으로 천하제일문장이라고 할 것이니 정밀하게 읽어 깊이 깨달으면 소득이 자못 많을 뿐만 아니라 또한 새 시대를 선도하리라.

예운장구대전(禮運章句大全) 전문(前文)

예(禮)는 인문주의적 지성인의 심리체계이고 인생 만사에 모범적인 행동강령이며 인간의 행복을 길이 보장하는 원리이고, 운(運)은 운동(運動)이니 천도(天道)를 계승하고 인정(人情)을 순화하여 이상세계(理想世界)를 건설하는 인류의 목적을 구현하기 위하여 인민대중이 잘 실천하도록 임금이 적극적으로 주선(周旋)하여 앞에서 이끌고 보살피며 힘쓰는 것이다. 따라서 법(法)은 규제(規制)하여 단속하는 것이고 예(禮)는 운동(運動)하여 달성하는 것인즉 법(法)은 타락을 방지하는 수단이요 예(禮)는 향상발전을 추구하는 방법이다.

예운(禮運) 편은 대순(大順)의 진리로 대동태평세계(大同太平世界)를 건설하는 운동을 대대적으로 전개해야 되는 당위성을 공자가 밝힌 것을 자유(子游)가 기록하여 후세에 전한 것으로 그 이념과 목적 그리고 사업과 방법을 뚜렷이 밝힌 내용인데 천하고금(天下古今)에 제1문장(第一文章)으로 추앙받으면서 오늘날에 이르기까지 대학(大學), 중용(中庸)과 함께 이상국가(理想國家) 건설의 모범체제로 받들고 있다.

1. 대동(大同)세계와 소강(小康)세계

1-1 ─────────────────── 昔者^{석자}에 仲尼^{중니}가 與於蜡賓^{여어사빈}하시니

事畢^{사필}하시고 出遊於觀之上^{출유어관지상}하사

喟然而嘆^{위연이탄}하시니 仲尼之嘆^{중니지탄}은 蓋嘆魯也^{개탄노야}시니라

言偃^{언언}이 在側^{재측}이라가 曰君子^{왈군자}가

何嘆^{하탄}이니까 孔子^{공자}가 曰大道之行也^{왈대도지행야}와

與三代之英^{여삼대지영}을 丘^구가 未之逮也^{미지체야}나

而有志焉^{이유지언}이니라.

『옛날에 중니가 12월에 뭇 귀신에게 올리는 제사에 손님으로 참여하시니 제사를 마치고 나와서 도성문루의 위에서 유람하시며 끄르륵하고 탄식을 하시니 중니의 탄식은 대개 노나라를 탄식하심이니라. 언언이 곁에 있다가 말하기를 군자가 어찌 한숨을 쉬나이까? 공자가 말씀하시기를 위대한 도덕정치를 행함과 3대의 영특한 임금을 구가 미치지 못했으나 뜻은 있느니라.』

◐ 이 장에서는 공자가 예절은 운동임을 설파한 곡절과 내용을 제자들이 기술하였다.

중니(仲尼)는 공자의 자(字)이고 구(丘)는 공자의 이름이다. 사(蜡)는 12월에 1년의 일을 모두 마치고 농사에 관계된 8신령에게 보답하는 제사인데 이 제사를 지내면 국민에게 연말까지 휴식하도록 명하였으니 예기의 교특생(郊特牲) 편을 참고하라. 빈(賓)은 손

님으로 초청을 받은 것이고 관(觀)은 도성(都城)의 문루(門樓) 좌우에 있는 전망대요 위연(喟然)은 끄르륵 소리를 내는 것이며 탄(嘆)은 탄식이다. 탄노(嘆魯)는 노나라의 예절이 무너진 것을 탄식함이고 언언(言偃)은 공자의 제자 자유(子游)이며 대도(大道)는 위대한 도덕정치요 행(行)은 베풀어 행함이며 3대(三代)는 하(夏), 은(殷), 주(周)의 세 왕조이며 영(英)은 영특한 임금으로 우(禹), 탕(湯), 문무(文武)를 지칭한다. 체(逮)는 미치는 것이니 그 시대가 이미 흘러가고 춘추(春秋)의 난세가 되었다는 것이며 유지(有志)는 요(堯), 순(舜) 시대와 3대의 이상세계를 재건하기 위하여 거국적으로 예절부흥운동을 전개하고 싶은 의지가 있다는 말이다.

1-2

大道之行也에 天下가 爲公하나니 選賢與能하고
講信脩睦하니라 故로 人이 不獨親其親하며
不獨子其子하야 使老有所終하며 壯有所用하며 幼有所長하며
矜寡孤獨廢疾者가 皆有所養하며 男有分하며 女有歸하며
貨惡其棄於地也로되 不必藏於己하며
力惡其不出於身也로되 不必爲己니 是故로 謀閉而不興하며
盜竊亂賊이 而不作이라 故로 外戶而不閉하니 是謂大同이니라.

『큰 도가 행함에 천하가 공공을 위하나니 어진 이를 선거해서 능력자에게 벼슬을 주고 신뢰사회를 강구하며 친목을 닦느니라. 그러므로 사람이 홀로 그 어버이만을 친하지 아니하며 홀로 그 자식만을 기르지 아니하여 늙은이로 하여금 마칠 곳이 있으며 젊은이는 쓰일 곳이 있으며 어린이는 자랄 곳이 있으며 홀아비, 과부, 고아,

독거노인, 불구자가 모두 부양할 곳이 있으며 남자는 분가하는 몫이 있으며 여자는 시집감이 있으며 재화가 그 땅에 버려지는 것을 싫어하되 반드시 자기에게 저장하지 않으며 힘이 그 자신에게서 나오지 않은 것을 싫어하되 반드시 자기를 위하지 않으니 이런 까닭으로 지모가 끝나서 일어나지 아니 하며 강도, 좀도둑, 반란, 역적이 또한 생기지 않으니라. 그러므로 문을 밖으로 열어놓고 닫지 않으니 이것을 일컬어 전체가 한가지로 사는 사회라고 하니라.』

◉ 이 절에서는 공자가 예절부흥운동은 궁극적으로 대동세계(大同世界)를 건설하여 전체인류의 평화를 보장하는 것임을 밝혔다.

대도(大道)는 왕도(王道)로 곧 천덕(天德)을 밝혀 천서(天叙)를 본받고 천질(天秩)을 따라 천연(天然)의 자연법칙인 천도(天道)를 받드는 진리로써 일찌기 요(堯)임금과 순(舜)임금이 하늘과 땅의 진리를 밝혀 4계절의 일기를 관측하고 선기옥형(璇璣玉衡)을 개발하여 사시월령(四時月令)을 제정하고 순천응시(順天應時)의 정치사업을 베풀어 크게 성공하였는바 이것을 천덕왕도(天德王道)정치라고 하였다. 위공(爲公)은 한가지로 공평하게 공공(公共)을 위하는 것인바 여기에서는 천하는 인류 전체의 것이고 한 사람이나, 한 가정이나, 한 나라의 독점물이 아님을 밝힌 것이다. 선현(選賢)은 어진이를 선거하여 지도자로 뽑는 것이고 여능(與能)은 능력자에게 관직을 부여하는 것이며 강신(講信)는 인간과 인간 그리고 정부와 국민이 서로 믿는 공명정대(公明正大)한 사회를 강구(講究)함이요 수목(修睦)은 가족관계와 인간관계에 사랑과 공경, 그리고 사양과 감사의 절도가 있어서 서로 화목하게 사는 길을 닦는 것이다. 사람의 공덕심(公德心)을 계발하여 공동선(共同善)을 모아 공동체(共同體)를 번영 발전하는 것이 인생의 가장 큰 길임을 깨달으면 사람이 남의 아버지도 공경하고 남의 아들도 사랑하여 상부상조(相扶相助)해서 공생공영(共生共榮)하는 삶을 경영한다. 소종(所終)은 임종(臨終)할 집이고 소용(所用)은 힘써 일을 할 직업(職業)이니 사농공상(士農工商)에 종사하는 곳이며 소장(所長)은 자라는 곳이니 가정과 학교이다. 환(矜)은 홀아비, 과(寡)는 과부, 고(孤)는 고아, 독(獨)은 독거노인, 폐질자(廢疾者)는 불치병자나 불구자이고 소양(所養)은 정부에서 구호하여 부양함이다. 분(分)은 분가(分家)하는 몫이고 귀(歸)는 시집감이며 화(貨)는 하늘이 준 재화이므로 소중하게 이용하되 고루 나누어 써야지 자기에게 사장(死藏)해서는 안 되고 력(力)은 자기의 능력(能力)이므로 힘써 능력을 발휘하되 천하국가에 이바지해야지 자기만을 위해서는 안 된다. 모(謀)는 지모(智謀)이니 자기를 위하여 이익을 도모하는 슬기로운 계책으로 개인이기주의이며 폐(閉)는 종료(終了)하여 소멸함이고 이(而)는 또한 이에의 접속사이며, 대동(大同)은 전체가 한가지로 동등하게 사는 것인데는 이념(理念)과 목적(目的)은 모두 똑같으면서도 조직을 구성하는 개체의 사업(事業)과 방법(方法)은 각각 다르게 하여 서로 협력하고 화합하는 공동분수주의(共同分數主義)로 안락 태평한 사회를 건설하는 것이다. 따라서 대동사회(大同社會)는 유일사상(唯一思想)에 의한 획일주의(劃一主義)를 배척하고 다원주의(多元主義)에 의한 복합사상(複合思想)으로 모든 개체가 가장 안정(安定)한 상태에서 전체가 화합 통일하여 융성(隆盛)하게 발전하는 중용(中庸)의 도(道)를 숭상한다.

살펴건대 역사적으로 대동사회를 건설하려는 시도는 많았지만 현대까지 성공한 사례가 드믄 것은 첫째 대동사회(大同社會)를 건설하려는 의지는 있었지만 중용사상(中庸思想)으로 국가를 경영하는 지도력이 부족했고 둘째 국가의 이념과 목적을 지나치게 강조하여 국민의 사업과 방법을 통제한 결과 인민의 자율적인 능력을 개발하지 못하고 사회에 약동하는 활기를 진작하지 못했으며 셋째 위정자가 권모술수로 겉으로는 대동사회를 표방하면서도 속으로는 사리사욕에 몰두하여 끝내 국민을 실망시키고 나라를 어지럽혀서 불신사회를 조장했기 때문이니 장차 대동세계를 재건하려는 사람은 이러한 역사적 경험을 거울로 삼아 스스로 먼저 천덕(天德)을 밝혀 인류화합의 중심체를 확립하여 인민의 자율자치능력을 개발하고 사회에 약동하는 활력을 일으켜서 끝까지 민중이 믿고 의하는 희망이 되어야 할 것이다.

1-3 ────── 今이라 大道가 旣隱이라 天下가 爲家하나니 各親其親하며 各子其子하며 貨力을 爲己하며 大人이 世及을 以爲禮하며 城郭溝池를 以爲固하며 禮義를 以爲紀하야 以正君臣하며 以篤父子하며 以睦兄弟하며 以和夫婦하며 以設制度하며 以立田里하며 以賢勇知하며 以功爲己하나니 故로 謀用이 是作하야 而兵이 由此起니라 禹湯文武成王周公이 由此其選也니, 此六君子는 者未有不謹於禮者也라 以著其義하며 以考其信하며 著有過하며 刑仁講讓하야 示民有常하고 如有不由此者인댄 在執者는 去하고 衆은 以爲殃하나니 是謂小康이니라.

『음~, 큰 도가 이미 자취를 감춤에 천하가 집안을 위하나니 각각 그 어버이를 친하며 각각 그 아들을 기르며 재화와 능력을 자기만 위하며 큰 사람이 대대로 가문을 이어가는 것을 예법으로 삼으며 성곽과 구덩이와 못을 튼튼한 안전보장대책으로 삼으며 예의를 기강으로 삼아서 임금과 신하를 바르게 하며 아버지와 아들을 돈독하게 하며 형과 아우를 화목하게 하며 지아비와 지어미를 화합하게 하며 제도를 설치하며 경작지와 마을을 세우며 용기와 지식을 어질게 여기며 자기를 위한 것을 공치사하나니 그러므로 슬기로운 모책을 이용함이 이에 생기고 또한 군대가 이로 말미암아 일어나나니라.

우임금과 탕임금, 문왕과 무왕, 성왕 주공이 이를 말미암아서 그 선출 되었나니 이 여섯 군자는 이에 예절에 삼가지 않음이 있지 않았으므로 그 정의를 뚜렷이 하며 그 신임을 고찰하며 허물이 있음을 밝히며 인애를 본받고 사양함을 익혀서 인민에게 떳떳함이 있음을 보이고 이것을 말미암지 않은 사람이 있을 것 같으면 권세자는 제거하고 서민대중은 재앙으로 삼게 하나니 이를 일컬어 개별적으로 편안하게 사는 사회라고 하니라.』

☯ 이 절에서는 공자가 예절부흥운동은 차선책으로 소강세계(小康世界)를 건설하여 개별적인 가족단위의 안녕을 보장하는 것임을 밝혔다.

금(今)은 때를 나타내는 시제부사(時制副詞)가 아니고, 무엇을 수긍하는 뜻으로 입을 다물고 입속으로 소리를 내는 감타사이며 은(隱)은 은회(隱晦)로 요(堯)와 순(舜)의 자취가 오래되어 희미하게 사라진 것이다. 가(家)는 집안별로 별도의 소단위 영역을 획정한 것이며 대인(大人)은 천부적인 순수한 양심으로 인류를 구제하여 세계의 발전에 크게 공헌한 사람이고 세급(世及)은 대대로 이어가는 것이니 가문(家門)의 사당과 재산을 종자(宗子)가 승계하여 대대로 세습하는 것이다. 이위(以爲)는 생각하고 인정하여 삼는 것이고 현(賢)은 어질게 여김이며 공(功)은 공치사(功致辭)니 공로를 치하하여 격려함이다. 선(選)은 어진이로 뽑힘이고 자(者)는 이에, 저(著)는 뚜렷이 밝힘이며 형(刑)은 본받음, 강(講)은 익힘, 상(常)은 상도(常道), 세(埶)는 세(勢)의 옛 글자이다. 거(去)는 제거 함이니 탕무가 걸(桀)과 주(紂)를 정벌하여 제거하고 혁명하였으며 앙(殃)은 도덕과 윤리와 예절을 지키지 않으므로 하늘이 심판하여 재앙을 내리는 것이니 선덕(善德)을 쌓은 집에는 남은 경사(慶事)가 있고 불선(不善)을 쌓은 집에는 남은 재앙(災殃)이 있는 것이다. 소강(小康)은 개별적인 가족단위로 안녕하고 건강한 삶을 영위하는 것이다.

살피건대 대동세계(大同世界)는 요순(堯舜)이 천덕왕도(天德王道)로 다스리는 천하대공(天下大公)의 사회이고 소강세계(小康世界)는 우탕문무(禹湯文武)가 신명(身命)을 바쳐서 왕도(王道)의 대통(大統)을 계승하려고 노력하는 천하일가(天下一家)의 사회이며 혼란세계(混亂世界)는 춘추시대에 5패(五覇)가 개인의 야망을 충족하기 위하여 무력(武力)과 권모술수(權謀術數)로 왕도(王道)를 가장하면서 공벌침탈(攻伐侵奪)을 일삼는 패권주의(覇權主義)사회이다.

그러므로 맹자(孟子)는 요순(堯舜)은 천성(天性)으로 다스렸고, 탕무(湯武)는 신명(身命)으로 다스렸고, 5패(五覇)는 가식(假飾)으로 다스렸다고 하였으니 천하대공(天下大公)은 인류전체가 인류전체를 보호하는 공동선(共同善)을 실현하여 태평성대(太平聖代)를 이룩하는 것이고, 천하1가(天下一家)는 먼저 왕실(王室)이 도덕과 윤리와 예절의 모범을 보여서 가족을 보호하고 나아가 인류행복을 도모하므로써 4방이 우러러 흠모하고 스스로 따르게 해서 천하가 일가처럼 친근한 시대를 이룩하는 것이며, 패권주의는 천도(天道)를 거스리고 인심(人心)을 어기는 전제 독재가 권력을 거머쥐고 폭력과 술수로 지배하는 약육강식(弱肉强食), 적자생존(適者生存)의 무도무례(無道無禮)한 세상에 각자 살길을 찾는 것이다.

1-4 ──────────────────── 言偃이 復問하되 曰如此乎禮之急也이니까
孔子가 曰夫禮는 先王이 以承天之道하며
以治人之情이라 故로 失之者는 死하고 得之者는 生하니
詩에 曰相鼠有體어늘 人而無禮아 人而無禮면
胡不遄死리오 하니 是故로 夫禮는 必本乎天하며
殽於地하며 列於鬼神하며 達於喪祭射御冠昏朝聘하니
故로 聖人이 以禮示之하시니 故로 天下國家를 可得而正也니라.

『언언이 다시 물어 말하기를 이와 같이 예절이 긴급한 것입니까? 공자가 말씀하시기를 대저 예절은 선왕이 하늘의 도를 받드는 원리이며 사람의 정을 다스리는 원리이다. 그러므로 예절을 잃은 사람은 죽고 예절을 얻은 사람은 사나니 시에 말하기를 '쥐를 보니 네 발 있네 사람으로 예의 없을까 사람으로 예의가 없으면 어찌 빨리 죽지 않으리오' 하니 이런 까닭으로 저 예절은 반드시 하늘에 바탕하며 땅에 뒤섞이며 귀신에 들어가며 초상, 제사, 활쏘기, 말타기,

성인식, 혼인식, 조회, 빙문에 통달하니 그러므로 성인이 예절로써 그것을 보이시나니 그러므로 천하 국가를 가히 얻어서 바로잡는 것이니라.』

◑ 여기에서는 공자가 성인(聖人)의 예절은 인류의 보편적 최고 규범임을 서술하여 천지와 귀신과 인간과 사물에 두루 통하여 막힘이 없음을 밝혔다.

급(急)은 긴급사항이고 이승(以承)은 이어서 받드는 원리이며 이치(以治)는 밝혀서 다스리는 원리이다. 상(相)은 보는 것이요 시(詩)는 『시경(詩經)』 용풍(鄘風) 상서(相鼠) 편에 있고 체(體)는 지체(支體)이니 네 발이며 호(胡)는 어찌 천(遄)은 빠른 것이다. 효(殽)는 서로 합쳐서 뒤섞는 것이고 열(列)은 그 무리에 들어감이며 달(達)은 통달함이니 곧 예절은 하늘에 바탕하여 땅을 포괄하고 귀신을 감동하여 인간과 사물에 두루 통하는 행동원리라는 뜻이다. 따라서 대동(大同)이나 소강(小康)사회는 인민이 생영(生榮)하기 위하여 반드시 예절을 숭상하는 것이요 혼란사회는 예절을 배척하고 이익만 다투다가 멸망의 구덩이로 전락하는 것이다.

2. 예절문화의 발달사

2-1 ——————— 言偃이 復問하되 曰夫子之極言禮也를 可得而聞歟이리까

孔子가 曰我欲觀夏道라 是故로 之杞하니 而不足徵也요

吾得夏時焉하며 我慾觀殷道라 是故로 之宋하니 而不足徵也요

吾得坤乾焉하니 坤乾之義와 夏時之等을 吾以是觀之하니라.

『언언이 다시 물어 말하기를 부자의 극단적으로 말씀하시는 예절을 얻어 들을 수 있겠나이까? 공자가 말씀하시기를 나는 하나라의 도를 보고 싶었느니라 이런 까닭으로 기나라에 갔으나 족히 증거하지 못하고 나는 하나라의 시력(時曆)을 얻었으며 나는 은나라의 도를 보고 싶었느니라 이런 까닭으로 송나라에 갔으나 족히 증거하지 못하고 나는 곤건을 얻었나니 곤건의 뜻과 하나라 시력의 헤아림을 나는 이로써 보았느니라.』

☯ 이 장에서는 언언(言偃)의 질문에 의하여 공자가 예설(禮說)을 극언(極言)한 내용을 기술하였다.

도(道)는 정치의 기본 철학인 도덕과 예의요 지(之)는 가는 것이며 기(杞)는 무왕(武王)이 하(夏)나라 우(禹)의 후손을 봉(封)한 나라이다. 징(徵)은 증거하여 밝힘이고 하시(夏時)는 하(夏)나라의 시력(時曆)으로 인월(寅月)을 정월(正月)로 세운 음양력(陰陽曆)이며 송(宋)은 무왕이 은(殷)나라 탕(湯)임금의 후손을 봉(封)한 나라이다. 곤건(坤乾)은 다른 경전에 보이지 않으므로 알 수 없으나

곤도(坤道)는 지기(地氣)가 하강(下降)하고 건도(乾道)는 천기(天氣)가 상승(上昇)하므로 타락한 난세에는 혁명을 하여 천도(天道)를 바로세우는 원리인 듯하며 등(等)은 헤아리는 것이니 곧 셈법이다.

살피건대 공자가 예설(禮說)을 극언(極言)하면서 먼저 하도(夏道)와 은도(殷道)에 대하여 언급한 것은 예법이 시대에 따라 변천하였음을 밝히고 그러나 예절의 도덕정신은 한결같음을 확인하여 당시의 주례(周禮)를 위주로 설파하기 위함이다.

2-2 ────────── 夫禮之初는 始諸飮食하니 其燔黍捭豚汚尊而抔飮하며
蕢桴而土鼓가 猶若可以致其敬於鬼神이니라.

『대저 예절의 처음은 음식에서 비롯하였나니 그 기장을 볶고 돼지를 찢어놓고 술구덩이에서 손으로 움켜서 마시며 비름북채로 오지통북을 치더라도 오히려 그 귀신에게 공경을 다할 수 있는 것과 같으니라.』

☯ 이 절은 공경하고 사양하는 예절을 실천하는 최초의 실마리는 어버이를 섬기는 효심(孝心)으로 어버이에게 음식을 공양(供養)하는 데서 시작되었음을 밝혀 예절의 기원이 음식에서 처음 생겼음을 기술하고 선사시대의 질박한 음식과 노래라도 먼저 귀신에게 바치고 즐겁게 모여서 노래하면 귀신도 흠향(歆饗)함을 밝혔다.

초(初)는 초창기(草創期)이고 시(始)는 말미암아 비롯함이며 음식(飮食)은 어른에게 먼저 드리는 음식예절이다. 번(燔)은 불에 태워서 볶는 것이고 벽(捭)은 찢어 갈라서 쪼개는 것이며 와준(汚尊)

은 땅을 파서 만든 술구덩이요 부음(抔飮)은 손으로 움켜서 마시는 것이니 상고시대에 시루와 솥, 칼, 술동이, 술잔 같은 그릇이 없으므로 부득이한 것이다. 궤부(蕢桴)는 비름으로 만든 북채인데 비름은 비름과에 속하는 다년생 풀로 전체가 녹색이고 줄기는 곧게 섰으며 드문드문 가지가 갈라지고 키는 약 1m이며 잎은 어긋맞게 나며 마늘모처럼 생긴 달걀모양이고 잎자루가 길다. 여름에서 가을까지 황록색의 잔꽃이 이삭 꽃차례로 줄기 끝이나 잎겨드랑이에서 피고 열매는 개과(蓋果)인데 어린잎은 식용하며 현채(莧菜)라고도 한다. 토고(土鼓)는 흙을 구어 북통틀을 만들고 가죽으로 면(面)을 만든 북이며 치기경(致其敬)은 그 공경심을 다 바치는 것이니 곧 귀신이 감동하여 차린 음식을 잡수신다는 뜻이다.

음식예절은 정결함과 공경이 가장 중요하고 그릇과 도구는 현실의 조건을 따를 수밖에 없는 것이므로 현재에 성실하면 귀신도 감응하는 것이다.

2-3───────────── 及其死也에 升屋而號하야 告曰皐某하여 復하나니
然後에 飯腥하고 而苴孰하니라 故로 天望而地藏也니 體魄則降하고
知氣在上이니 故로 死者는 北首하고
生者는 南鄕하나니 皆從其初니라.

『그 죽음에 미쳐서는 지붕에 올라가 외치며 하소연하여 말하기를 아무개여라고 불러 돌아오라고 하나니 그런 뒤에 입에 불린 쌀을 넣고 익힌 고기꾸러미를 무덤에 묻느니라 그러므로 하늘을 바라보며 땅에 묻은 것이니 육체의 넋은 곧 내려가고 지각의 얼은 하늘에

있으니 그러므로 죽은 사람은 머리를 북쪽으로 향하고 산 사람은 남쪽을 향하나니 모두 그 최초의 예절을 따르는 것이니라.』

☯ 이 절은 선사시대를 마감하고 유사시대를 개척한 상고(上古)의 장례절도를 기술하여 인간의 생사관(生死觀)과 유명(幽明)이 다른 세계를 밝혔다.

호(皐)는 호(呼)와 같고 모(某)는 죽은 사람의 이름이며 복(復)은 초혼(招魂)이다. 반성(飯腥)은 불린 쌀을 죽은 사람의 입에 넣어 소렴(小斂)하는 반함(飯含)이요 저(苴)는 꾸레미이고 숙(孰)은 숙(熟)으로 익혀서 삶은 고기인데 장례식에 견거(遣車)에 싣고 가서 무덤에 넣어 준다. 천망(天望)은 하늘을 바라보고 죽은 사람의 혼을 찾는 것이고 지장(地藏)은 죽은 사람의 널을 땅속에 묻는 것이며 체백(體魄)은 육신(肉身)의 넋이요 지기(知氣)는 지각(知覺)의 영기(英氣)로 곧 정신의 혼(魂)이다. 북수(北首)는 머리를 북쪽으로 향하게 함이고 남향(南鄉)은 남향(南向)으로 앉은 것이며 기초(其初)는 그 최초의 상례법(喪禮法)이니 상고시대의 소박한 장례(葬禮)의식이다.

2-4 ——————————— 昔者에 先王이 未有宮室이라 冬則居營窟하고
夏則居橧巢하며 未有火化라 食草木之實과 鳥獸之肉하며
飲其血하고 茹其毛하며 未有麻絲라 衣其羽皮하니라.

『옛날에 선사시대의 왕이 집과 방이 있지 않으므로 겨울이면 토굴을 만들어 살고 여름이면 나무 위에 너스레를 얽어 살며 불로 조

화함이 있지 아니하여 풀과 나무의 열매와 새와 짐승의 고기를 먹
고 그 피를 마시고 그 털을 마시며 베실과 명주실이 있지 않으므로
그 깃털과 가죽을 옷으로 입으니라.』

☯ 이 절은 선사시대의 인류생활은 자연환경에 적응하기 위하여 자연
자원을 원초적으로 이용하면서 의식주(衣食住)를 해결하였음을 밝혔다.
선왕(先王)은 선사시대의 왕이니 요순(堯舜)시대 이전의 왕이며
궁(宮)은 지붕이 있는 집이고 실(室)은 창문이 있는 방이며 영굴
(營窟)은 흙으로 굴을 만든 것이요 증소(橧巢)는 나무 위에 나무를
얹어 너스레를 얽은 둥지 같은 것이다. 화화(火化)는 불로 열을 가
하여 화합(化合)해서 조화(造化)하는 것이요 여(茹)는 마시는 것이
며 모(毛)는 짐승의 털이니 털에 피를 섞어 마셨다는 뜻이며 마
(麻)는 삼베실이요 사(絲)는 명주실이다.
생각하건대 원시인이 사냥한 짐승의 피에 그 털을 섞어서 마셨기
때문에 제사에 희생(犧牲)을 잡으면 짐승의 피와 털을 섞어서 태우
는 의식이 있는 것으로 보인다.

2-5 ──────────────────── 後聖이 有作하사 然後에 脩火之利하야
范金合土하야 以爲臺榭宮室牖戶하며 以炮以燔하며
以亨以炙하며 以爲醴酪하며 治其麻絲하야 以爲布帛하야
以養生送死하며 以事鬼神上帝하니 皆從其朔이니라.

『뒤에 성인이 과학기술을 일으킴이 있어 그런 다음에 불의 이로움
을 수련하여 쇠를 녹여 틀에 부어 도구를 만들고 흙을 섞어 구어 벽

돌을 만들어 누대와 정자와 집과 방과 창문과 방문을 만들며 그슬리고 구우며 삶고 찌며 단술과 식초를 만들며 그 베실과 명주실을 뽑아 베와 비단을 짜게 하여 산 사람을 부양하고 죽은 사람을 장사 지내며 귀신과 위에 하느님을 섬기니 모두 그 처음을 따르느니라.』

☯ 이 절은 유사시대를 개척한 상고(上古)의 인류생활은 자연자원을 대대적으로 개발 이용하여 원료를 2차적으로 가공해서 의식주(衣食住)의 생활문화를 창조하였으나 그 예절의 기본줄거리는 선사시대의 전통을 계승하였음을 밝혔다.

후성(後聖)은 후세에 천도(天道)를 밝히고 인심(人心)을 바로잡아 사회의 문명(文明)을 발달시켜서 인류가 숭경(崇敬)하는 사람이니 곧 요(堯)와 순(舜) 같은 성인이다. 유작(有作)은 경영하여 진작(振作)함이니 물리(物理)를 연구하고 도구를 개발하여 누구나 쉽게 과학기술을 이용할 수 있어서 모두 떨치고 일어나 분발노력하게 함이다. 수(脩)는 연구하고 수련(脩鍊)함이고 화지리(火之利)는 불의 조화(造化)를 이롭게 사용하는 것이며 범(范)은 거푸집으로 주물(鑄物)의 형틀이니 범금(范金)은 쇠를 녹여 틀에 부어 도구를 만드는 것이고 합토(合土)는 여러 가지 흙을 배합하여 그릇을 만들어 구은 것이므로 여기에서는 벽돌을 지칭한다. 대(臺)는 누대(樓臺)이고 사(榭)는 정자(亭子)이며 유(牖)는 창문이요 포(炮)는 그슬리는 것, 번(燔)은 굽는 것, 팽(亨)은 팽(烹)이며 자(炙)는 찌는 것이다. 락(酪)은 우유나 양젖으로 새콤한 식초를 만든 것이고 양생(養生)은 산 사람에게 음식을 먹이는 것이요 송사(送死)는 죽은 사람을 장사 지내는 일이며 삭(朔)은 처음이니 선사시대 원시사회의 생활규범을 뜻한다. 귀신(鬼神)은 조상신(祖上神)과 5방신(五方神)으로 5악3독(五嶽三瀆)의 신을 포괄하고 상제(上帝)는 황천상제(皇天上帝)이니 천종제(天宗帝), 신농제(神農帝)와 5방천제(五方天帝)를 포괄하는바 요(堯), 순(舜)시대에 모두 제사를 지냈다.

2-6 ———————————————— 故로 玄酒가 在室하고 醴醆이 在戶하며
粢醍가 在堂하며 澄酒가 在下하며 陳其犧牲하며 備其鼎俎하며
列其琴瑟管磬鍾皷하며 脩其祝嘏하야 以降上神과 與其先祖하야
以正君臣하며 以篤父子하며 以睦兄弟하야 以齊上下와 夫婦하나니
有所是라야 謂承天之祜니라.

『그러므로 물이 재실에 있고 단술과 희멀건 술이 재실문에 있으며 불그스레한 술이 뜰층계 위에 있으며 맑은 술이 뜰층계 아래에 있으며 그 희생을 진열하며 그 제기를 갖추며 그 거문고와 비파, 피리와 경쇠, 종과 북을 정렬하며 그 축문과 축복하는 글을 다듬어서 하늘에 신령과 그 선조를 강림하게 해서 임금과 신하를 바르게 하며 아버지와 아들을 돈독하게 하며 형제를 화목하게 하여 위아래와 부부를 가지런히 하나니 이러한 바가 있어야 하늘의 복을 받는다고 일컬으니라.』

◉ 이 절은 주(周)나라 무왕(武王)과 주공(周公)이 문명사회의 예법을 제정하면서 고대의 전통예절을 바탕으로 삼아 더욱 아름답고 성대하게 발전시켰음을 기술하였다.

현주(玄酒)는 물을 고상하게 일컫는 말인데 고대에는 물로 제사를 지냈기 때문에 그 정신을 받들어 북쪽에 차린 제사상의 앞에 두는 것이니 실(室)은 제사를 지내는 재실(齋室)이다. 예(醴)는 예제(醴齊)로 술을 담아 하룻밤을 익힌 단술이며 잔(醆)은 희멀건 술인데 곧 앙제(盎齊)요 자제(粢醍)는 붉은 피로 술을 빚은 붉은색 술인데 곧 제제(醍齊)이며 징주(澄酒)는 술구더기가 아래로 가라앉은 침제(沈齊)이다. 단술과 희멀건 술은 술이 익어가는 시초이기 때문에 재실의 남쪽 문안에 두고 붉은 술은 단술과 희멀건 술의 다음에 출현했기 때문에 재실의 뜰층계 위에 두며, 맑은 술은 최후에 출현했기 때문에 재실의 뜰층계 아래에 두었으니 그 원초적인 것을 존중하는 의례정신이다. 축(祝)은 축문(祝文)이고 가(嘏)는 축복(祝福)하는 말이니 제사에 신보(神保)가 신령이 제사를 잡수시고 제주(祭主)에게 축복하는 말을 전하는 말씀이며 상신(上神)은 하늘에 계신 신령이다. 정군신(正君臣)은 임금의 제사에 신하는 제사를 돕는 집사(執事)로 복무하고 빈객(賓客)이 되지 못함이요, 독부자(篤父子)는 제주(祭主)의 아들이 시동(尸童)이 되는 것이며, 목형제(睦兄弟)는 연회(燕會)에 나이순으로 자리를 함께 함이고 제(齊)는 가지런함이니 질서가 방정(方正)함이다. 상하(上下)는 당상(堂上)과 당하(堂下)의 집례(執禮)를 지칭하고 부부(夫婦)는 당하(堂下)에 자손이 정렬함에 남자는 동쪽에 서고 여자는 서쪽에 서는 것을 말한다. 유소시(有所是)는 앞에서 밝힌 제례(祭禮)의 절목(節目)이요 호(祜)는 하늘이 내리는 큰 복이다. 전배들은 이제상하(以齊上下)와 부부유소(夫婦有所)로 구절을 분해하였으나 앞뒤의 문장과 부합하지 않으므로 내가 이제상하부부(以齊上下夫婦)와 유소시(有

所是)로 구절을 나누어 문리를 통하게 하였으니 살피기 바란다.

2-7 作其祝號하야 玄酒以祭하며 薦其血毛하며 腥其俎하며 孰其殽하며 與其越席하며 疏布以冪하며 衣其澣帛하며 醴醆以獻하며 薦其燔炙하되 君與夫人이 交獻하야 以嘉魂魄하니 是謂合莫이라 然後에 退而合亨하야 體其犬豕牛羊하며 實其簠簋籩豆鉶羹하야 祝以孝告하며 嘏以慈告하나니 是謂大祥이니 此禮之大成也라.

『그 축문과 칭호를 지어서 물로 제향을 지내며 희생의 피와 털을 드리며 그 도마제기에 날고기를 담으며 그 안주를 익히며 그 부들자리를 깔며, 성긴 베로써 술동이를 덮으며, 그 세탁한 비단옷을 입으며, 단술과 희멀건 술로써 올리며 그 굽고 찐 고기를 드리되 임금과 부인이 교대로 올려서 혼백을 즐겁게 하니 이것을 일컬어 화합하여 꾀함이라고 하나니 그런 다음에 물러나와 희생을 함께 삶아서 그 개와 돼지와 소와 양을 형체별로 나누어 그 대나무제기접시와 나무제기접시 그리고 국을 담는 제기그릇에 가득히 담아서 축문에서는 효자의 이름으로 아뢰고 축복의 말씀에서는 자애로운 신령의 이름으로 통고하나니 이것을 일컬어 크게 상서로움이라고 하니 이것이 제례가 크게 완성하는 것이다.』

◉ 이 절은 주(周)나라의 제례절도(祭禮節度)가 지극히 아름답고 성대하여 고금(古今)의 문화를 수용하고 인간의 정성이 귀신의 혼백을 영접하는 경지에 이르름을 밝혔다.

축(祝)은 각종 축문의 서식(書式)이요 호(號)는 여러 귀신의 호칭과 제기(祭器), 제물(祭物)의 명칭이니 축문은 서식이 정당하고 내용이 진실해야 되며 귀신의 호칭은 관계가 뚜렷하고 작위(爵位)와 시호(諡號)가 합당해야 된다. 현주(玄酒)와 혈모(血毛)와 성(腥)은 선사시대의 제물을 바치던 전통이고 숙(孰)은 숙(熟)이니 그 이하로 활석(越席)과 소포(疏布)와 한백(澣帛)과 례잔(醴醆)과 번자(燔炙)는 모두 상고시대의 제사의례이며 그 나머지는 주(周)나라가 새로 제작하여 아름답고 성대하게 갖춘 제례의식이다. 군여부인(君與夫人)이 교헌(交獻)은 임금이 초헌(初獻)을 하고 부인이 아헌(亞獻)을 하는 것이요 가(嘉)는 즐거운 것이며 혼백(魂魄)은 조상의 혼백이다. 합막(合莫)은 합모(合謨)로 남편과 아내가 화합하여 제사를 준비하고 추진하고 거행하여서 조상이 즐겁도록 꾀함이요 합팽(合亨)은 합팽(合烹)으로 임금과 부인이 합동으로 작업하여 고기를 삶는 것이며 체(體)는 각 부위별로 나누는 것이고 형(鉶)은 국을 담는 제기(祭器)이다. 축이효고(祝以孝告)는 조상의 제사에 축문은 효자(孝子), 효손(孝孫)으로 아룀이요 가이자고(嘏以慈告)는 자애(慈愛)로운 신령께서 제사를 즐겁게 잡수시고 제주(祭主)에게 큰 복을 내리셨다고 신보(神保)가 전달하여 알리는 것이다. 대상(大祥)은 크게 상서(祥瑞)로움이고 대성(大成)은 성대하게 완성함이니 행사를 성공적으로 거행해서 마쳤다는 말이다.

이 절은 공자가 주(周)나라가 제례(祭禮)를 완성하면서 선사시대의 제법(祭法)과 상고시대의 제의(祭儀)와 주(周)나라의 제례(祭禮)를 시대별로 엮은 문장이지 제사의 절차를 서술한 문장이 아니니 혼동하지 말라.

3. 춘추난세의 비례(非禮)

3-1 ——————————————

孔子가 曰嗚呼哀哉라 我觀周道하니
幽厲가 傷之라 吾가 舍魯하고
何適矣리오 魯之郊禘는 非禮也니
周公이 其衰矣요 杞之郊也는 禹也요
宋之郊也는 契也니 是天子之事를
守也라 故로 天子는 祭天地하고
諸侯는 祭社稷이니라.

『공자가 말씀하시기를 오호, 슬프도다! 내가 주나라의 도를 보니 유왕과 려왕이 손상시켰으므로 내가 노나라를 버리고 어디로 가리오. 노나라의 교제와 체제는 예가 아니니 주공의 예절이 그 쇠퇴한 것이요, 기나라의 교제는 우임금의 전통이고 송나라의 교제는 설을 섬기는 전통이니 이는 천자의 일을 지키는 것이다. 그러므로 천자는 하늘과 땅을 제향하고 제후는 사직을 제향하니라.』

☯ 이 장에서는 춘추시대에 도덕이 무너지고 윤리가 없어져서 예절이 형식적인 장식물로 전락된 현실을 기술하였다.

주도(周道)는 주(周)나라의 정치도덕과 가정윤리와 사회예절이고 유(幽)는 유왕(幽王: 기원전 782~771)으로 포사(褒姒)를 사랑하여 신후(申后)와 태자를 폐했으며 여(厲)는 여왕(厲王: ?~기원전 828)으로 포악한 정치를 하다가 추방되었으니 주나라가 권위를 잃고 제후

300

가 자립하여 춘추의 혼란시대로 진입하는 결정적 원인을 제공했다. 상(傷)은 손상(損傷)이요 사(舍)는 버림이며 교(郊)는 교외에 나아가서 천제(天祭)를 지내는 것이고 체(禘)는 종묘의 여름제사가 아니라 천자(天子)가 태묘(太廟)에서 태조(太祖)를 제향함에 하느님을 배향(配享)하는 대제(大祭)이다. 비례(非禮)는 천자의 예절을 제후국에서 쓰는 것이 부당한 것이고 쇠(衰)는 주공(周公)의 예법정신이 쇠퇴하였다는 뜻이며, 기(杞)는 하(夏)나라의 후손을 봉한 나라요 우(禹)는 하나라를 세운 임금이며 송(宋)은 은(殷)나라의 후손을 봉한 나라이고 설(契)은 은나라의 시조(始祖)이며 수(守)는 전통을 고수함이다.

　살피건대 『중용』에서 천자로부터 서인에 이르기까지 상례(喪禮)는 죽은 사람의 신분을 따르고 제례(祭禮)는 산 사람의 신분을 따른다고 하였으니 노(魯)나라의 교체(郊禘)가 비례(非禮)일 뿐만 아니라 기(杞)와 송(宋)의 교제(郊祭)도 역시 비례(非禮)이다. 전배들은 기(杞)와 송(宋)의 교제는 전통을 고수하는 것이므로 허용할 수 있는 예절이라고 하였으나 옳지 않다. 무릇 모든 국가는 흥망성쇠가 있으므로 그 조상도 자손과 더불어 흥망성쇠를 함께하는 것이니 어찌 자손이 쇠망하였는데 조상만 흥성하는 길이 있겠는가?

3-2 ────────────── 祝嘏^{축가}를 莫敢易其常古^{막감역기상고}하니 是謂大假^{시위대가}니라.

『축문과 축복하는 말씀을 감히 그 상투적인 옛날 방식을 바꾸지 못하니 이것을 일컬어 큰 거짓말이라고 하니라.』

☯ 여기에서는 현실을 외면한 허구적인 수사(修辭)나 상투적으로 옛날 축문과 축복하는 말씀을 답습하는 것은 허례허식(虛禮虛飾)으로 하늘과 땅과 귀신과 사람을 속이는 큰 거짓말임을 선언하였다.

상고(常古)는 상투적인 옛날 방식이고 대가(大假)는 큰 거짓말이니 하늘을 속이고 세상을 속이는 죄악이다. 전배들은 상고(常古)를 상사고법(常事古法)으로 오인하고 대가(大假)를 대가(大嘏)로 오해하여 대상(大祥)이라고 주장하였으나 옳지 않다. 전후의 문맥을 살피면 이 장은 춘추시대의 예절혼란의 사례를 지적하고 있거늘 어찌 여기에다가 크게 상서로운 내용을 삽입했겠는가?

3-3 ——— 祝嘏辭說을 藏於宗祝巫史가 非禮也니 是謂幽國이니라.

『축문과 축복하는 말씀과 칭송하는 노랫말과 찬양하는 논설을 종백과 축관과 무당과 사관에게 간직하게 함이 예절이 아니니 이것을 일컬어 유령의 나라라고 하니라.』

☯ 이 절에서는 춘추시대에 주(周)나라가 쇠미하여 천하제후가 각자 자립하여 이탈하였음에도 소수의 제관(祭官)들만 모여 형식적인 의례에 따라서 제사 지내니 그 유명무실(有名無實)한 천자(天子)의 존재를 고발하였다.

사설(辭說)은 귀신을 칭송하는 가사(歌辭)와 자손을 칭찬하는 논설이며 장(藏)은 공개하지 않고 비장(秘藏)함이요 종(宗)은 종백(宗伯)이니 종묘(宗廟)의 제례를 관장하는 관직이고 축(祝)은 축관

(祝官), 무(巫)는 무당(巫堂), 사(史)는 사관(史官)이며, 유(幽)는 유령(幽靈)으로 그 실체가 이미 망하여 존재하지 않으나 한갓 이름만 남아 있는 것이다.

3-4 ──────────────── 盞가 盞가 盞가 及尸君이 非禮也니 是謂僭君이니라.

『옥술잔과 세발옥잔을 임금의 시동에게 미치는 것이 예절이 아니니 이것을 일컬어 참람한 임금이라고 하니라.』

☯ 여기에서는 기(杞)나라와 송(宋)나라가 교제(郊祭)를 지내는 것은 주(周)나라의 예절을 어기고 참람하게 스스로 왕(王)을 자칭한 반역행위임을 고발하였다.

잔(盞)은 잔(盞) 또는 잔(琖)이라고 하는데 옥으로 사발처럼 만든 술잔이니 하(夏)나라의 제기(祭器)인바 기(杞)나라에서 계속 사용하였으며 가(斝)는 옥으로 세 발과 두 뿔이 있는 은나라의 제기(祭器) 술잔인데 송(宋)나라가 계속 사용하였는바 이것은 주(周)나라의 제기술잔인 작(爵: 청동으로 만듦)의 사용을 거부한 행위이다. 시군(尸君)은 임금의 시동(尸童)이고 참군(僭君)은 참람한 임금이니 제후(諸侯)로서 천자의 그릇을 사용하여 분수를 넘었다는 말이다.

3-5 ──────────────── 冕弁兵革을 藏於私家가 非禮也니 是謂脅君이니라.

『면류관과 고깔모자와 병기와 갑옷을 개인집에 가지고 있는 것이 예절이 아니니 이것을 일컬어 임금을 협박한 신하라고 하니라.』

◐ 여기에서는 제복(祭服)과 군복(軍服) 그리고 병기와 갑옷은 국가에서 보관하는 것이 예법인데도 춘추시대에 강신(强臣)들이 사가(私家)로 가지고 가서 임금을 위협하는 존재로 변신하였음을 지적하였다.

면(冕)은 면류관으로 제복(祭服)의 관(冠)이면 변(弁)은 피변(皮弁)이니 가죽으로 만든 고깔모자인데 근무복이나 군복(軍服)에 쓰는 모자이다. 병(兵)은 병기(兵器)이고 혁(革)은 방패와 갑옷으로 모두 국가의 관물(官物)로 개인의 집에 소장할 수 없는 것이다. 협군(脅君)은 임금에게 협박하는 불충(不忠)의 역신(逆臣)이라는 뜻이다.

3-6 ──────────────────────────────
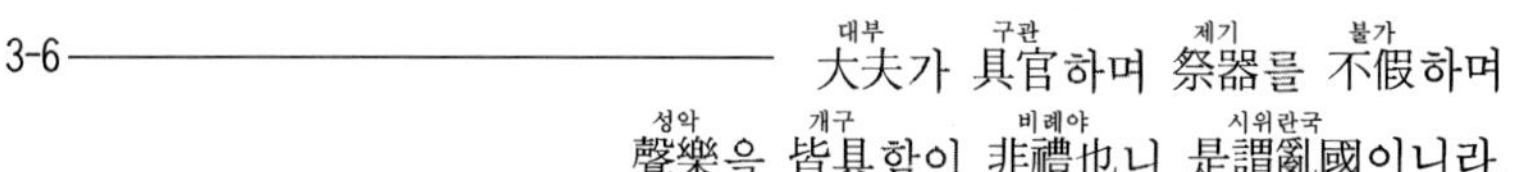

『대부가 가신의 관직을 모두 갖추고 제기를 빌리지 아니하며 소리와 음악을 모두 구비함이 예절이 아니니 이것을 일컬어 어지러운 나라라고 하니라.』

◐ 여기에서는 춘추시대에 고급관료들이 예절을 공경하고 사양하는 사회질서의 덕목으로 인식하지 않고 한갓 부귀권세를 자랑하는 권위의 상징물로 악용한 실태를 규탄하였다.

대부(大夫)는 고급관료이고 구관(具官)은 가신(家臣)의 전문적인 관직을 모두 구비(具備)함이니 예법에 가신은 겸직하여 여러 가지 일을 닥치는 대로 처리한다고 하였다. 가(假)는 빌리는 것이며 성(聲)은 소리요 악(樂)은 음악이며 개구(皆具)는 대부가 집안의 제사에 악무(樂舞)를 모두 갖추고 집안연회에 명창(名唱)을 불러 노래를 듣는 것이다. 난국(亂國)은 나라에 도덕이 무너지고 윤리가 없는데도 권력자들이 호화사치를 누리고 안일과 방종을 탐닉(耽溺)하여 사회모순이 극도에 이르러서 위아래가 분열하여 대립갈등이 심각한 상태에 놓인 국가이다.

살피건대 춘추시대의 고급관료들은 권력을 국가와 인민대중을 위한 봉사의 기관으로 인식하지 않고 오직 개인출세의 도구로 착각하여 사리사욕을 채우는 데 열중하였으니 마침내 도덕을 밝히고 윤리를 실천하는 예절의 규범까지도 오로지 가문의 권위를 자랑하고 신분의 상승을 과시하는 장식물로 악용하였을 뿐만 아니라 또한 부도덕한 정권의 반인륜적인 죄악을 포장하고 인민을 탄압하여 재물을 착취하는 수단으로 왜곡 변질시켰다. 따라서 이러한 무리들이 주장하는 예절은 교활한 술수를 감추는 가면극이고 포악한 권력을 숨기는 가장행렬에 지나지 못한 것이었으니 관중(管仲)이 주장한 예의염치(禮義廉恥)도 천리(天理)로 시비선악(是非善惡)을 분별하는 왕도(王道)의 예의가 아니고 오로지 사욕(私欲)으로 이해득실(利害得失)을 가리는 패도(覇道)의 예의였던 것이다.

3-7 ────────────────── 故로 仕於公曰臣이요 仕於家曰僕이니
三年之喪과 與新有昏者는 期를 不使하나니
以衰裳入朝하고 與家僕으로 雜居齊齒가
非禮也니 是謂君與臣同國이라 하니라.

『그러므로 나라의 공무에 벼슬하는 것을 말하여 신하라 하고, 대부의 집에 벼슬하는 것을 말하여 시중군이라 하니 3년의 상복 입는 기간과 새로 혼인한 사람은 1년간을 부리지 아니하나니 상복을 입고서도 조정에 들어가고 대부집의 시중군과 더불어 섞어 앉아서 서열을 나란히 하는 것이 예절이 아니니 이것을 일컬어 임금이 신하와 더불어 나라를 같이한다고 하니라.』

☯ 여기에서는 춘추시대에 대부(大夫)들이 국가의 공권력을 사유화하여 벼슬을 세습하고 또 세력확대를 도모하면서 가복(家僕)과 함께 조정회의에 참여하여 관료조직의 위계질서까지 어지럽히는 것을 규탄하였다.

고(故)는 예법이 무너진 결과요 사(仕)는 벼슬하는 것이고 공(公)은 나라의 공무(公務)이며 신(臣)은 정치와 행정기관의 책임자이다. 가(家)는 대부가(大夫家)의 사사(私事)이고 복(僕)은 시중군이며 기(期)는 1년이다. 잡거(雜居)는 섞어 앉아 공사(公私)의 구별이 없는 것이요 제치(齊齒)는 항렬을 나란히 하여 상하(上下)의 분별이 없는 것이다. 군여신동국(君與臣同國)은 임금이 통치권을 상실하여 권신(權臣)들과 더불어 나라를 같이 다스린다는 뜻이다.

살피건대 예법에 신하는 70세에 치사(致仕)하여 벼슬을 반납하고

물러가야 되고 또 부모의 상복(喪服)을 입으면 벼슬을 버리고 거상 (居喪)하는 것이며 혹 혼인을 하면 1년간 휴직하여야 됨에도 춘추 시대에는 실력자들이 공권력을 사유화해서 늙어 죽을 때까지 벼슬 을 하다가 죽으면 아들에게 세습하여 그 아들이 상복을 입은 채로 조정에 출입하고 혹시 혼인을 하여도 계속 집무할 뿐만 아니라 가 복(家僕)을 데리고 조정회의에 참석하여 그 권력보존에 열중하였으 니 천하가 일가(一家)가 아니라 나라가 백가(百家)로 분열하여 공벌침탈(攻伐侵奪)을 일삼았던 것이다.

3-8   故로 天子는 有田하야 以處其子孫하며
諸侯는 有國하야 以處其子孫하며
大夫는 有采하야 以處其子孫하나니 是謂制度니라.

『그러므로 천자는 공전(公田)을 소유하여 그 자손을 살게 하며 제후는 나라를 소유하여 그 자손을 살게 하며 대부는 채읍을 소유 하여 그 자손을 살게 하나니 이것을 일컬어 제도라고 하나라.』

◉ 여기에서는 천자와 제후와 대부가 모두 직위와 권력을 사유화 해서 세습하는 것을 제도로 만든 죄악을 폭로하였다.

고(故)는 권력자가 사리사욕을 도모한 결과요 유(有)는 소유함이고 전(田)은 공전(公田)이며 처(處)는 살게 함이요 채(采)는 채읍(采邑) 이다. 제도(制度)는 원래 오랜 역사를 통해 자연적으로 공인(公認)된 사회생활의 행동 양식이나 집단의 구성원을 규제하는 구조인데 여기에서는 갑자기 국가의 법률과 명령으로 만든 인위적인 법제이다.

살펴건대 전배들은 전제정치제도에 함몰하여 천자와 제후의 대부가 세습하는 것을 선왕(先王)의 제도라고 인정하였으나 옳지 않다. 맹자(孟子)가 말하기를 천하는 천하 사람의 것이요 한 사람의 것이 아니라고 하였고 공자는 『춘추(春秋)』에서 초(楚)나라의 자칭 왕(王)을 규탄하고 제후(諸侯)가 자립하며 경대부(卿大夫)가 세습하는 것을 엄중히 탄핵하였다. 모름지기 천자는 천하에서 가장 어진 이를 인민대중이 지지하고 천명(天命)을 얻은 다음에 추대하여야 되며 제후는 그 나라 사람이 추천하여 천자가 임명하여야 되며 대부는 제후가 추천하여 천자가 임명하여야 되었으니 이것이 선왕(先王)의 오랜 제도이었거늘 이제 춘추시대에는 천자와 제후와 대부가 공모하여 모든 관록을 세습하는 전제봉건제도로 개악하였던 것이다. 무릇 공전(公田)과 나라와 채읍은 천자와 제후와 대부가 하늘과 인민으로부터 위임을 받은 것이지 결단코 사유물이 아니다.

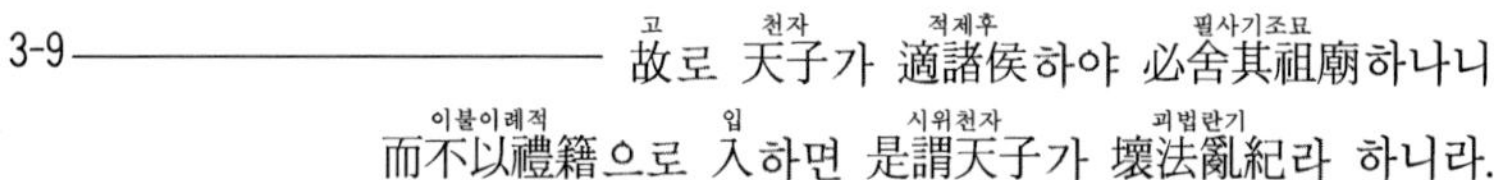

3-9 ────────── 故고로 天子천자가 適諸侯적제후하야 必舍其祖廟필사기조묘하나니
而不以禮籍이불이례적으로 入입하면 是謂天子시위천자가 壞法亂紀괴법란기라 하니라.

『그러므로 천자가 제후에게 가서는 반드시 그 조상의 사당에 머무나니 예절에 정한 의전으로 들어가지 않으면 이것을 일컬어 천자가 법도를 무너뜨리고 기강을 어지럽혔다고 하니라.』

☯ 여기에서는 춘추시대의 제후들이 주(周)나라 왕실(王室)이 미

약하므로 천자(天子)를 열국(列國)의 제후와 동격으로 대우하였음에도 천자가 권위를 상실하여 그 죄악을 성토하지 못한 것을 탄식하였다.

고(故)는 공전(公田)과 나라와 채읍을 사유화(私有化)한 결과요, 적(適)은 순수(巡狩)하기 위하여 가는 것이고 사(舍)는 머무는 것이며 기조묘(其祖廟)는 제후국의 종묘(宗廟)에 있는 침전(寢殿)이다. 예적(禮籍)은 예전(禮典)이니 천자가 제후국에 순수하는 회수(回數)와 의전(儀典) 및 행사절목으로 대개 5년에 한 번 순수하여 그 방면의 하늘과 산천에 제사 지내고 달력과 도량형기를 바로잡으며 5례(禮)를 밝히는 것이다.

대저 종묘의 침전은 제주(祭主)가 거처하는 곳이나 천자는 제후의 손님이 될 수 없으므로 침전에 머물러 큰 주인으로서 임하는 것인데 주(周)나라 천자가 이러한 권능을 상실하고 제후가 손님으로 대우함에도 그들의 협력을 구하기 위하여 자주 방문하니 안타까운 일이다.

3-10 ——————————— 諸侯가 非問疾吊喪이어늘 而入諸臣之家면
是謂君臣이 爲謔이라 하니라.

『제후가 문병이나 조상이 아님에도 여러 신하의 집에 들어가면 이것을 일컬어 임금과 신하가 기롱지거리한다고 하니라.』

☯ 여기에서는 춘추시대의 제후들이 측근 신하의 집에 수시로 들

어가서 사사롭게 교제한 것을 비판하였다.

문질(問疾)은 문병(問病)이요 학(謔)은 기롱지거리로 무례방자하게 희롱하는 말이다.

제후가 문병하고 조상하기 위하여 신하의 집에 가는 것은 예절이고 임금이 사사롭게 신하의 집에 들어가는 것은 예절이 아니니 임금이 품위를 잃고 특정 신하를 총애하고 신하가 지조를 버리고 임금에게 아첨하는 것으로 보이기 때문이다. 그러므로 나라의 일은 조정에서만 공명정대하게 논의하게 해서 임금과 신하가 사사롭게 교제하는 것을 엄금하였던 것이다.

4. 춘추난세를 바로잡는 길

4-1 ──────────── 是故로 禮者는 君之大柄也니 所以別嫌明微하며
儐鬼神하며 考制度하며 別仁義하나니 所以治政安君也니라.

『이런 까닭으로 예절이라는 것은 임금의 큰 지도력이니 혐의를
판별하고 은미한 것을 밝히며 귀신을 대접하며 제도를 고찰하며 인
애와 정의를 분별하는 원칙이니 정부를 다스리고 임금을 안정하게
하는 원리니라.』

☯ 이 장은 도덕이 무너지고 윤리가 타락한 춘추난세를 바로잡는
길은 앞 장에서 논한 열 가지의 가식적인 예절을 타파하고 진정한
예절정신을 회복하는 것임을 설파하였다.

시고(是故)는 앞 장에서 열거한 10건의 난맥상이고 대병(大柄)은
중대한 권능이니 곧 나라를 경영하는 요령이며 임금의 정치적 지도
력이다. 혐(嫌)은 혐의(嫌疑)로 의심쩍은 행동 이고 (미)微는 은미
(隱微)한 마음의 움직임이며 빈(儐)은 손님을 안내하여 대접하는
도우미요 치정(治政)은 정부(政府)를 다스려 관기(官紀)를 숙정(肅
正)함이다.

4-2 ——————————— 故로 政不正이면 則君位危하며
君位危하면 大臣이 倍하고 小臣이 竊하며
刑肅而俗敗하면 則法無常하고 法無常하면 禮無列하고
禮無列하면 則士不事也요
刑肅而俗敗하면 民不歸也니 是謂疵國이라 하니라.

『그러므로 정치가 바르지 않으면 임금의 자리가 위태하며 임금의
자리가 위태로우면 대신이 어기고 소신이 도적질하며 형벌이 냉혹하
고 세속이 부패하면 법률이 한결같음이 없고 법률이 한결같음이 없
으면 예절이 벌려서 진열함이 없고 예절이 벌려서 진열함이 없으면
선비가 일을 하지 않고 형벌이 냉혹하고 민속이 부패하면 민중이 돌
아오지 않는 것이니 이것을 일컬어 병이 든 나라라고 하니라.』

☯ 여기에서는 예치(禮治)로 정체(政體)를 바로세우지 않고 한갓
형벌로만 다스려서는 도저히 춘추난세를 바로잡을 수 없음을 강조
하였다.

패(倍)는 어기어 따르지 않은 것이고 절(竊)은 국가재산을 훔치
는 것이며 숙(肅)은 숙살(肅殺)이니 살벌하고 냉혹한 것이요 패
(敗)는 부패한 것이다. 상(常)은 항상(恒常)됨이고 열(列)은 벌려
서 진열(陳列)함이며 불사(不事)는 직무에 충실하지 않음이요 불귀
(不歸)는 정부를 외면하여 따르지 않음이며 자(疵)는 하자(瑕疵)니
완전하지 못한 흠이 있는 것이다.

살피건대 예치(禮治)는 소강(小康)사회를 건설하여 대동(大同)세
계를 이룩하는 아름다운 미래를 보장하므로 전체 관료계층과 인민

312

대중이 떨치고 일어나서 정부에 협력하지만 형벌(刑罰)로만 다스리는 것은 아무런 희망이 없으므로 관료들이 나태하고 민중이 이탈하는 것이다.

4-3 ─────────────────── 故로 政者는 君之所以藏身也니
是故로 夫政은 必本乎天하야 殽以降命하나니
命降于社之謂殽地요 降于祖廟之謂仁義요 降於山川之謂興作이요
降於五祀之謂制度니 此聖人所以藏身之固也니라.

『그러므로 정치라는 것은 임금이 몸을 간수하는 원리이니 이런 까닭으로 무릇 정치는 반드시 하늘에 근본하여 본받아서 명령을 내리나니 명령이 사직에서 내리는 것을 일컬어 땅을 본받음이라 하고 조상의 사당에서 내리는 것을 일컬어 인애와 정의로움이라 하고 산천에서 내리는 것을 일컬어 공사를 일으킴이라 하고 5사에서 내리는 것을 일컬어 법도를 제정함이라 하나니 이것이 성인이 몸을 간수함이 견고한 까닭이니라.』

◉ 여기에서는 앞 절의 인치(人治)의 위험을 극복하는 길은 예치(禮治)로 천지(天地)의 이치와 조상의 정신과 산천의 조건과 5사(祀)의 제도에 따라서 합리적으로 다스리는 것임을 역설하였다.

고(故)는 독단적인 인치(人治)의 위험이고 정(政)은 정령(政令)이니 임금의 정치적 명령이며 장신(藏身)은 몸을 안전하게 간수함이다. 효(殽)는 효(效)의 뜻이니 본받음이요 명(命)은 임금의 명령

이며 사(社)는 사직(社稷)이다. 조묘(祖廟)는 종묘(宗廟)이고 산(山)은 5악(嶽)이고 천(川)은 3독(瀆)이며 홍작(興作)은 국토건설의 공사를 일으킴이요 제도(制度)는 도읍과 지방의 기후와 풍속에 따라 자연스럽게 형성된 생활규범을 제정함이다.

살피건대 임금은 제례(祭禮)를 통하여 그 정신을 받들어 본받는 것이니 하느님께 교제(郊祭)를 지냄에는 하늘의 대통일(大統一) 정신을 본받고 땅에 사직사(社稷祀)를 지냄에는 대지의 광대(廣大)한 정신을 본받으며 종묘(宗廟)의 제향에는 조상의 인의(仁義)정신을 본받으며 산천사(山川祀)에는 산천의 지리적 조건을 활용하여 국토를 개발하는 정신을 본받으며 5사(祀)에는 도시와 마을의 기후와 풍속에 알맞은 생활규범을 개발하여 아름다운 사회제도를 만드는 데 노력하여 그 정치 명령이 천연적 자연질서에 조금도 어그러짐이 없게 하였다.

4-4

故로 聖人은 參於天地하시며
並於鬼神하사 以治政也니 處其所存은 禮之序也요
玩其所樂은 民之治也라 故로 天生時而地生財하며
人其父生而師가 教之하나니 四者를 君이 以正用之하시니
故로 君者는 立於無過之地也니라.

『그러므로 성인은 하늘과 땅에 참여하시며 귀신에게 나란히 하사 정사를 다스리는 것이니 그 간직한 바를 알맞게 대우함은 예절의 질서요 그 즐기는 바를 좋아함은 인민의 정치이다. 그러므로 하늘이 때를 내고 땅이 재물을 내며 사람은 그 아버지가 낳고 스승이 가르치나니 네 가지의 것을 임금이 바르게 쓰시니 그러므로 임금이라는 것은 허물이 없는 땅에 서는 것이니라.』

☯ 여기에서는 성인(聖人)의 정치이념은 천리(天理)를 받들고 지리(地利)를 활용하여 생민(生民)을 먹이고 가르쳐서 인민의 자치(自治)로 지치(至治)를 이룩하는 것임을 밝혔다.

참(參)은 참여하여 돕는 것이고 병(並)은 아우르는 것이니 병합(並合)함이며 처(處)는 처우(處遇)요 예지서(禮之序)는 자율질서이며 완(玩)은 완호(玩好)이다. 민지치(民之治)는 인민의 정치니 인민이 스스로 화합하여 자치(自治)하는 것이요 사자(四者)는 천시(天時)와 지재(地財)와 부생(父生)과 사교(師敎)이며 정용(正用)은 정당한 정치목적으로 운용(運用)하여 나라에 시행함이니 오로지 인민대중을 위하여 공명정대(公明正大)하게 사용함이다. 무과지지(無過之地)는 정치의 이념과 목적이 천리(天理)에 어그러짐이 없고 행정의 사업과 방법이 민심(民心)에 거스름이 없으며 교육의 학칙과 목표가 성인의 가르침에 어긋나지 아니하므로 그 정치지도력에 아무런 하자가 없는 것이다.

살피건대 타락한 난세를 바로잡기 위해서는 먼저 지도자가 천덕(天德)을 밝히고 왕도(王道)를 계승하여 대동(大同)의 국체(國體)와 소강(小康)의 정체(政體)를 바로세우며 성학(聖學)을 일으켜서 스스로 허물이 없는 완벽한 지도력을 확보해야 된다.

5. 소강(小康)제도의 출현 배경

5-1 ──────────────── 故로 君者는 所明也요 非明人者也며
君者는 所養也요 非養人者也며 君者는 所事也요
非事人者也니 故로 君이 明人則有過하고 養人則不足하고
事人則失位하니라 故로 百姓은 則君以自治也하며
養君以自安也하며 事君以自顯也하나니
故로 禮達而分定이라 故로 人皆愛其死而患其生이니라.

『그러므로 임금이라는 것은 본받을 바요 남을 본받는 사람이 아니며 임금이라는 것은 봉양할 바요 남을 봉양하는 사람이 아니며 임금이라는 것은 섬길 바요 남을 섬기는 사람이 아니니 그러므로 임금이 남을 본받으면 허물이 있고 남을 봉양하면 넉넉하지 아니하고 남을 섬기면 임금의 자리를 잃느니라. 그러므로 백성은 임금을 본받아 스스로 다스리는 것이며 임금을 봉양하여 스스로 편안한 것이며 임금을 섬겨서 스스로 밝게 나타나나니 그러므로 예절이 통달하고 분수가 결정되니라 그러므로 사람이 모두 그 죽음을 사랑하고 그 사는 것을 근심하니라.』

☯ 이 장은 소강(小康)세계를 건설함에 있어서 임금의 기능과 역할을 기술하여 임금의 정치지도력이 탁월해야 됨을 밝혔다.

고(故)는 앞 절에 밝힌 임금의 완벽한 지도력을 확립한 결과이고 칙(明)은 전체 문장의 뜻으로 보아 칙(則)이며 양(養)은 봉양(奉

養)이니 세금을 내는 것이요 사(事)는 받들어 섬김이니 충성함이다. 현(顯)은 현달(顯達)이고 예달(禮達)은 예절이 사회의 보편적인 최고의 가치로 인식됨이며 분정(分定)은 위아래의 분수가 결정됨이요 애기사(愛其死)는 죽음으로 절의를 지키는 것이고 환기생(患其生)은 예절을 어기고 분수를 잃은 삶을 근심하는 것이다.

임금이 천지(天地)에 참여하고 귀신과 병합한 도덕정치를 구현하면 반드시 정치적 모범이 되고 교육적 사표가 될 것인즉 천하만민이 정부를 신임하여 납세의 의무를 완수하면서 그 정부에 벼슬을 하여 충성을 다할 것이나 만일 임금에게 본받을 점이 없고 국가의 재정이 다른 나라로 유출되거나 또는 강대국에 종속하여 정치력과 경제력과 외교력을 상실하면 임금의 자리를 잃을 수밖에 없는 것이다. 따라서 임금의 역할과 기능은 자주자립적 주권을 확보하여 인민을 떨치고 일어나게 해서 자치(自治), 자안(自安), 자현(自顯)의 풍토를 조성하는 것이 가장 기본적인 선결문제라고 할 것이다.

5-2 ─────────────── 故로 用人之知하고 去其詐하며 用人之勇하고
去其怒하며 用人之仁하고 去其貪이니라.

『그러므로 사람의 지식을 쓰고 그 거짓을 버리며 사람의 용기를 쓰고 그 성냄을 버리며 사람의 사랑을 쓰고 그 탐욕을 버리느니라.』

☯ 여기에서는 소강(小康)세계를 지향하는 임금은 예절을 밝히고 분수를 지키는 정치를 해야지 절대로 권모술수(權謀術數)와 폭력탐

욕(暴力貪慾)을 써서는 안 됨을 기술하였다.

고(故)는 정치적 모범과 교육적 사표가 된 결과이고 지(知)는 합리적인 지식이요 사(詐)는 권모술수를 써서 거짓으로 속이는 것이며 용(勇)은 의리(義理)의 용기이고 노(怒)는 객기(客氣)와 만용(蠻勇)으로 포학함이다. 인(仁)은 인간의 본성으로 사랑의 원리이며 탐(貪)은 사리사욕을 채우려는 탐욕이니 지(知), 용(勇), 인(仁)은 천하의 보편적인 세 가지 선덕(善德)이요 사(詐), 노(怒), 탐(貪)은 천하의 보편적인 세 가지 악행(惡行)이다.

5-3 ─────────── 故고로 國有患국유환이어든 君군이 死社稷사사직을 謂之義위지의요
大夫대부가 死宗廟사종묘를 謂之變위지변이라 하니라.

『그러므로 나라에 환난이 있거든 임금이 영토를 지키기 위하여 죽는 것을 정의라고 이르고 대부가 종묘를 지키기 위하여 죽는 것을 변고라고 이른다고 하니라.』

☯ 이 절은 임금과 신하는 각각 예절로 정한 분수가 있음을 설파하여 신분에 따른 책임의 한계를 밝혀서 직무 유기나 월권행동이 없게 할 것을 역설하였다.

환(患)은 외환(外患)이니 외적의 침략을 받은 것이요 사직(社稷)은 영토(領土)의 주권(主權)을 상징하고 종묘(宗廟)는 왕실(王室)을 상징하며 변(變)은 변사(變事)로 보통 일이 아닌 괴이쩍은 일이다.

예법에 나라의 임금은 영토를 사수(死守)하고 공경대부(公卿大

318

夫)는 인민을 사수하고 선비는 법률제도를 사수한다고 하였으며 또한 국가의 전란 시에는 공족(公族)이 종묘(宗廟)를 지킨다고 예기의 문왕세자에서 밝혔으니 이성(異姓)의 대부(大夫)는 임금의 종묘를 죽음으로 지킬 시간도 책임도 없는 것이다.

5-4 ──────────── 故로 聖人이 耐하사 以天下爲一家하며 以中國爲一人者는 非意之也라 必知其情하야 辟於其義하며 明於其利하며 達於其患하나니 然後에 能爲之이니라 何謂人情고 喜怒哀懼愛惡欲七者는 弗學而能이니라 何謂人義요 父慈하며 子孝하며 兄良하며 弟弟하며 夫義하며 婦聽하며 長惠하며 幼順하며 君仁하며 臣忠하는 十者를 謂之人義요 講信脩睦을 謂之人利요 爭奪相殺을 謂之人患이라 하나니 故로 聖人之所以治人七情하며 脩十義하며 講信脩睦하며 尙慈讓하고 去爭奪함에 舍禮면 何以治之리오.

『그러므로 성인이 참으시어 천하로 한 집을 삼고 문화중심국을 건설한 임금으로 천자를 삼은 것은 의도함이 아니라 반드시 그 감정을 알아 그 의리에 대하여 분석하며 그 이로움에 대하여 해명하며 그 근심에 대하여 통달하나니 그런 다음에 능히 하시니라. 무엇을 일러 인간의 감정이라고 하는가? 기쁨과 성냄과 슬픔과 두려움과 사랑과 미움과 하고자 함의 일곱 가지는 배우지 아니하여도 잘하니라. 무엇을 일러 인간의 의리라고 하는가? 아버지는 자애하며 아들은 효도하며 형은 어질며 아우는 공경하며 지아비는 정의로우며 지어미는 유순하게 들으며 어른은 은혜로우며 어린이는 온순하

며 임금은 인애하며 신하는 충직하는 열 가지를 일컬어 인간의 의
리라고 하고, 믿음의 사회를 강구하고 화목하게 살도록 닦는 것을
일러 인간의 이득이라 하고 다투고 빼앗으며 서로 죽이는 것을 일
러 인간의 근심이라 하나니 그러므로 성인이 사람의 일곱 가지 감
정을 다스리며 열 가지 의리를 닦으며 믿음을 강구하고 화목을 닦
으며 자애와 사양을 숭상하고 다투고 빼앗음을 없애는 방법에 예절
을 버리면 무엇으로 다스리리오.』

☯ 이 절은 성인이 소강(小康)세계의 정치제도를 창안하게 된 배
경(背景)을 기술하였으니 대동(大同)세계의 도심(道心)이 쇠퇴하여
인심(人心)을 극복하지 못하는 사람이 출현해서 힘으로 빼앗는 세
력이 있는 까닭에 성인이 부득이 천하를 일가(一家)로 삼아 예법을
제정하고 분수를 밝혀서 인민의 복리(福利)를 증진하는 소강(小康)
사회를 건설하였음을 밝혔다.

고(故)는 앞에서 말한 권모술수와 폭력탐욕을 막고 예의를 지켜
서 변고(變故)를 방지하기 위함이고 성인(聖人)은 우(禹), 탕(湯),
문무(文武)이며 내(耐)는 참고 인내(忍耐)함이니 대동(大同)정치를
이상으로 하지만 아직 강화능력이 부족하므로 인내하여 소강(小康)
정치를 도모하는 것이다. 중국(中國)은 문화중심국이고 일인(一人)
은 천자(天子)니 바야흐로 문화중심국을 건설한 임금을 천자로 추
대한다는 뜻이다. 의(意)는 의도적으로 함이고 정(情)은 인간의 본
성에 근원한 원초적 순수한 감정과 사람의 마음에서 감응하는 사사
로운 감정을 모두 지칭하며 벽(辟)은 개벽(開闢)이니 해부하여 분
석함이고 의(義)는 의리(義理)니 곧 의무와 권리이며 이(利)는 복
리(福利)요 환(患)은 환난(患難)이다. 능위(能爲)는 능동적으로 함

이고 7자(七者)는 희노애구애오욕(喜怒哀懼愛惡欲)의 7정(七情)이니 인간의 본능적 감정이며 불학이능(弗學而能)은 본능적으로 예민하게 감응한다는 뜻이다. 소이(所以)는 원리와 방법이고 상(尙)은 숭상함이며 거(去)는 제거하여 없애는 것이요 사(舍)는 버리는 것이다.

6. 예절의 근본원리

6-1 ——————————————————— 飮食男女에 人之大欲이 存焉하고
死亡貧苦에 人之大惡가 存焉하니 故로 欲惡者는 心之大端也니라.

『음식과 남녀에 인간의 큰 욕구가 있고 사망과 가난한 고통에 인간의 큰 증오가 있으니 그러므로 하고자 한 것과 싫어 한 것은 마음의 큰 실마리이니라.』

☯ 이 장은 예절의 기본구조를 서술하였으니 여기에서는 인간의 7정(情) 가운데 욕(欲)과 오(惡)는 매우 절실하고 커서 스스로 조절하지 않으면 사회분쟁을 일으키는 커다란 요인이 됨을 밝혔다.

음식(飮食)은 식욕(食欲)으로 생명을 유지하는 필수조건이고 남녀(男女)는 색욕(色欲)으로 인간의 혈통을 보존하는 본능이니 어떠한 욕구보다도 강한 것이요 사망(死亡)은 생명이 끊어지는 것이고 빈고(貧苦)는 가난한 고통이니 인간이 지극히 싫어하는 것이다. 심(心)은 성(性)과 정(情)을 통합하여 한 몸을 주재하는 기관이요 대단(大端)은 큰 실마리니 곧 마음의 움직임을 분류하는 커다란 단서가 된다는 뜻이다.

6-2 ——————— 人이 藏其心이면 不可測度也며 美惡이 皆在其心이라도
不見其色也라 欲一以窮之인댄 舍禮하고 何以哉리오.

『사람이 그 마음을 감추면 측량하여 헤아릴 수 없는 것이며 아름
다움과 사나움이 모두 그 마음에 있더라도 그 얼굴색에 나타내지
아니하므로 한결같이 깊이 연구하고자 할진댄 예절을 버리고 무엇
으로 하리오.』

☯ 여기에서는 인간이 의도적으로 감정과 생각을 감추고 나타내
지 않을 수 있으므로 예절을 통하여 그 진심을 탐색하는 것이 가장
합리적임을 기술하였다.

장(藏)은 포장하여 감추는 것이고 심(心)은 좋아하고 싫어하는
감정과 생각이며 측탁(測度)은 미루어 헤아림이다. 미악(美惡)은
미추(美醜)요 현(見)은 나타냄이며 궁(窮)은 궁구(窮究) 끝까지 탐
구하여 밝히는 것이다.

착하고 아름다운 양심을 간직한 사람은 예절을 지킬 것이고 사악
하고 추잡한 생각을 가진 사람은 예절을 어길 것이니 그 예절을 보
면 그 마음을 미루어 짐작할 수 있는 것이다.

6-3 ——————— 故로 人者는 其天地之德이요
陰陽之交며 鬼神之會며 五行之秀氣也니라.

『그러므로 사람이라는 것은 그 하늘과 땅의 밝은 덕성이요 음과

양의 교통이며 귀신의 모임이며 5행의 빼어난 기운이다.』

☯ 여기서는 만물 가운데 가장 신령한 인간의 존재구조를 서술하여 인간의 허령(虛靈)한 지각(知覺)은 지극히 총명한 예지(睿智)로 분별하므로 대우주의 자연질서를 본받아 예절을 갖추어야 됨을 밝혔다.

덕(德)은 명덕(明德)이요 교(交)는 교통(交通)이며 회(會)는 회통(會通)이며 수기(秀氣)는 맑고 깨끗한 정기(精氣)이다. 사람은 선천적으로 타고난 밝은 덕성(德性)을 가지고 있고, 음과 양을 서로 감응(感應)하며, 지극한 정성으로 귀신을 모아서 통일하며, 금목수화토(金木水火土)의 5행(行)을 모두 갖춘 아름다운 기질을 가지고 있기 때문에 소우주(小宇宙)라고 하는 것이니 대우주를 본받아 가장 진실하고 착하고 아름다운 예절을 지켜야 되는 것이다.

6-4 ──────────────── 故로 天이 秉陽하야 垂日星하고
地가 秉陰하야 竅於山川이라
播五行於四時하야 和而後에라사 月生也하니
是以로 三五而盈하고 三五而闕하나니라.

『그러므로 하늘이 양기를 움켜잡아서 태양과 별을 드리우고 땅이 음기를 움켜잡아서 산과 시내에 빈 공간을 만드는지라 5행을 네 철에 펼치어 조화한 이후에 달이 생기나니 이래서 5행을 세 번하면 15일로 달이 차고 5행을 세 번하면 그믐으로 달이 이지러지느니라.』

☯ 이 절은 대우주(大宇宙)의 질서는 음양력(陰陽曆)임을 서술하여 음양이 화합해야 영원무궁한 발전을 기약할 수 있음을 밝혔다.

병(秉)은 모아서 움켜잡는 것이고 수(垂)는 드리우는 것이며 규(竅)는 빈 공간을 만드는 것이요 파(播)는 분포하여 펼치는 것이다. 월생(月生)은 재생명(哉生明)이니 곧 음력 초3일에 초생달이 생김이요 삼오(三五)는 5요일(曜日)을 3번하여 15일이고 영(盈)은 보름달이니 망(望)과 같으며 궐(闕)은 그믐으로 달이 이지러져서 보이지 않은 것이다. 5행(五行)은 1과 6은 물이요, 2와 7은 불이요, 3과 8은 나무요, 4와 9는 쇠요, 5와 10은 흙이요, 또 5행을 네 철에 분포하는 원칙은 봄은 나무요, 여름은 불이요, 가을은 쇠요, 겨울은 물이요, 4계절의 중간 18일씩은 흙이니 모두 72일로 똑같다.

대저 1년 360일을 5행에 배속하면 72후(候)가 되나니 후(候)란 날을 5행에 배속한 닷새를 1후라고 하며 3후를 1기(氣)라고 하여 3후(候)에 1절(節)이 변하므로 72후는 곧 24절기(節氣)로 순환 변화하나니 봄의 절후(節候)는 입춘(立春), 우수(雨水), 경칩(驚蟄), 춘분(春分), 곡우(穀雨), 청명(淸明)이요 여름의 절후는 입하(立夏), 소만(小滿), 망종(芒種), 하지(夏至), 소서(小暑), 대서(大暑)이며 가을의 절후는 입추(立秋), 처서(處暑), 백로(白露), 추분(秋分), 한로(寒露), 상강(霜降)이요 겨울의 절후는 입동(立冬), 소설(小雪), 대설(大雪), 동지(冬至), 소한(小寒), 대한(大寒)이다. 이러한 72후(候)의 그 4절기는 태양(太陽)을 중심으로 관측하여 만든 4시기후(四時氣候)를 밝힌 태양력이며 또한 3후(候)에 달이 차고 3후에 기우는 달의 현상을 관측하여 6후가 한 달이니 72후는 12개월이 되는 태음력이 생기는 것이다. 따라서 1년 360일에 네 철의 24절후와 12

개월의 초하루와 보름을 밝힌 요순(堯舜)의 세력(歲曆)은 태양력과 태음력을 종합한 음양력(陰陽曆)으로 천연의 질서와 조화에 가장 완벽한 천체운행의 자연법칙이다.

6-5 ──────────────────────────── 五行之動이 迭相竭也니
　　　　　　　　　　　　五行과 四時와 十二月이 還相爲本也요.

『5행의 운동이 교대로 상속하며 마치나니 5행과 네 철과 열두 달이 돌아가며 상속하는 근본이 되고』

☯ 여기에서는 5행의 상생(相生)하는 원리에 따라 5행의 운동변화가 스스로 생기는 자연법칙을 변증하였다.

동(動)은 운동(運動)이니 5행이 순환 발전하는 자체동력이요 질(迭)은 교대하여 차례로 바꾸어서 교체함이고 상(相)은 상속(相續)이니 곧 상생(相生)하는 것이며 갈(竭)은 다하여 끝내서 마침이다. 선(還)은 둥글게 원형을 따라 돌아가는 것이고 본(本)은 근본이다. 5행(五行)은 목(木), 화(火), 토(土), 금(金), 수(水), 목(木)으로 순환하며 자동운행(自動運行)하는 법칙이 있고, 4시(四時)는 춘(春), 하(夏), 추(秋), 동(東), 춘(春)으로 순환하며 자동운행하는 법칙이 있으며, 12월(十二月)은 정월(正月), 2월, 3월, 5월, 6월, 7월, 8월, 9월, 10월, 11월, 12월, 정월로 순환하며 자동운행하는 법칙이 있으니 모두 각각 뚜렷한 순서와 전제조건이 있어서 앞의 것이 뒤의 것의 근본이 된다.

살피건대 목(木)은 양기(陽氣)가 비롯하여 생장하는 동쪽 하늘의 푸른 생명력이니 봄의 정월, 2월, 3월의 절후이고 화(火)는 양기(陽氣)가 극성하는 남쪽 하늘의 붉은 활동력이니 여름의 4월, 5월, 6월의 절후이고, 토(土)는 양기와 음기(陰氣)가 고루 화합하는 중앙 하늘의 노랑 조절력이니 네 철의 가운데 달에 배속하며 금(金)은 음기(陰氣)가 비롯하여 성장하는 서쪽 하늘의 흰 살기(殺氣)니 가을의 7월, 8월, 9월의 절후이며 수(水)는 음기(陰氣)가 극성하는 북쪽 하늘의 검은 정지력(停止力)이니 겨울의 10월, 11월, 12월의 절후이므로 음양(陰陽), 5행, 4시, 12월은 곧 하나의 범주에 속하는 자연법칙이다.

6-6 ———————————— 五聲과 六律과 十二管이 還相爲宮也요.

『5성과 6율과 12율관이 돌아가며 상속하는 기본음계가 되고』

☯ 여기에서는 5성(五聲)과 6율(六律)과 12율관(律管)의 고저장단(高底長短)과 청탁경중(淸濁輕重)의 변화도 돌아가며 상속하는 자연법칙이 있음을 논증하였다.

5성(五聲)은 궁(宮), 상(商), 각(角), 치(徵), 우(羽)의 5음계요 6율(六律)은 양률(陽律)로 황종(黃鐘), 태주(太簇), 고선(姑洗), 유빈(蕤賓), 이측(夷則), 무역(無射)이며, 12관(管)은 12율관(律管)으로 양률(陽律)에 음려(陰呂)인 대려(大呂), 협종(夾鐘), 중려(仲呂), 임종(林鐘), 남려(南呂), 응종(應鐘)을 합한 것이다.

무릇 음계를 정함에는 12개의 율관(律管)의 직경을 3푼(分) 1리(釐)로 만들어 안 구멍의 둘레를 9푼으로 똑같게 하여 황종은 길이가 9촌(寸)이니 내부의 원통의 부피가 81인데 이 율관에서 나는 소리를 기본음계로 삼고 또한 5성(聲) 가운데 궁(宮)의 소리로 정하였다. 궁(宮)의 율관길이에서 3분의 1을 제거하면 6촌이 되니 그 원통의 부피가 54인데 여기에서 나는 소리를 치(徵)의 음계로 정하였다. 치(徵)의 율관길이에 3분의 1을 더하면 8촌이 되니 그 원통의 부피가 72인데 여기에서 나는 소리를 상(商)의 음계로 정하였다. 상(商)의 율관길이에 3분의 1을 제거하면 5촌 3푼이 되니 그 원통의 부피가 48인데 여기에서 나는 소리를 우(羽)의 음계로 정하였다. 우(羽)의 율관길이에 3분의 1을 더하면 7촌 1푼이 되니 그 원통의 부피가 64인데 여기에서 나는 소리를 각(角)의 음계로 정하였다.

또한 6율(六律)과 6여(六呂)도 12지(支)에 대입하여 황종은 기본음계로 자(子)의 11월에 해당하고 대려(大呂)는 두 번째 음계로 축(丑)의 12월에 해당하고 대주(大簇)는 세 번째 음계로 인(寅)의 정월에 해당하며 협종(夾鐘)은 네 번째 음계로 묘(卯)의 2월에 해당하고, 고선(姑洗)은 다섯 번째 음계로 진(辰)의 3월에 해당하며 중려(中呂)는 여섯 번째 음계로 사(巳)의 4월에 해당하며 유빈(蕤賓)은 일곱 번째 음계로 오(午)의 5월에 해당하며 임종(林鐘)은 여덟 번째 음계로 미(未)의 6월에 해당하며 이측(夷則)은 아홉 번째 음계로 신(申)의 7월에 해당하고 남려(南呂)는 열 번째 음계로 유(酉)의 8월에 해당하고 무역(無射)은 열한 번째 음계로 술(戌)의 9월에 해당하고 응종(應鐘)은 열두 번째 음계로 해(亥)의 10월에 해

당하는데 황종의 율관을 기본으로 해서 3분의 1을 더하거나 빼서 8
번째의 음계를 정했으니 황종의 율관길이에 3분의 1을 제거하면 임
종의 음계가 되고 임종의 율관길이에 3분의 1을 더하면 태주의 음
계가 되며 태주의 율관길이에 3분의 1을 제거하면 남려의 음계가
된다. 이러한 방식으로 고세, 응종, 유빈, 대려, 이측, 협종, 무역, 중
려를 차례로 얻으면 다시 황종으로 돌아가나니 역시 서로 돌아가면
서 상속하는 자연변화의 법칙이 있다.

6-7 ──────────── 五味와 六和와 十二食이 還相爲質也요.

『5미와 6화합과 12음식이 돌아가며 상속하는 바탕이 되고』

☯ 여기에서는 5미(五味)와 6화(六和)와 12식(十二食)의 변화도
돌아가며 상속하는 자연법칙이 있음을 논증하였다.

5미(五味)는 신맛, 쓴맛, 단맛, 매운맛, 짠맛인데 봄의 목기(木氣)
는 산미(酸味)를 생성하고 여름의 화기(火氣)는 고미(苦味)를 생성
하며 가운데의 토기(土氣)는 감미(甘味)를 생성하고 가을의 금기
(金氣)는 신미(辛味)를 생성하며 겨울의 수기(水氣)는 함미(鹹味)
를 생성하여 4계절이 순환하는 것처럼 다섯 가지의 맛도 돌아가며
상속하는 것이다. 6화(六和)는 두 가지 이상의 조미료(調味料)를
섞어서 조화(調和)시킨 여섯 가지 아름다운 맛인데 원칙적으로 단
맛을 기본으로 5미를 두 가지씩 섞으면 감산(甘酸), 감고(甘苦), 감
신(甘辛), 감함(甘鹹) 등의 4종이요 또 세 가지씩 섞으면 감산고

(甘酸苦), 감고신(甘苦辛), 감신함(甘辛鹹), 감함산(甘鹹酸) 등의 4종이며 또 다시 네 가지씩 섞으면 감산고신(甘酸苦辛), 감고신함(甘苦辛鹹), 감신함산(甘辛鹹酸), 감함산고(甘鹹酸苦) 등의 4종인즉 모두 12가지의 조화(調和)로되 여기에서는 양기(陽氣)를 돋구는 6화(六和)만을 표기하였다. 12식(十二食)은 12개월에 걸쳐 먹는 음식이니 예기의 월령(月令) 편에서 밝힌 바와 같이 봄에는 보리밥과 양고기를 먹고, 여름에는 콩밥과 닭고기를 먹으며 4계절의 중월(中月)에는 피밥과 소고기를 먹으며, 가을에는 참깨와 개고기를 먹고 겨울에는 기장밥과 돼지고기를 먹어 영양분을 고루 섭취함으로써 건강한 육체와 건전한 정신을 항상 유지하게 함이다.

6-8 ──────────────── 五色과 六章과 十二衣가 還相爲質也니라.

『5색과 6장과 12의복이 돌아가며 상속하는 바탕이 되니라.』

☯ 여기에서는 5색(五色)과 6장(六章)과 12의(十二衣)의 변화도 돌아가며 상속하는 자연법칙이 있음을 논증하였다.

5색(五色)은 청(靑), 적(赤), 황(黃), 백(白), 흑(黑)인데 봄의 목기(木氣)는 청색(靑色)을 생성하고 여름의 화기(火氣)는 적색(赤色)을 생성하며 가운데의 토기(土氣)는 황색(黃色)을 생성하고 가을의 금기(金氣)는 백색(白色)을 생성하며 겨울의 수기(水氣)는 흑색(黑色)을 생성하여 4계절이 순환하는 것처럼 다섯 가지의 색도 돌아가며 상속하는 것이다. 6장(六章)은 두 가지 이상의 색깔로 수를 놓아서 아름다운 무늬를 만든 여섯 가지 문양인데 본래 임금의 곤룡포에 놓은 무늬는 12장(章)으로 해, 달, 별, 산, 용, 꿩, 술통, 마름, 불, 쌀, 보(黼), 불(黻) 등이다. 12의(十二衣)는 12개월에 걸쳐 입는 의복이니 예기의 월령(月令) 편에서 밝힌 바와 같이 봄에는 청의(靑衣)를 입고 여름에는 적의(赤衣)를 입으며 4계절의 중월(中月)에는 황의(黃衣)를 입고 가을에는 백의(白衣)를 입으며 겨울에는 흑의(黑衣)를 입어서 자연의 변화에 함께 동화하는 것이다.

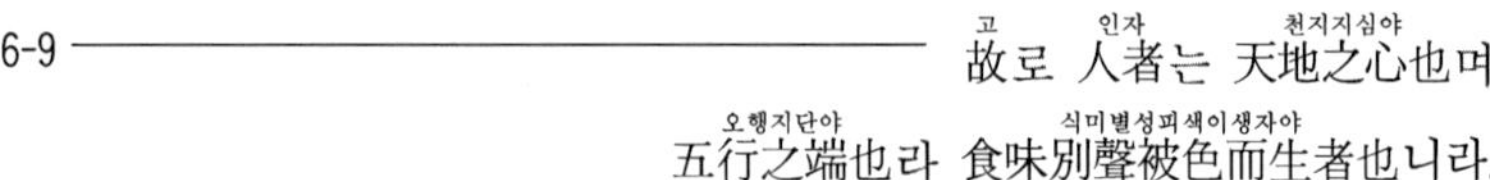

6-9 ──────────────────────────────
故로 人者는 天地之心也며
五行之端也라 食味別聲被色而生者也니라.

『그러므로 사람이라는 것은 하늘땅의 마음이며 5행의 발단이므로 맛이 있는 것을 먹으며 소리를 분별하며 색깔 옷을 입으면서 사는 것이니라.』

☯ 여기에서는 인간의 인식주체와 인식능력이 만물 가운데서 가장 탁월한 존재임을 논증하였다.

고(故)는 5행(行), 5성(聲), 5미(味), 5색(色)의 상생(相生)관계를 발견함이고, 천지지심(天地之心)은 하늘땅의 본래 마음이니 사물을 바르게 주재(主宰)하는 공명정대한 인식주체로 앞(6-3)에서 말한 천지지덕(天地之德)을 말미암는 것이다. 5행지단(五行之端)은 5행이 상생(相生)하는 발단(發端)이니 앞에서 말한 5행의 수기(秀氣)를 받은 결과 사람의 기질이 가장 청수(淸粹)하여 사물의 변화를 가장 민감하게 인식하는 능력이 갖추어 있는 것이다. 식미(食味)는 맛이 있는 것을 먹음이고 별성(別聲)은 소리를 분별하여 좋은 소리를 듣는 것이며 피색(被色)은 색깔을 인식하여 아름다운 색깔의 옷을 만들어 입는 것이다.

6-10 ─────────────
故로 聖人이 作則하되 必以天地爲本하며
以陰陽爲端하며 以四時爲柄하며 以日星爲紀하며
月以爲量하며 鬼神以爲徒하며 五行以爲質하며 禮義以爲器하며
人情以爲田하며 四靈以爲畜하나니 以天地爲本이라
故로 物可擧也며 以陰陽爲端이라 故로 情可睹也며
以四時爲柄이라 故로 事可勸也며 以日星爲紀라 故로 事可列也며
月以爲量이라 故로 功有藝也며 鬼神以爲徒라 故로 事可守也며
五行以爲質이라 故로 事可復也며 禮義以爲器라
故로 事行有考也며 人情以爲田이라 故로 人以爲奧也며
四靈以爲畜이라 故로 飮食有由也니라.

『그러므로 성인이 원칙을 만들되 반드시 하늘과 땅으로써 근본을 삼으며, 음과 양으로써 발단을 삼으며, 네 철로써 조종간을 삼으며, 해와 별로써 순서를 삼으며, 달로써 한량을 삼으며, 귀신으로 사도를 삼으며, 5행으로 바탕을 삼으며, 예의로 그릇을 삼으며, 사람의 정으로 논밭을 삼으며, 네 가지 영물로 기르는 짐승을 삼나니 하늘과 땅으로써 기본을 삼은지라 그러므로 만물을 들어 쓸 수 있으며, 음과 양으로써 발단을 삼은지라 그러므로 실정을 볼 수 있으며, 네 철로써 추진기간으로 삼은지라 그러므로 사업을 권장할 수 있으며,

해와 별로써 순서를 삼은지라 그러므로 사업을 벌일 수 있으며, 달로써 한량을 삼은지라 그러므로 공적을 대중잡을 수 있으며, 귀신으로 사도를 삼은지라 그러므로 사업을 지킬 수 있으며, 5행으로 본질속정을 삼은지라 그러므로 사업을 회복할 수 있으며, 예의로 그릇을 삼은지라 그러므로 사업을 시행함에 평가의 기준이 있는 것이며, 사람의 정으로 터전을 삼은지라 그러므로 사람이 깊고 자상한 마음을 생각하는 것이며, 네 가지 영물로 기르는 짐승을 삼은지라 그러므로 음식이 말미암음이 있느니라.』

☯ 여기에서는 하늘이 다스리는 원리와 법칙을 본받아서 국가사회를 다스리는 준거틀을 만들어야 인류문화가 길이 발전할 수 있음을 변증하였다.

고(故)는 인간에게 가장 뛰어난 인식능력이 있는 결과이고 성인(聖人)은 요(堯), 순(舜), 우(禹), 탕(湯), 문무(文武)이며 본(本)은 근본이니 현상세계의 본체(本體)라는 뜻이고 단(端)은 발단(發端)이니 운동변화가 시동(始動)하는 발단이다. 병(柄)은 도끼자루로 조종간(操縱桿)이나 운전대를 잡고 발진하여 운행함이며 기(紀)는 기율(紀律)로 질서와 조화(調和)가 있도록 차례로 움직이는 순서이고 양(量)은 한량(限量)으로 고루 균등하게 한도(限度)를 정한 분량이며 도(徒)는 사도(使徒) 또는 역도(役徒)로 업무를 분담하여 책임을 지는 일꾼이다. 질(質)은 본질(本質) 또는 속성(屬性)이니 사물에 꼭 필요한 요소이고 기(器)는 그릇으로 일정불변한 형상을 갖추는 크기와 구조이며 전(田)은 농사를 짓는 터전이니 삶의 광장이라는 뜻이요 4영(四靈)은 깨끗하고 평화로운 곳에서만 사는 네

가지 신령한 동물이고 축(畜)은 사람이 기르는 짐승이다. 거(擧)는
거용(擧用)으로 끌어 올려서 쓰는 것인바 등용(登用), 기용(起用)
과 같고 정(情)은 실정(實情)이며 열(列)은 진열(陳列)이요, 예
(藝)는 대중을 잡는 것이니 대강 미루어 기준을 헤아리는 것이며
고(考)는 고찰(考察)하는 본보기요 오(奧)는 깊고 자상한 내면이니
오밀조밀해 아기자기한 마음이며 유(由)는 유래(由來)로 말미암아
오는 곳이니 깨끗한 자연환경이다.

　살피건대 성인(聖人)의 정치사회제도는 천리(天理)와 성리(性理)
와 윤리(倫理)에 철저한 합리주의에 기초해서 중용(中庸)의 도를
말미암아 대동세계를 지향하기 때문에 마침내 천인(天人)이 합일
(合一)하고 물아(物我)가 일체(一體)가 되어서 우주(宇宙)가 쾌활
(快活)한 세계를 건설하나니 스스로 안락한 현실을 경영하여 보람
있는 인생을 개척하는 것이로다.

7. 예절의 기능과 목적

7-1 ──────────────── 何謂四靈고 麟鳳龜龍을 謂之四靈이라 하나니
故로 龍以爲畜이라 故魚鮪不淰하며
鳳以爲畜이라 故로 鳥不獝하며 麟以爲畜이라
故로 獸不狘하며 龜以爲畜이라 故로 人情不失이니라.

『무엇을 일컬어 네 가지 영물이라고 하는가? 린과 봉황과 거북과 용을 일컬어 네 가지 영물이라 하나니 용을 기르는 동물로 삼는지라 그러므로 물고기와 상어가 놀라서 뛰지 아니하며 봉황을 기르는 동물로 삼는지라 그러므로 새가 놀라서 어리둥절하지 않으며 린을 기르는 동물로 삼는지라 그러므로 짐승이 놀라서 달아나지 아니하며 거북을 기르는 짐승으로 삼는지라 그러므로 사람의 감정이 정신을 잃지 않으니라.』

☯ 이 장은 예절의 기능과 목적을 서술하였으니 예절은 인간으로 하여금 도덕적 의식을 기르게 하여 깨끗하고 아름다운 환경을 건설하기 위하여 반드시 필요한 것임을 밝혔다.

린(麟)은 털짐승 가운데 최고 영장(靈長)이니 인수(仁獸)라고도 하는바 그 형상은 사슴의 몸에 소의 꼬리, 이리의 이마에 말굽을 가졌으며 머리에는 살로 된 외뿔이 있고 털은 5색으로 배의 털은 누르며 성인(聖人)이 세상에 나올 때에 나타나는 상서로운 들짐승이니 공자가 『춘추(春秋)』에서 서수획린(西狩獲麟)이라고도 증언하

였기 때문에 『춘추』를 린경(麟經)이라고도 한다. 봉(鳳)은 봉황(鳳凰) 새의 수컷으로 날짐승 가운데 최고 영장인바 태평성대에만 나오기 때문에 극락조(極樂鳥)라고도 한다. 그 모양은 전면은 기러기처럼 생겼고 후면은 기린처럼 생겼는데 뱀의 머리, 물고기의 꼬리, 용의 무늬, 거북의 등, 닭의 부리, 제비의 턱 등과 같으며 머리에는 덕(德)을 이고, 목에는 의(義)를 매달고, 등에는 인(仁)을 지고, 마음에는 신(信)을 넣고, 날개에는 예(禮)를 끼고 발에는 문(文)을 달고, 꼬리에는 무(武)를 매달았는데 날개를 펴면 5색이 갖추어 나타나는바 오동나무에만 앉고 대나무 열매를 먹으며 예천(醴泉)의 물을 마시고 살며 천하에 홀아비와 과부 그리고 실업자와 병든 사람이나 장애인이 없고 새의 알을 꺼내 먹지 않으며 어린짐승을 꺼내 먹지 않고 물을 말려서 고기를 잡지 않으며 불을 놓아 개간을 하지 않은 태평성대에 뭇짐승들과 함께 나타나는데 봉황을 따르는 짐승은 맹수들도 모두 유순하게 변화하는 것이다.

귀(龜)는 거북으로 갑각류 가운데 최고 영장이니 등은 불룩하며 몸은 타원형으로 납작하고 등과 배에 굳은 딱지가 있어 몸을 보호하는 동시에 머리와 꼬리 및 짧은 네 발은 비늘로 덮여 있어 늪지대에서 생활할 수 있도록 수분의 증발을 막아주기 때문에 생명력이 강하여 한곳에서 오래 사는 영물이다. 용(龍)은 종자가 없으나 잉어 또는 닭이 산천의 기운을 모아 변화해서 환골탈태하여 어룡(魚龍) 혹은 계룡(鷄龍)이 되는데 천지의 원기를 길러 여의주(如意珠)를 얻으면 하늘을 자유자재로 날면서 비를 내리고 바람을 불게 하여 천변만화(千變萬化)를 일으켜서 만물에 두루 덕을 베풀기 때문에 전지전능(全知全能)의 경영능력으로 천지를 조화(造化)하는 최고의 지도력을 상징한다. 유(鮪)는 상어이고 심(淰)은 놀라서 뛰어 흩어지는 모양이며 휼(獝)은 갑자기 놀라서 어리둥절하는 모양이요 월(狘)은 놀라서 달아나는 모양이며 실(失)은 실진(失眞)이니 놀라서 정신을 잃은 것이다. 전배들은 인정(人情)을 실(失)의 목적어로 해석하였으나 앞에 어(魚)와 조(鳥)와 수(獸)가 모두 주어임을 살피면 인정(人情)도 주어로 해석함이 옳다.

살피건대 네 가지 영물(靈物)은 맑은 공기와 깨끗한 물과 고요한 곳과 평화로운 때에만 나타나는 동물이므로 사람이 이것을 기르기 위해서는 예절을 지켜서 평화로운 사회와 깨끗한 환경을 경영해서 물에는 용을 기르기 위하여 하천과 바다를 깨끗하고 고요하게 보존하므로 물고기가 놀라서 흩어지지 아니하고 하늘에는 봉황을 기르기 위하여 공기를 깨끗하고 고요하게 보존하므로 새가 놀라서 어리둥절하지 않으며 산에는 기린을 기르기 위하여 깨끗하고 고요하게 보존하므로 들짐승이 놀라서 달아나지 아니하며 숲이 우거진 늪지대에는 거북을 기르기 위하여 깨끗하고 고요하게 보존하므로 사람이 깜짝 놀라서 정신을 잃지 아니하는 것인즉 이것은 모두 사람이 예절을 지키는 효과이다.

7-2 ─────── 故로 先王이 秉蓍龜하시며 列祭祀하시며 瘞埋繒하시며
宣祝嘏辭說하시며 設制度하시니 故로 國有禮하며
官有御하며 事有職하며 禮有序하니라.

『그러므로 선왕이 산가지와 거북을 움켜쥐고 점을 치시며 제사음

식을 차리시며 신령에게 바치는 비단을 땅에 묻으시며 축문과 축복하는 말씀과 노랫말과 이야기를 드날리시며 제도를 설치하시니 그러므로 나라에는 예부가 있으며 관청에는 주관하는 직책이 있으며 사무에는 직책이 있으며 예식에는 차례가 있느니라.』

☯ 여기에서는 네 가지 영물(靈物)을 기르기 위하여 천지(天地)를 공경하고 산천(山川)을 소중하게 보호하는 방법을 기술하였으니 천자(天子)가 솔선수범하여 최고의 정성과 공경심으로 직접 제사를 지내는 선례를 밝혔다.

고(故)는 4영(四靈)을 길러서 아름다운 세계를 건설하기 위한 까닭이고, 병시귀(秉蓍龜)는 산가지와 거북을 움켜잡고 점을 쳐서 제사를 지내는 길한 날을 잡는 것이며 열제사(列祭祀)는 제사음식을 제상에 차려 진열함이다. 예(瘞)는 땅에 묻은 것이고 매증(埋繒)은 신령에게 바치는 폐백(幣帛)으로 땅에 묻는 비단이며 선(宣)은 밝혀서 드날리는 선전이요 제도(制度)는 제사에 관한 국가의 제도이다. 국유례(國有禮)의 예(禮)는 국가의 정부조직법에 예부(禮部)가 있다는 말이니 곧 홍범(洪範)의 8정(八政)에서 말한 사(祀)를 담당한 기관이요 어(御)는 주관하는 장관이며, 사(事)는 제사 지내는 사무를 맡은 분야이고 직(職)은 제관(祭官)과 집례(執禮), 집사(執事)의 직책이며 예유서(禮有序)는 제례의식절차에 차례가 있는 것이다.

무릇 제사의 의례는 최대의 정성과 최고의 공경으로 숭상하는 의식이니 아름다운 자연 속에 네 가지의 영물(靈物)이 사는 신성한 국토를 건설하기 위하여 천자(天子)가 기울이는 정성과 노력은 극진하고 극진하여 사람은 물론 천지만물을 감동시키는 데 이름을 여기에서 확인할지어다.

7-3 ──────────────────────── 故로 先王이 患禮之不達於下也라
故로 祭帝於郊는 所以定天位也요 祀社於國은 所以列地利也요
祖廟는 所以本仁也요 山川은 所以儐鬼神也요
五祀는 所以本事也라 故로 宗祝이 在廟하며 三公이 在朝하며
三老가 在學하며 王이 前巫而後史하며 卜筮瞽侑가
皆在左右하나니 王은 中心無爲也하야 以守至正하니라.

『그러므로 선왕은 예절이 아래에 전달하지 아니함을 걱정하시는지라 그러므로 교외에서 하느님께 제향 지내는 것은 하느님의 자리를 정립하는 원리요, 도읍에서 사직신에게 향사 지냄은 땅의 이로움을 나열하는 원리요, 할아버지의 사당에 제향 지내는 것은 인애를 근본으로 하는 원리요 산천에 향사 지내는 것은 귀신을 손님으로 대접하는 원리요 5사는 사업을 근본으로 하는 원리이니 그러므로 종축이 사당에 있으며 3공이 조정에 있으며 3로가 태학에 있으며 왕이 무축을 앞세우고, 사관을 뒤에 따르게 하며 점치는 사람과 악사와 음식을 권하는 사람이 모두 좌우에 있게 하나니 왕은 가운데 마음에 의혹이 없게 하여 지극히 바름을 지키느니라.』

☯ 여기에서는 천자(天子)가 예절을 국민에게 보급하기 위하여 지극한 정성으로 교사(郊社)와 종묘와 산천과 5사(五祀)를 숭상하

여 제사 지내는 원리와 천자(天子)는 항상 성령(聖靈)을 보존하여 나라를 신성하게 수호하는 책무를 기술하였으니 하늘과 땅 그리고 종묘와 산천 및 주거환경을 신성하게 보호할 뿐만 아니라 왕의 마음도 성령(聖靈)을 항상 간직해야 됨을 밝혔다.

달(達)은 전달하여 보급함이고 하(下)는 하층민중이며 제(祭)는 제향(祭享)이니 종통(宗統)을 계승한 정통주체(正統主體)가 직접 공양(供養)했던 돌아가신 어버이와 직계조상님께 술과 음식을 드리는 예식이요 제(帝)는 하느님이니 천자(天子)는 하느님의 아들로 천성(天性)을 길러 천덕(天德)을 밝히고 천도(天道)를 천하에 시행하는 정통주체이기 때문에 하느님께 제향을 지내는 제주(祭主)가 될 자격이 있으며 교(郊)는 교외(郊外)로 혼천설(渾天說)에서 하늘은 땅의 밖에 있는 까닭에 도성(都城)의 밖에서 제향 지내며 정(定)은 정립(定立)함이고 천위(天位)는 만물을 창조변화하는 절대지존(絶對至尊)의 유일(唯一)한 조물주(造物主)의 권위를 가진 황천(皇天)의 상제(上帝)이다. 사(祀)는 향사(享祀)이니 종통(宗統)을 관리한 정통주체(正統主體)가 직접 봉양(奉養)했던 방계조상에게 술과 음식을 올리는 예식이요 사(社)는 국토신(國土神)이며 국(國)은 도읍(都邑)이니 혼천설(渾天說)에서 땅은 달걀의 노른자위처럼 하늘의 내부에 있기 때문에 도읍 안에서 향사(享祀) 지낸다. 열(列)은 나열(羅列)이며 지리(地利)는 땅에서 생산하는 재물의 이득이요 조묘(祖廟)는 종묘(宗廟)나 가묘(家廟)로 조상신을 모신 사당에 제향 지냄이며 본(本)은 근본(根本)으로 뿌리를 찾는 것이고 인(仁)은 인간성으로 사랑의 원리니 본인(本仁)은 인간애(人間愛)의 뿌리를 찾아 효자(孝慈)의 마음을 일으키는 것이다. 산천(山川)

은 산천에 향사 지냄이며 빈(儐)은 주인 측의 집사가 주인을 대신하여 손님을 안내하며 대접하는 역할을 맡은 것이니 빈귀신(儐鬼神)은 산천의 귀신을 손님으로 대접하는 것이고 5사(五祀)는 방문과 부엌과 뜰방과 대문과 길의 신령(神靈)에게 향사 지내는 것이니 곧 주거환경을 공경함이요 본사(本事)는 사업장의 근본을 찾음이다. 종축(宗祝)은 종묘에서 제사를 관장하는 벼슬이고 3공(三公)은 조정에서 예법을 논의하는 버슬이며 3로(三老)는 태학에서 예법을 가르치는 벼슬이니 모두 제사의 예절을 지키고 보급하는 최고위직 관료이요 무(巫)는 귀신의 뜻을 살피는 무축(巫祝)이고 사(史)는 행사의 진실성과 거짓을 관찰하여 기록하는 사관(史官)이며 고(瞽)는 악관(樂官)이고 유(侑)는 임금을 모시고 같이 음식을 먹으면서 임금에게 음식을 권하는 유식(侑食)이다. 중심(中心)은 가운데 마음이니 속마음이고 무위(無爲)는 적연부동(寂然不動)하여 아무런 잡념(雜念)이 없어 순수한 성령(聖靈)이 충만해서 화기(和氣)가 엉김이요 지정(至正)은 천자(天子)의 도덕(道德)이 지극히 중정(中正)하여 원만하고 고상한 품위이다.

7-4 —————————————————— 故로 禮行於郊而百神이 受職焉하며
禮行於社而百貨가 可極焉하며 禮行於祖廟而孝慈가 服焉하며
禮行於五祀而正法이 則焉이니 故로
自郊社祖廟山川五祀는 義之脩而禮之藏也이니라.

『그러므로 예절을 교외에서 거행함으로써 일백 귀신이 직분을 받

으며 예절을 사직에서 거행함으로써 일백 가지 재화가 극진할 것이며 예절을 할아버지의 사당에서 거행함으로써 효도와 자애가 지켜지며 예절을 5사에서 거행함으로써 바른 법이 본받고 행하나니 그러므로 교(郊)로부터 사(社)와 종묘와 산천과 5사는 정의의 수련장이요 예절의 저장소인 것이니라.』

◐ 여기에서는 천자(天子)의 제례(祭禮)는 사회정의를 밝히고 생활예절을 익히는 천하정의의 수련장(修鍊場)이고 성왕예절의 저장소(貯藏所)임을 기술하였다.

백신(百神)은 만물은 모두 음양(陰陽)으로 생성하였기 때문에 만물에 모두 귀신이 존재하는바 이를 총칭하여 일백 신령이라고 하는 것인즉 범신론(汎神論)에서 모든 귀신은 각각 맡은 역할에 대한 직무의 책임이 있는 것이다. 따라서 천자가 천계(天界)의 황천상제(皇天上帝)를 공경하여 그 위상을 정립해야 하느님이 신계(神界)의 각종 귀신에게 그 직책을 부여하여 비와 바람이 순조롭고 천재와 지변이 일어나지 않도록 하는 것이다. 백화(百貨)는 모든 재화(財貨)를 총칭함이고 극(極)은 극진(極盡)함이니 무한하게 번식함이며 복(服)은 복무(服務)로 간직하여 지키는 것이요 정법(正法)은 정당한 상법(常法)이니 곧 국민이 바르게 사는 법으로 의무를 다하고 권리를 누리는 방법이며 칙(則)은 본받아 행함이다. 의(義)는 의리(義理)로 곧 의무와 권리이며 수(脩)는 수련장(修鍊場)이고 장(藏)은 저장(貯藏)으로 거두어 보관해서 필요할 때 이용하는 곳간이란 뜻이다. 따라서 국가의 모든 곳에 예의가 있으면 신성한 국토가 되어 네 가지 영물(靈物)이 머물게 되는 것이다.

8. 예절은 천연의 질서와 조화

8-1 ──────────── 是故^{시고}로 夫禮^{부례}는 必本於太一^{필본어태일}하야 分而爲天地^{분이위천지}하며
轉而爲陰陽^{전이위음양}하며 變而爲四時^{변이위사시}하며 列而爲鬼神^{열이위귀신}하고
其降曰命^{기강왈명}이니 其官於天也^{기관어천야}니라.

『이러한 까닭으로 무릇 예절은 반드시 맨 처음의 하나에 근본하여 나누어서 이에 하늘과 땅을 본뜨며 굴러서 이에 음과 양을 본뜨며 변하여 이에 네 철을 본뜨며 나열하여 이에 귀신을 본뜨고 그 내림을 말하여 명령이라 하나니 그 하늘에게 일함이니라.』

☯ 이 장은 예절의 기본원리를 기술하였으니 예절의 구조와 체계는 천서(天叙)와 천질(天秩)을 본떠서 천연의 질서와 조화(調和)를 이룩하여 하늘의 사업을 아름답게 완성하는 것임을 밝혔다.

시고(是故)는 앞 장에서 밝힌 제사(祭祀)를 통하여 예의(禮義)를 밝혀 국토를 신성하게 보존하는 결과이고 태일(太一)은 전체를 총망라하여 하나로 통일하는 주재자(主宰者)로 절대지상(絶對至上)의 유일자(唯一者)니 이치로 말하면 태극(太極)이고 권능으로 말하면 황천상제(皇天上帝)이다. 분(分)은 반으로 쪼개서 나누는 것이요 이(而)는 이에 이며 위(爲)는 본뜨는 것이니 곧 흉내를 내는 것이며 천지(天地)는 상하(上下)와 전후좌우의 공간적 위상이며, 전(轉)은 발동(發動)하여 운전함이고 음양은 동정(動靜), 진퇴승강(進退升降)의 운동적 역량이며, 변(變)은 변역(變易)하여 천이(遷

移)함이고 4시(四時)는 봄, 여름, 가을, 겨울의 시간적 형세이며 열(列)은 배열함이고 귀신은(鬼神)은 만사를 신통하게 완수하는 기능을 하는 것이다. 기강(其降)은 예절을 거행함에 각자에게 직위와 사업을 나누어 정해서 내려 줌이고 명(命)은 임명(任命)이니 주어진 책무를 스스로 헤아려서 반드시 완성해야 되는 책임을 맡은 것이며 관(官)은 사(事)이니 기관어천(其官於天)은 하늘에게 그 일을 하는 것으로 곧 하늘이 경영하는 사업에 종사해야 된다는 뜻인바 예절은 본래 하늘의 원리를 본받기 때문에 예절의 행사는 마땅히 하늘의 사업을 구현해야 된다는 것이다.

8-2 ───────── 夫禮는 必本於天하야 動而之地하며 列而之事하며
　　　　　　　　　變而從時하며 協於分藝하나니 其居人也曰養이라
　　　　　　　　　其行之엔 以貨力辭讓飲食으로 冠昏喪祭射御朝聘하니라.

『무릇 예절은 반드시 하늘에 근본하여 움직여서 땅에 이르며, 벌려서 일에 이르며 변하여 때를 따르며 대중 잡은 분량에 협력하나니 그 사람을 살게 하는 것을 일컬어 양육이라 하므로 그 예식을 거행함에는 돈과 힘과 사양과 음식으로 관례, 혼례, 상례, 제례, 사례, 어례, 조례, 빙례를 하니라.』

◉ 여기에서는 예절의 본의가 천연의 자연법칙을 본받아 인간의 도덕과 윤리를 밝혀서 분업협동하고 인간을 존중하여 건전한 사회 생활을 경영하는 것임을 기술하였다.

천(天)은 만물을 창조하여 생영(生榮)하게 하는 천도(天道)이고 동(動)은 예절의 움직임이며 지(之)는 이르러 감이요 지(地)는 만물을 생산하여 성장케 하는 지덕(地德)이다. 열(列)은 예절의 나열함이고 사(事)는 사람이 마땅히 해야 되는 일이며 변(變)은 예절의 변화요 시(時)는 천시(天時)이다. 협(協)은 협동이니 공동체에 협력함이고 분예(分藝)는 분업한 업무량을 대중하여 분담함이니 공동체의 목적사업을 그 구성원에게 각자의 업무능력을 대중 잡아 분담시키는 공동분수주의(共同分數主義)이며 거인(居人)은 사람을 살게 함이요 양(養)은 부모를 공양(供養)하고 가족을 부양(扶養)하며 어른을 봉양(奉養)하는 양육(養育)으로 사람의 삶에 필수조건인 의(衣), 식(食), 주(住)를 갖추어 해결하여 주는 것이다. 기행(其行)은 예절을 거행함이고 화(貨)는 화폐와 재물 등의 자본이고 력(力)은 기술과 노동력 등의 인력이며 사양(辭讓)은 인간을 사랑하고 공경하여 양보하는 정신이요 음식(飮食)은 인간의 육체를 기르는 식품이다. 관혼(冠昏) 이하는 모두 예식이니 사(射)는 대사례(大射禮)이고 어(御)는 전차(戰車)를 모는 경주인데 예식은 의례(儀禮)의 형식절차만 위해서는 안 되고 반드시 인간을 존중하여 참여한 사람들의 부담감이 없게 하며 정신적 육체적으로 고통을 느끼지 않게 거행해야 옳은 것이다.

8-3 ────────── 故^고로 禮義也者^{예의야자}는 人之大端也^{인지대단야}니 所以講信脩睦^{소이강신수목}하며
而固人肌膚之會^{이고인기부지회}와 筋骸之束也^{근해지속야}며 所以養生送死^{소이양생송사}와 事鬼神之大端也^{사귀신지대단야}며
所以達天道^{소이달천도}와 順人情之大寶也^{순인정지대두야}라 故^고로
唯聖人^{유성인}이 爲知禮之不可以已也^{위지예지불가이이야}하나니
故^고로 壞國喪家亡人^{괴국상가망인}에 必先去其禮^{필선거기례}하느니라.

『그러므로 예의라는 것은 사람의 큰 근본인 것이니 믿음을 강구하고 화목을 닦으며 사람의 살과 피부의 모음과 근육과 뼈의 묶음을 견고하게 하는 원리이며 산 사람을 양육하고 죽은 사람을 장사지냄과 귀신을 섬기는 원리의 큰 근본인 것이며 하늘의 진리를 통달하고 인간의 감정을 따르는 원리의 큰 통로인 것이다. 그러므로 오직 성인이 예절의 그만둘 수 없는 것을 알게 하나니 그러므로 나라를 파괴하고 집을 잃으며 사람을 망침에 반드시 먼저 그 예절을 버리느니라.』

☯ 여기에서는 예절의 중대한 기능을 서술하였으니 예절은 사람의 건강한 육체와 건전한 정신을 증진해서 화목한 가정, 믿음의 사회, 융성한 국가를 건설하는 원리임을 밝혔다.

고(故)는 앞 절에서 말한 자연과 인간과 사회에 알맞은 예절을 거행한 결과이고 대단(大端)은 큰 근본이니 사물이 비롯하여 말미암는 본원(本源)이며 고(固)는 견고함이다. 회(會)는 모아서 결합함이고 속(束)은 묶어서 단속함이며 대두(大寶)는 큰 구멍으로 왕래하는 교통로요 이(已)는 그만두는 것이다.

대저 예절은 경제적으로 소비적인 행사이지만 사람이 예절을 숭

상하면 건전한 삶을 강구하므로 부양가족을 위하여 부지런히 생산 활동에 종사하는 까닭에 생산이 증가하고 또한 검소질박한 기풍이 있어서 아무리 생산량이 많아도 사치와 낭비가 없으며 음란하고 부패하지 않은 것이다.

8-4 ——————————

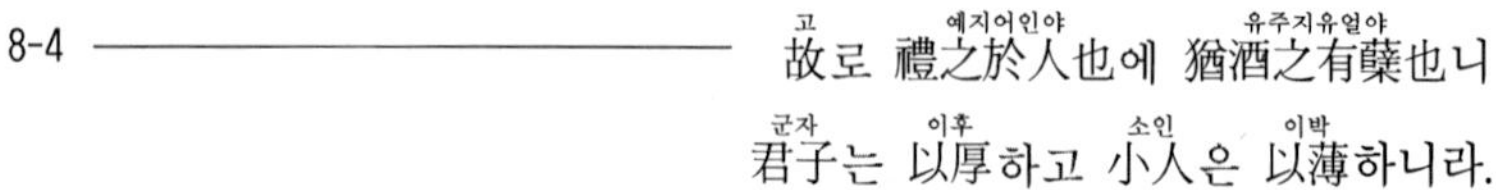

『그러므로 예절은 사람에게 있어서 마치 술을 빚음에 누룩이 있는 것과 같으니 군자는 진하게 하고 소인은 싱겁게 하니라.』

☯ 여기에서는 예절은 인간완성의 길임을 서술하여 예절을 숭상하면 군자가 되고 예절을 무시하면 소인이 되는 것을 진한 술과 싱거운 술로 비유하였다.

얼(蘖)은 누룩이니 술을 빚음에 누룩을 충분히 넣으면 술이 진하여 맛이 좋고 누룩이 부족하면 술이 싱거워서 맛이 없는 것이다. 이(以)는 위(爲)와 같고 후(厚)는 후주(厚酒)로 진하고 맛있는 술처럼 인정이 넘쳐서 사람에게 감흥을 일으켜 취하게 하는 예절이요 박(薄)은 박주(薄酒)로 싱거워서 맛이 없는 술처럼 인정이 각박하여 사람에게 씁쓰름하고 무덤덤한 느낌을 가지게 하는 예식이다.

9. 예절교육의 방법과 절차

9-1 ─────── 故로 聖王이 脩義之柄과 禮之序하사 以治人情하시니
故로 人情者는 聖王之田也니 脩禮以耕之하며 陳義以種之하며
講學以耨之하며 本仁以聚之하며 播樂以安之니라.

『그러므로 성왕이 정의의 조종간과 예절의 순서를 닦아서 인간의 감정을 다스리시니 그러므로 사람의 감정이라는 것은 성왕의 논밭이니 예절을 닦아서 논밭을 갈며, 정의를 베풀어서 씨앗을 심으며, 학문을 강론하여서 김을 매며, 사랑을 근본으로 해서 곡식을 거두어 모으며, 음악을 드날려서 즐기느니라.』

☯ 이 장은 성왕(聖王)이 인(仁), 의(義), 예(禮), 지(智)의 천성(天性)을 함양(涵養)하여 인정(人情)을 순후(醇厚)하게 다스려 안락한 대동사회(大同社會)를 건설하였음을 기술하였다.

성왕(聖王)은 요(堯), 순(舜)이고 병(柄)은 도끼자루를 잡고 결단(決斷)함이요, 강학(講學)은 학문을 강론(講論)함이니 곧 지식을 넓혀서 지(智)를 밝히는 것이며 누(耨)는 김을 매서 잡초를 제거하고 농작물의 뿌리를 북돋아 주는 것이다. 파(播)는 드날려서 퍼지는 것이니 파악(播樂)은 음악을 연주함이고 안(安)은 안락(安樂)으로 즐기는 것이다.

무릇 순후한 인정(人情)은 모름지기 인간의 순수한 본성(本性)에서 말미암기 때문에 성(性)은 체(體)이고 정(情)은 용(用)이다. 그

러므로 성왕(聖王)이 예절을 닦고, 정의를 베풀고, 지식을 넓히며, 인애(仁愛)를 근본으로 하여 음악을 연주함으로써 인정(人情)을 순후하게 다스렸으니 마치 농사를 지음에 먼저 논밭을 갈고 봄에 씨앗을 파종하고 여름에 김을 매고 가을에 거두어들이며 겨울에 안전하게 보관하듯이 경영의 순서와 교육의 방법을 친절하고 자상하게 서술하였으니 성왕(聖王)이 대동세계를 건설하는 기본정책의 추진과정이 먼저 예의를 숭상하고 학문을 장려하여 인간성을 지키며 노래하고 춤추는 단계에 이르러 가는 것임을 알 수 있도다.

9-2 ───── 故로 禮也者는 義之實也라 協諸義而協이어든 則禮니 雖先王이 未之有라도 可以義起也니라.

『그러므로 예절이라는 것은 정의의 실천인 것이라. 정의에 맞추어서 맞으면 예절이니 비록 선왕의 예절이 있지 않아도 정의로써 예절을 새로 일으켜야 옳으니라.』

◉ 여기에서는 예절은 현실적인 조건에 알맞은 정의의 실천규범이므로 의리(義理)가 변하면 예절도 바뀌는 것을 기술하였으니 상도(常道)와 권도(權道)의 실천예절이 다름을 밝혔다.

예(禮)는 공경하고 사향하는 마음을 자연법칙의 법도에 맞추어 인생을 경영하는 모범행실이고 의(義)는 부끄럽고 미워하는 마음을 사회의 당위적 가치로 간직하는 도덕적 의식(意識)관념이며 실(實)은 실천하여 행동으로 옮김이다. 협(協)은 합하여 맞추는 것이고 선왕(先王)은 선왕이 제정한 예절이며 기(起)는 창안(創案)하여 새로 일으키는 것이다.

　살피건대 사람이 공경하고 사양하는 행동이 스스로 부끄럽고 또한 남으로부터 증오의 대상이 된다면 어찌 사회의 보편적인 모범행동이라고 하리요. 그러므로 절제(節制)하지 않은 말과 행동은 예절이 아니고 불의(不義)한 예절은 없는 것이며 만일 선왕이 제정한 예법이 없을 때에는 사회정의에 바탕하여 새로운 예법을 새로 제정하여 만들 수 있는 것이다.

9-3 ──────────────

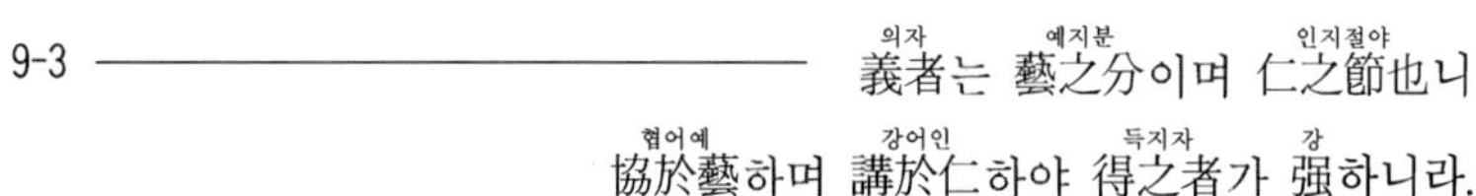

『정의라는 것은 대중을 잡아 나눔이며 사랑의 조절인 것이니 대중잡음에 알맞으며 널리 사랑함에 좋은 방법을 찾아 정의를 얻은 사람이 강건하니라.』

　◉ 이 절은 사회정의의 본질과 기능을 서술하여 예절사회의 형식적 결합력보다 정의사회의 실질적 단결력이 더욱 강력함을 밝혔다.

　의(義)는 마음에 자제력이 있고 사물에 당위성이 있어서 공명정대(公明正大)하고 광개융평(廣開隆平)한 사회정의이고 예(藝)는 앞(6-10)에서 이미 해설하였으며 분(分)은 앞(8-2)에서 이미 해설하였으니 공동체사회에서 구성원 각자의 나이와 위치 그리고 능력에 따라서 그 역할과 책임 그리고 권리와 의무를 인도적(人道的) 차원에서 알맞게 분배하는 것이다. 인(仁)은 널리 사랑하는 박애(博愛)이고 절(節)은 조절(調節)이니 널리 두루 사랑하되 획일적으로 똑같이 평등하게 사랑하는 무분별하고 일방적인 사랑이 아니라 도덕적 책임과 윤리적 관계를 살펴서 그 두텁게 할 데는 두텁게 하고 그 얄팍하게 할 데는 얄팍하게 하여 널리 두루 사랑하면서도 서로 둥글고 모나고, 길고 짧은 것을 분별하여 알맞게 조절하는 상응적(相應的) 사랑이다. 강(講)은 강구(講究)함이니 사물의 이치를 연구하여 가장 좋은 방법을 찾기 위하여 조사하고 탐구하는 것이고 득지(得之)는 사회정의의 본질적 적합성을 획득함이요 강(强)은 강건(强健)함이니 건강하고 약동하는 정의사회를 건설하는 강력한 기능이다.

9-4 ──────────── 仁者는 義之本也며 順之體也니 得之者가 尊하니라.

『사랑이라는 것은 정의의 근본인 것이며 정통을 계승하는 순서의 주체인 것이니 사랑을 얻은 사람이 존엄하니라.』

◉ 이 절은 인간성의 본질과 기능을 서술하여 정의사회의 규범적 가치보다 인간존재의 정통성을 확립한 주체가 더욱 숭고한 가치임을 밝혔다.

인(仁)은 모든 사람이 천부적으로 타고난 고유한 본성으로 최고의 선덕(善德)을 갖추고 사랑의 원리가 있어서 신성령통(神聖靈通)하고 온량성실(溫良誠實)한 인간성(人間性)이요, 의지본(義之本)은 부끄러움과 미움의 감정이 일어나는 근본이란 뜻이니 곧 인(仁)을 좋아하고 불인(不仁)을 미워하는 마음이 당위성과 부당성을 판단하는 근본토대라는 말이다. 순(順)은 정통(正統)을 계승하는 순서로 만물이 세대(世代)를 이어가면서 영원히 존재하는 근본원리인바 곧 정통성(正統性)이요 체(體)는 스스로 자주자립(自主自立)하여 자율자치(自律自治)할 수 있는 체제(體制)를 갖춘 주체(主體)인데 순지체(順之體)는 정통성을 계승하는 주체성이라는 뜻이니 곧 정체성(正體性)으로 가정에서는 종통(宗統)을 상속하는 기준이고 나라에서는 왕통(王統)을 계승하는 표준이며 천하에서는 대통(大統)과 도통(道統)을 승계하는 표준이 되는데 서로 상속함에 뿌리가 같고 씨앗이 같아서 그 성질과 모양이 닮은꼴이면 서로 친애(親愛)하는 정체(正體)이고 혹시라도 뿌리가 다르고 씨앗이 달라서 그 성질과 모양이 다르면 서로 멀리하여 불인(不仁), 불애(不愛)하는 부정체(不正體)가 되는 것이다. 전배들은 순(順)을 순응으로, 체(體)를 체득으로 오해하여 억지로 해설하였기에 내가 바로잡으니 통쾌하기 그지없다. 득지자(得之者)는 정의로운 정체성을 확립하여 친애(親愛)하는 사람이고 존(尊)은 존엄(尊嚴)함이니 장구한 역사를 계승발전하는 정통(正統)을 이어서 약동하는 생명력을 발양하여 후세로 대물림하여 길이 전하는 존엄한 역할과 기능을 하기 때문에 사랑은 가장 숭고한 가치를 스스로 가지는 것이다.

살피건대 인(仁)의 본질적 가치와 구조적 기능을 이와 같이 극진하게 해설한 것이 없으니 학자는 여기에서 사랑의 고귀한 가치를 체득하기 바란다. 이로써 상고시대에 아름다운 인간성을 함양하여 지식문명을 개발하고 사회정의를 구현하여 예절문화제도를 수립하

352

는 것은 요(堯), 순(舜)의 자연적인 정치발전의 논리체계이고 근고
시대에 예절문화제도를 부흥하여 정의사회를 구현하고 지식문명을
개발하여 아름다운 인격을 구비해서 대동사회를 건설하는 것은 공
자와 맹자의 인위적인 정치발전이 논리체계임을 확인할지어다.

9-5 ——————————————— 故^고로 治國^{치국}하되 不以禮^{불이례}면 猶無耜而耕也^{유무뢰이경야}요
爲禮^{위례}하되 不本於義^{불본어의}면 猶耕而不種也^{유경이불종야}요
爲義而不講之以學^{위의이불강지이학}하면 猶種而弗耨也^{유종이불누야}요
講之以學^{강지이학}하되 而不合之以仁^{이불합지이인}이면 猶耨而弗穫也^{유누이불확야}요
合之以仁^{합지이인}하되 而不安之以樂^{이불안지이악}이면 猶穫而弗食也^{유확이불식야}요
安之以樂^{안지이악}하되 不達於順^{부달어순}이면 猶食而不肥也^{유식이불비야}니라.

『그러므로 나라를 다스리되 예절로써 아니하면 마치 쟁기가 없이
밭을 가는 것과 같고, 예절로 하되 정의에 근본하지 아니하면 마치
밭을 갈아놓고 씨앗을 심지 않은 것과 같으며, 정의로 하되 학술적
으로 연구하지 않으면 마치 씨앗을 심어놓고 김을 매지 않음과 같
으며, 학술적으로 연구하되 그것을 사랑으로 화합하지 않으면 마치
김을 매고도 수확하지 않은 것과 같고, 사랑으로 화합하되 음악으
로 즐기지 아니하면 마치 수확하고 먹지 않은 것과 같고, 음악으로
즐기되 정체성에 통달하지 않으면 마치 먹어도 살찌지 않음과 같으
니라.』

☯ 이 절은 국가가 예절을 통하여 인정(人情)이 두터운 대동사회를

건설하는 과정을 기술하였으니 정책적 사업추진의 단계를 농사에 비유하여 대동사회의 궁극적 목적은 그 정체(正體)를 뚜렷이 확립해서 유구한 역사를 빛내고 무궁한 발전을 기약하는 것임을 밝혔다.

고(故)는 앞 절에서 밝힌 예절의 실용성과 정의의 강건성(强健性) 및 인애(仁愛)의 존엄성이 있음이고, 사(耜)는 쟁기로 밭을 가는 농기구요 확(穫)은 수확(收穫)이니 익은 곡식을 거두어들이는 것이며 비(肥)는 음식물을 소화 흡수하여 살찌고 윤기가 나서 몸이 크고 튼튼한 육체이니 사람이 농사를 짓는 목적이 여기에 있다.

무릇 성왕이 인정사회를 건설함에 예절의 실용주의로 인민의 생활을 현실에 알맞게 살도록 배려하고, 정의의 협동주의로 인민의 사업을 함께 경영하도록 도모하며, 학문의 지식으로 인민의 사업경영능력을 배양하며 인애(仁愛)의 인도주의로 인간의 정체(正體)를 뚜렷하게 밝히도록 주선함으로써 마침내 음악으로 그 사회기풍이 명랑쾌활하고 그 나라가 부강(富强)하며 그 인민이 존엄(尊嚴)하나니 도덕정치로 대동세계를 건설하려는 사람은 힘쓸지어다.

10. 대순(大順)의 도덕

10-1 ———————————————— 四體旣正하고 膚革이 充盈함은 人之肥也요
父子가 篤하고 兄弟가 睦하며 夫婦가 和함은 家之肥也요
大臣이 法하고 小臣이 廉하며 官職이 相序하며
君臣이 相正함은 國之肥也요
天子가 以德爲車하고 以樂爲御하며 諸侯가 以禮相與하며
大夫가 以法相序하며 士가 以信相考하며
百姓이 以睦相守함은 天下之肥也니 是謂大順이니라.

『네 손발이 이미 바르고 살과 가죽이 충실하고 탄탄함은 인간의 비대함이요, 아버지와 아들이 돈독하고 형과 아우가 화목하며 지아비와 지어미가 화합함은 가정의 비대함이요 큰 신하가 떳떳하고 작은 신하가 청렴하며 관작과 직위가 서로 차례를 지키며 임금과 신하가 서로 바로잡는 것은 나라의 비대함이요 천자가 덕으로 수레를 삼고 음악으로 마부를 삼으며 제후가 예절로써 서로 더불며 대부가 법률로써 서로 차례를 지키며 선비가 믿음으로 서로 연구하며 백성이 친목으로 서로 지킴은 천하의 비대함이니 이것을 일러 큰 정통을 계승한 순서라고 하느니라.』

☯ 이 장은 요(堯) 순(舜)의 대통(大統)과 도통(道統)을 계승하여 대동태평(大同太平) 시대를 다시 개벽할 수 있는 정치사회적 필수 조건으로 갖추어야 될 대순(大順)의 도덕적 원리와 그 정치적

기능과 작용에 대하여 서술하였으니 사람이 천부적 본성을 다하고 천지의 원기(元氣)를 길러서 각각 그 정체(正體)를 뚜렷이 완성하여 도덕에 충실하고 윤리에 밝으며 예절을 지키면 마침내 존엄한 인격을 구비하고 안락한 가정을 꾸미고, 신성한 국가를 건설하고 문명한 세계를 창조하여 기린과 봉황과 거북과 용을 길러 장엄한 새 시대를 개벽하는 길을 밝혔다.

대신(大臣)이 법(法)함은 대신이 떳떳한 모범을 세움이고 상서(相序)는 서로 질서를 지킴이며 이덕위거(以德爲車)는 덕으로 만물을 싣는 것이요 이악위어(以樂爲御)는 음악으로 만사를 운전하는 것이며, 상고(相考)는 서로 자세히 살펴서 연구함이요 상수(相守)는 서로 의리(義理)를 지키는 것이다. 대순(大順)은 인간의 정체성(正體性)이 개인으로부터 전체에 이르기까지 모두 뚜렷하게 확립되어 천지만물이 한결같이 본래의 제 모습을 확실히 간직하는 것이니 인류가 천리(天理)를 받들고 삼라만상이 자연의 법칙에 순응하는 대동세계(大同世界)의 극치이다.

10-2 ──────────── 大順者는 所以養生送死와 事鬼神之常也라 故로
事를 大積焉이라도 不苑하며 並行이라도 而不謬하며
細行이라도 而不失하며 深而通하며 茂而有間하며
連而不相及也하고 動而不相害也하나니
此는 順之至也라 故로 明於順然後에 能守危也니라.

『큰 정통을 계승한 순서라는 것은 산 사람을 양육하고 죽은 사람을

장사 지냄과 귀신을 섬기는 원리의 떳떳한 것이니라. 그러므로 일을 크게 포개서 쌓을지라도 답답하지 아니하며, 아울러 함께 진행하여도 어긋나지 아니하며, 잘게 나누어서 진행하여도 잃지 아니하며 깊숙하고 그윽해도 형통하며 무성해도 사이가 있으며 이어도 서로 미치지 아니하고 움직여도 서로 해치지 아니하나니 이것은 정통을 계승한 순서의 지극함이라 그러므로 정통을 계승한 순서에 밝은 다음에 능히 바르지 못한 것을 살필 수 있느니라.』

  ☯ 이 장은 대순(大順)의 도덕과 윤리와 예절로 사업을 경영하는 구조와 기능을 기술하였으니 천연(天然)의 질서를 확립한 구조에서는 각각 자기의 주체적 기능과 역할만을 충실히 이행하면 되기 때문에 사업의 추진방법과 현실적 여건에 상관없이 모두 다 같이 인(仁)을 이룩하고 의(義)를 온전히 함을 밝혔다.

  양생송사(養生送死)와 사귀신(事鬼神)은 앞(8-3)에서 이미 해설하였으니 사람에게 있어서 가장 큰 일이며 상(常)은 때와 장소에 관계없이 항구불변(恒久不變)하는 보편적인 가치이다. 대적(大積)은 크게 겹쳐서 축적함이니 곧 집단전체를 통합하여 통일적인 조직을 편성해서 공동적으로 일을 추진함인데 천하국가의 큰 사업을 조직적으로 경영하는 방법이며 불원(不苑)은 답답하지 않은 것이니 각각 자기 몫을 충실히 이행하는 까닭에 쉽고 간단하므로 부담감이 없는 것이다. 병행(並行)은 둘이서 짝을 지어 일을 아울러 함께 경영함이니 부자(父子), 군신(君臣), 부부(夫婦), 장유(長幼), 붕우(朋友)가 나란히 짝을 지어 같은 목적의 사업을 함께 주관(主管)하는 방법이며 불류(不謬)는 어긋나지 않은 것이니 부자자효(父慈子孝)하면 더욱 친근하고 군인신충(君仁臣忠)하면 더욱 정의롭고 부애부

경(夫愛婦敬)하면 더욱 분별나고 장회유순(長懷幼順)하면 더욱 차례가 있으며 붕량우직(朋良友直)하면 더욱 믿음이 있는 것이다. 세행(細行)은 세분(細分)하여 개별적으로 행함이니 각각 독자적으로 자기의 일을 하는 것이며 불실(不失)은 실패하지 아니함인데 규모가 작기 때문에 홀로 경영해도 능히 성공하는 것이다. 심(深)은 심수(深邃)로 깊숙하고 그윽한 곳에서 사는 것이요 통(通)은 형통(亨通)함이니 정체성을 확립하면 변두리의 한적한 위치에서도 크게 발전할 수 있는 것이다. 무(茂)는 나무가 무성(茂盛)함이니 숲이 무성해도 나무와 나무의 사이가 있고 나무가 무성해도 줄기와 줄기의 사이가 있어 조리가 정연한 것이요 연(連)은 연결(連結) 또는 연대(連帶)로 서로 연합하고 연속함이며 상급(相及)은 서로 간섭하여 침범해서 영향을 끼치는 것이다. 동(動)은 활발하게 움직임이니 그 정체성(正體性)을 지키기 때문에 월권행위가 전혀 없으므로 서로 해침이 없는 것이요 수(守)는 살피는 것이고 위(危)는 부정(不正)함인데 정체성(正體性)이 없는 사이비(似而非)들이 날뛰어 도덕을 파괴하고 윤리를 어지럽히며 예절을 비난하여 국가사회를 위기국면으로 몰아가는 것이다.

학자는 여기에서 대순(大順)의 체제만 갖추어지면 집단적인 구조나 상대적인 구조나 개인적인 구조가 모두 활발하게 기능할 수 있을 뿐만 아니라 변두리에서 조용하게 살거나 중심에서 성대하게 살거나 연대하여 함께 살거나 이동하여 옮겨 살거나 모두 자유와 행복을 보장한다는 사실을 확인하기 바란다.

10-3 ─── 故로 禮之不同也와 不豊也와 不殺也는 所以持情而合危也니

故로 聖王이 所以順은 山者를 不使居川하며

不使渚者로 居中原而弗敝也하시니 用水火金木飮食하시되

必時合男女하시며 頒爵位하시되 必當年德하시며 用民하시되

必順하시니라 故로 無水旱昆蟲之災하며 民無凶饑妖孽之疾이니라.

『그러므로 예절이 동일하지 않은 것과 풍성하지 않은 것과 낮추어 줄이지 않은 것은 인정을 유지하면서 위험을 대비하는 원리니 그러므로 성왕이 정통을 계승하는 방법은 산에 사는 사람으로 하여금 강에 살게 하지 아니하며, 물가에 사는 사람으로 하여금 넓은 고원지대에 살게 하지 아니하여 실패하지 않도록 하시는 것이니 물, 불, 쇠, 나무, 음식을 쓰시되 반드시 철따라 남자와 여자에게 합당하게 하시며 벼슬자리를 나누어 주시되 반드시 나이와 덕에 알맞게 하시며 민중을 부리시되 반드시 정통을 계승한 순서로 하시니라. 그러므로 홍수와 가뭄과 곤충의 재앙이 없으며 민중에게 흉년과 기아와 요사스러운 재난의 질병이 없느니라.』

☯ 이 절은 대순(大順)의 예절이 천리(天理)를 밝히고 인정(人情)을 바로잡아 지선(至善)의 정치를 실현하는 규범이기 때문에 성왕이 정체를 뚜렷이 확립함에 있어서 반드시 생활문화의 전통과 학문공덕의 도통(道統)과 혈연관계의 종통(宗統)을 살펴서 정통(正統)계승의 순서로 하였음을 기술하였다.

부동(不同)은 선비의 예절, 대부(大夫)의 예절, 제후의 예절, 천자의 예절이 똑같지 않은 것이고, 불풍(不豊)은 현재의 위치에서

분수에 넘치게 예법의 절도를 초과하지 않은 것이며 불쇄(不殺)는 현재의 위치에서 신분을 낮추어 예법의 절도를 강쇄(降殺)하지 않은 것이다. 합위(合危)는 위험을 대비함이요 산자(山者)는 산에 사는 사람이니 산림자원을 이용하는 일에 정통하고, 거천(居川)은 강물과 하천에서 사는 사람이니 어업(漁業)에 정통하며, 저자(渚者)는 물가에 사는 사람이니 논농사에 정통하며, 거중원(居中原)은 고원(高原)에 사는 사람이니 밭농사에 정통하므로 모두 각각 실패가 없는 것이다. 수(水)는 수질(水質), 화(火)는 화화(火化), 금(金)은 금속, 목(木)은 목재로 주택이나 의복을 만드는 재료이며 시(時)는 춘하추동의 네 철이고 합남녀(合男女)는 일반 남자와 여자의 생활에 적합하게 함이니 남자의 옷과 거실은 남자의 생활에 합당하고 여자의 옷과 거실은 여자의 생활에 합당해야 된다는 뜻이니 곧 생활문화의 정통성을 확립함이다. 반작위(頒爵位)는 천자가 신하에게 벼슬을 내리는 것이고 연(年)은 연공서열(年功序列)이요 덕(德)은 학덕등급(學德等級)이니 학문공덕의 정통성을 확립함이며 용민(用民)은 인민을 사역(使役)함이니 납세, 교육, 국방 등의 의무를 부여함이고 순(順)은 정통계승의 순서로 곧 종통(宗統)의 정통성을 확립함이다. 이리하여 지역에 알맞은 생활문화에 정통하고 관직에 걸맞은 학문기술에 정통하며 가정에 번듯한 혈연관계에 정통하므로 국가사회에 어그러짐이나 소외된 곳이 없는 까닭에 위험을 미리 대비하여 재난이나 질병이 저절로 소멸하는 것이다.

10-4

故로 天不愛其道하며 地不愛其寶하며
人不愛其情하나니 故로 天降膏露하며 地出醴泉하며
山出器車하며 河出馬圖하며 鳳凰麒麟이 皆在郊棷하며
龜龍이 在宮沼하며 其餘鳥獸之卵胎도 皆可俯而闚也니
則是無故니라 先王이 能脩禮以達義하시며
體信以達順故니 此는 順之實也니라.

『그러므로 하늘이 그 도를 아끼지 아니하며, 땅이 그 보배를 아끼지 아니하며, 사람이 그 정을 아끼지 아니하나니 그러므로 하늘에서 농작물을 잘 자라게 하는 이슬을 내리며 땅에서 단 샘이 나오며 산에서 그릇을 싣는 수레모양으로 가지가 엉겨 붙은 나무가 나오며 황하에서 용마의 그림이 나오며 봉황과 기린이 모두 교외의 숲에 있으며 거북과 용이 궁궐의 못에 있으며 그 나머지 새와 짐승의 알과 태를 모두 구부려서 엿볼 수 있을 것이니 곧 이것은 탈이 없음이니라. 선왕이 능히 예절을 닦아서 정의를 뚜렷이 밝히고 신뢰사회를 바탕으로 해서 정통계승순서를 뚜렷이 밝힌 까닭이니 이것은 정통계승순서의 결실이다.

☯ 이 절은 정통계승의 순서를 뚜렷이 밝힌 대순정치(大順政治)의 성대한 자연현상을 기술하였으니 천통(天統), 지통(地統), 인통(人統)이 모두 가지런하여 천기(天紀), 지유(地維), 인륜(人倫)이 질서정연하면 안락태평한 대동세계(大同世界)를 이룩하여 만물이 각각 그 본래의 가치를 실현하고 모두 함께 보람을 누리게 됨을 설파하였다.

고(故)는 성인(聖人)이 대순(大順)의 예절을 밝힌 결과이고 애(愛)는 인색하게 아끼는 것이며 도(道)는 천체(天體)가 운행하는 길이요 고로(膏露)는 농작물을 잘 자라게 하는 이슬이다. 예천(醴泉)은 단 샘이니 깨끗한 샘물이고 기거(器車)는 여러 나무의 가지가 서로 집합한 연리목(連理木)이 많아서 그릇을 싣는 썰매차의 모양으로 된 나무니 신기한 식물을 뜻하며 마도(馬圖)는 복희(伏犧) 시대에 황하에서 용마(龍馬)가 나왔는데 그 등에 1에서 10까지의 수가 있었으니 곧 하도(河圖)로 신성한 동물을 뜻한다. 교수(郊棷)는 교외의 숲이요 궁소(宮沼)는 궁궐의 못이며 무고(無故)는 아무런 탈이 없는 것이니 조건이 좋고 안전한 것이고 달(達)은 뚜렷하게 밝혀서 통달함이며 체(體)는 근본토대로 삼는 것이요 신(信)은 사물의 진리를 따라 어김이 없는 것이니 곧 자연에 대한 신뢰와 인간에 대한 신뢰가 있는 신뢰사회이다. 공자가 밝힌 대동세계가 대순주의(大順主義)를 실현해서 천지만물의 원상(原象)을 찾아 지극히 신성(神聖)한 사회를 창조하는 것이니 이보다 거룩한 학문이 없고 이보다 큰 사업이 없는저!

새 시대를 위한

大學 · 中庸 · 禮運

• 초판 인쇄	2006년 11월 20일
• 초판 발행	2006년 11월 20일
• 지 은 이	서정기
• 펴 낸 이	채종준
• 펴 낸 곳	한국학술정보㈜
	경기도 파주시 교하읍 문발리 526-2
	파주출판문화정보산업단지
	전화 031) 908-3181(대표) · 팩스 031) 908-3189
	홈페이지 http://www.kstudy.com
	e-mail(출판사업부) publish@kstudy.com
• 등 록	제일산-115호(2000. 6. 19)
• 가 격	34,000원

ISBN   89-534-5938-9 94150   (Paper Book)
        89-534-5939-7 98150   (e-Book)
ISBN   89-534-2428-3 94150   (Paper Book set)
        89-534-2459-3 98150   (e-Book set)